铁路建设项目
全过程工程咨询探索与实践

吴克非　李　巍　钟明琳　编著

中国铁道出版社有限公司
2025年·北　京

图书在版编目（CIP）数据

铁路建设项目全过程工程咨询探索与实践 / 吴克非，李巍，钟明琳编著. -- 北京 ：中国铁道出版社有限公司，2025. 4. -- ISBN 978-7-113-31765-2

Ⅰ. F532.3

中国国家版本馆 CIP 数据核字第 2024NM4032 号

书　　名： 铁路建设项目全过程工程咨询探索与实践
TIELU JIANSHE XIANGMU QUANGUOCHENG GONGCHENG ZIXUN TANSUO YU SHIJIAN

作　　者： 吴克非　李　巍　钟明琳

策　　划： 王　健
责任编辑： 王　健　　　**编辑部电话：**（010）51873065
封面设计： 高博越
责任校对： 安海燕
责任印制： 樊启鹏

出版发行： 中国铁道出版社有限公司（100054，北京市西城区右安门西街 8 号）
网　　址： https://www.tdpress.com
印　　刷： 北京盛通印刷股份有限公司
版　　次： 2025 年 4 月第 1 版　2025 年 4 月第 1 次印刷
开　　本： 787 mm × 1 092 mm　1/16　**印张：** 12　**字数：** 249 千
书　　号： ISBN 978-7-113-31765-2
定　　价： 95.00 元

编　委　会

序 一

铁路是国家战略性、先导性、关键性重大基础设施，其建设与发展不仅关乎国家经济命脉，更是提升民生福祉的关键。当前，我国铁路建设正处于高质量发展的关键时期，铁路投融资体制改革不断深化，面对复杂的建设环境和高标准的建设要求，要树立新发展理念，以创新驱动为核心，以供给侧结构性改革为主线，推动铁路建设向更高水平迈进。工程咨询是铁路建设项目高质量规划建设的重要技术支撑，是提升项目投资效益、工程建设质量和运营效率的重要方式。

2019 年 3 月，国家发展和改革委员会联合住房和城乡建设部印发了《关于推进全过程工程咨询服务发展的指导意见》（发改投资规〔2019〕515 号），旨在通过全过程工程咨询服务的创新与发展，深化工程领域咨询服务供给侧结构性改革，破解工程咨询市场供需矛盾，创新工程咨询服务组织实施方式，为固定资产投资及工程建设活动提供高质量智力技术服务，提升投资效益、工程建设质量和运营效率，推动高质量发展。全过程工程咨询服务模式的提出，为铁路行业工程咨询的改革发展提供了新思路。

本书以全过程工程咨询的创新发展为契机，探讨全过程工程咨询在铁路建设项目尤其是地方铁路建设项目中的探索和实践，详细阐述铁路建设项目工程咨询模式的发展；通过对铁路建设项目全过程工程咨询典型案例的分析，为全过程工程咨询在铁路行业的应用与发展提供参考；针对铁路建设项目全过程工程咨询创新发展所面临的问题和挑战，提出相应对策和建议，为铁路建设项目开展全过程工程咨询服务提供有益的借鉴。

中国工程院院士 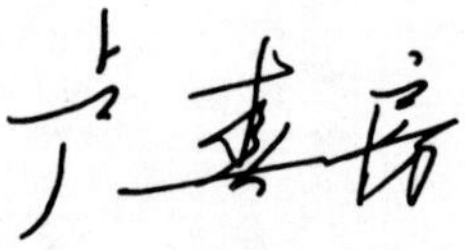

序 二

工程咨询是综合运用多学科知识、工程实践经验、现代科学和管理方法，在建设项目决策与实施活动中提供跨学科的智力服务，贯穿于项目的规划、投资决策、勘察设计、工程实施、运营管理全过程。改革开放以来，我国工程咨询服务市场化快速发展，形成了投资咨询、招标代理、勘察设计、工程监理、造价咨询等专业化的咨询业态，建立了执业准入制度，有效促进了我国工程咨询服务专业化水平提升，为建设项目高质量发展提供重要保障。随着我国固定资产投资项目建设水平逐步提高，投资者或建设单位在固定资产投资项目决策、工程建设、项目运营过程中，对综合性、跨阶段、一体化的全过程工程咨询服务需求日益增强，推动了工程咨询行业的创新发展。

当前我国铁路建设正处于高质量发展的关键时期，对工程咨询的服务质效提出了更高的要求。积极探索推动全过程工程咨询模式在铁路行业的实施，对于提高铁路建设项目规划建设质量具有重要意义。铁路建设项目具有投资规模大、建设周期长、工程技术复杂等特点，全过程工程咨询要求工程咨询单位更加注重提升咨询服务能力的专业性和系统性，更加注重咨询服务创新和价值创造，为铁路建设项目的立项决策、勘察设计、工程实施、运营维护各阶段提供全方位的咨询服务。全过程工程咨询在铁路行业的实施，将进一步优化铁路工程咨询的产业结构，增强铁路工程咨询单位的核心竞争力，促进铁路工程咨询行业的持续健康发展。

本书基于全国首个铁路建设项目全过程工程咨询的试点实践，详细论述了全过程工程咨询在铁路行业的模式创新与发展建议，旨在为推动铁路建设项目全过程工程咨询服务的发展提供策略与建议，促进地方区域路网与国家路网的统筹协调，推动我国铁路的高质量发展。

全国工程勘察设计大师 周孝文

前言

党的二十大报告中指出，“高质量发展是全面建设社会主义现代化国家的首要任务。”推动高质量发展是遵循经济发展规律、保持经济持续健康发展的必然要求，是适应我国社会主要矛盾变化、解决发展不平衡不充分问题的必然要求，是有效防范化解各种重大风险挑战、以中国式现代化全面推进中华民族伟大复兴的必然要求。

工程建设领域顺应我国推进基础设施建设、推动经济高质量发展要求，以国家发展和改革委员会、住房和城乡建设部发布的《关于推进全过程工程咨询服务发展的指导意见》（发改投资规〔2019〕515 号）为遵循，创新工程咨询组织实施方式，大力发展以市场需求为导向、满足委托方多样化需求的全过程工程咨询服务模式，为固定资产投资及工程建设活动提供高质量智力技术服务，全面提升投资效益、工程建设质量和运营效率，推动高质量发展。国家和地方通过推动建设项目全过程工程咨询的试点实施，逐步建立和完善全过程工程咨询的服务标准和管理办法，为全过程工程咨询服务的实施和推广提供政策和平台支撑，并促进数字技术在全过程工程咨询领域的深度应用，引领咨询服务和工程建设模式转型升级。

“十四五”时期，我国铁路建设重心逐步由全国性的干线铁路向区域性的干线铁路、城际铁路、市域（郊）铁路以及一些支线、铁路专用线转移，发展重心从解决总量短缺向优化路网结构转变。对于以地方作为投资主体的城际铁路、市域（郊）铁路、专用线铁路、联网补网强网等铁路建设项目，更应重视投资决策科学化，通过全过程工程咨询来提升投资决策的科学化水平。

中国国家铁路集团有限公司（简称国铁集团）坚持以习近平新时代中国

特色社会主义思想为指导，认真贯彻落实党的二十大精神和习近平总书记关于加快发展新质生产力的重要论述，聚焦新时代新征程国家铁路使命任务，以加快构建“六个现代化体系”为载体，创新铁路建设管理及咨询服务模式，提升全产业链集成优势，以全过程工程咨询模式引领地方铁路高质量发展。中国铁路经济规划研究院有限公司(简称经规院)作为国铁集团直属科技型企业，立足工程咨询、战略规划、建设标准3大核心业务，适应铁路工程咨询服务供给侧结构性改革发展需要，以设计咨询为主导，构建“一主两延伸”的工程咨询业务体系，积极推动全过程工程咨询模式在铁路行业的探索实践。

本书的编写以国家、行业、地方政策文件、标准规范等为依据，依托于全国首个铁路建设项目全过程工程咨询的试点实践，汲取我国近年来全过程工程咨询领域的相关案例经验，从服务主体、服务内容、工作机制、服务流程、服务方式等方面对铁路建设项目全过程工程咨询模式进行系统阐释，提出构建铁路建设项目全过程工程咨询政策支撑体系、促进工程咨询单位转型升级的建议。

本书在编写过程中得到浙江省发展和改革委员会、浙江省交通投资集团有限公司、浙江衢松铁路有限公司、安徽省铁路集团有限公司、北京交通大学、中铁第四勘察设计院集团有限公司、中国铁路设计集团有限公司、浙江数智交院科技股份有限公司等单位学者和专家的大力支持，在此表示衷心的感谢。

应该看到，本书对铁路建设项目全过程工程咨询管理理论的研究还不够系统深入，全过程工程咨询模式在铁路领域的应用推广也有待进一步实践和检验。随着监利至华容公铁两用大桥全过程工程咨询项目、合肥至池州铁路全过程工程咨询项目的同步展开，有待工程咨询从业人员持续开拓创新，推动工程咨询行业改革发展。我们希望，本书作为基于全国首个铁路建设项目全过程工程咨询的试点实践成果，可为铁路领域全过程工程咨询项目的实践探索提供参考和借鉴。

作　者

二〇二四年十月

目 录

1 建设项目全过程工程咨询概况

2017 年,《关于促进建筑业持续健康发展的意见》(国办发〔2017〕19 号)首次在国家层面提出培育发展全过程工程咨询服务模式。自此,建设项目全过程工程咨询服务模式在实践中得到发展和完善,作为实现工程咨询生产要素创新性配置的"新质生产力",促进建筑业持续健康发展。本章主要回顾建设项目全过程工程咨询兴起的背景;介绍建设项目全过程工程咨询的内涵、特点以及理论基础;分析建设项目全过程工程咨询的主要服务模式,提出建设项目全过程工程咨询服务的范围和内容,总结建设项目推行全过程工程咨询的重要意义,为读者更深入地认识建设项目全过程工程咨询奠定基础。

1.1 全过程工程咨询的兴起

20 世纪 40 年代后期,随着世界各国掀起工程建设热潮,工程咨询得到迅速发展,工程咨询理念也不断创新,从最初的工程技术咨询发展到项目管理咨询、战略咨询。20 世纪 80 年代后,工程咨询开始向国际化发展,涌现出一些著名的国际工程咨询企业,如美国柏克德公司(Bechtel)、英国艾麦克公司(AMEC)等。工程咨询逐步走向了综合型、国际化,咨询内容由以技术为核心向项目投融资、建设管理、运营和可持续发展领域延伸。国际上工程咨询的实施,主要是结合委托方需求和项目特点开展的阶段性或全过程工程咨询,不再是以专业咨询模块进行业务区分的单一咨询模式。

随着建设项目规模的增大、技术复杂程度的增加、项目参与主体的增多以及项目管理的精细化,需要专业的工程咨询服务来系统解决项目规划建设面临的问题,由此,全过程工程咨询模式在市场竞争中自发形成。工程咨询单位作为独立的第三方,能为投资商、建设单位、运营商提供客观公正的项目管理与技术服务。全过程工程咨询模式是在西方"小政府、大土木、大咨询"的现实背景下,基于投资、建设、运营三者分离的建设运营管理体制所孕育产生的,也是在此基础上得到快速发展。

自 20 世纪 90 年代中期,我国开始在建设项目中逐渐推行四项重要制度,即项目法人责任制、招标投标制、工程监理制、合同管理制。我国也逐步出现了项目法人对项目建设全过程负责的“业主自营”管理模式，以及专业化分工带来的设计与施工专业化的项目建设管理模式。自1983年鲁布革水电站项目开始，项目业主、咨询机构、承包商三足鼎立的建设管理格局开始形成；伴随着工程招标投标制的推广，分阶段、分专业的平行发包模式成为通行的工程项目采购模式。由于工程项目规模变大，技术越来越复杂，交易界面与合同界面不断增加，项目业主自身的项目管理能力逐渐彰显不足，对项目管理专业化的需求日渐强烈，促进了工程咨询业务的出现和发展。

我国工程咨询服务市场在改革开放四十多年来发展迅速，形成了包括项目管理、投资咨询、勘察设计、招标代理、工程监理和造价咨询等专业化咨询服务业态，推动了我国工程咨询专业水平的提升。随着我国建设水平逐步提高及投融资体制改革的不断深化，投资主体呈现多元化，投资者或建设单位对综合性、跨阶段、一体化的咨询服务需求不断增加，这与现行制度下工程咨询服务传统的供给模式之间的矛盾日益显著。为深化工程咨询领域供给侧结构性改革，解决工程咨询市场供需矛盾，需要创新工程咨询供给模式和实施方式。在遵循工程项目周期规律和建设程序的客观要求下，立足工程项目立项决策、勘察设计、工程实施到运营维护的整个生命周期，破除制度性障碍，大力发展以市场需求为导向、满足委托方多样化需求的全过程工程咨询。

深化要素市场化配置改革，充分发挥市场在资源配置中的决定性作用，更好发挥政府作用，需要政府从微观、直接管理向宏观、间接的管理职能转变，以持续推进建筑业市场化、法治化、国际化发展。全过程工程咨询有利于整合专业化市场资源、提升工程咨询单位核心竞争力、促进工程咨询单位的转型升级，促进建筑业持续健康发展。

2017年，国务院办公厅印发《关于促进建筑业持续健康发展的意见》（国办发〔2017〕19号），首次正式提出培育全过程工程咨询；住房和城乡建设部印发《关于开展全过程工程咨询试点工作的通知》（建市〔2017〕101号），确定了8省市及40家企业开展全过程工程咨询试点，浙江、江苏、福建、广东等地相继响应文件要求出台一系列配套政策，推动实施全过程工程咨询试点工作。2019年，国家发展改革委、住房和城乡建设部印发《关于推进全过程工程咨询服务发展的指导意见》（发改投资规〔2019〕515号），对房建和市政基础设施建设领域推进全过程工程咨询发展，从以投资决策综合性咨询促进投资决策科学化、以全过程工程咨询推动完善工程建设组织模式、鼓励多种形式的全过程工程咨询服务市场化发展、优化服务市场环境、强化保障措施等方面提出了具体指导意见。2023年，中共中央、国务院印发《质量强国建设纲要》，提出打造中国建造升级版，鼓励发展全过程工程咨询；国家发展改革委发布《产业结构调整指导目录（2024年本）》，将全过程工程咨询列入了鼓励性产业。国家政策性文件的密集出台和宏观引导，在行业内引起巨大反响，为全过程工程咨询的发展注入强大动力。工程咨询行业积极应对，全力推动面向全过程工程咨询业务的转型升级。

全过程工程咨询的兴起源于工程咨询市场化发展的内在需求，也是破解现阶段工程咨询供需矛盾的重要举措。全过程工程咨询的发展适应新时代建筑业改革发展的新要求，对系统性提升工程项目投资效益、建设质量、运营效率具有重大的提升作用，有利于推动工程建设组织管理模式的优化和变革，有利于实现工程咨询行业的转型升级，有利于促进建筑业高质量的持续健康发展，这也是全过程工程咨询探索和发展的根本出发点和最终落脚点。

1.2 全过程工程咨询的原理

1.2.1 全过程工程咨询内涵和特点

1.2.1.1 全过程工程咨询的内涵

习近平总书记在党的二十大报告中强调，高质量发展是全面建设社会主义现代化国家的首要任务。《"十四五"建筑业发展规划》提出，以推动建筑业高质量发展为主题，以深化供给侧结构性改革为主线，加快建筑业转型升级，发展全过程工程咨询服务。国家发展改革委、住房和城乡建设部印发《关于推进全过程工程咨询服务发展的指导意见》（发改投资规〔2019〕515 号）指出，投资者或建设单位在固定资产投资项目决策、工程建设、项目运营过程中，对综合性、跨阶段、一体化的咨询服务需求日益增强。这种需求与现行制度造成的单项服务供给模式之间的矛盾日益突出。因此，有必要创新咨询服务组织实施方式，大力发展以市场需求为导向、满足委托方多样化需求的全过程工程咨询服务模式。在此背景下，我国工程建设领域开始探索具有中国特色的全过程工程咨询服务的内涵。

全过程工程咨询的概念尚未有统一的定义。目前，主要是在国家和地方政策文件及部分团体标准中提出了全过程工程咨询的定义，见表 1-1。

表 1-1 全过程工程咨询定义

序号	来　源	全过程工程咨询定义
1	国家发展改革委《工程咨询行业管理办法》（国家发展改革委令 2017 年第 9 号）	采用多种服务方式组合，为项目决策、实施和运营持续提供局部或整体解决方案以及管理服务
2	国家发展改革委 住房和城乡建设部《关于推进全过程工程咨询服务发展的指导意见》（发改投资规〔2019〕515 号）	包括投资决策综合性咨询和工程建设全过程咨询。投资决策综合性咨询是指综合性工程咨询单位接受投资者委托，就投资项目的市场、技术、经济、生态环境、能源、资源、安全等影响可行性的要素，结合国家、地区、行业发展规划及相关重大专项建设规划、产业政策、技术标准及相关审批要求进行分析研究和论证，为投资者提供决策依据和建议。工程建设全过程咨询是指建设单位委托咨询单位提供招标代理、勘察、设计、监理、造价、项目管理等全过程咨询服务，满足建设单位一体化服务需求，增强工程建设过程的协同性
3	湖南省住房城乡建设厅《关于印发全过程工程咨询工作试行文本的通知》（湘建设〔2018〕17 号）	是指业主在项目建设过程中将工程咨询业务整体委托给一家企业，由该企业提供项目策划、可行性研究、环境影响评价报告、工程勘察、工程设计、工程监理、造价咨询及招标代理等工程咨询服务活动
4	浙江省工程建设标准《全过程工程咨询服务标准》（DB 33/T 1202—2020）	采用多种服务方式组合，为项目决策、实施和运营持续提供局部或整体解决方案以及管理的服务

续上表

序号	来　源	全过程工程咨询定义
5	中国工程建设标准化协会《建设项目全过程工程咨询标准》(T/CECS 1030—2022)	在建设项目投资决策阶段、工程建设阶段、项目运营维护阶段,咨询人为委托人提供综合性、跨阶段、一体化的工程咨询服务
6	湖北省住房和城乡建设厅编制《湖北省房屋建筑和市政工程全过程工程咨询服务导则(试行)》(2022 年 12 月)	咨询人在建设项目投资决策阶段、工程建设阶段、运营维护阶段,为委托人提供涉及技术、经济、组织和全过程项目管理在内的整体或局部解决方案的智力性综合服务
7	住房城乡建设部《房屋建筑和市政基础设施项目工程建设全过程工程咨询服务合同示范文本》(建办市〔2024〕8 号)	工程建设全过程咨询是指受托人根据合同约定,综合运用多学科知识、工程实践经验、现代科学技术和经济管理方法,采用多种服务方式组合,为委托人在工程建设实施阶段提供阶段性或整体解决方案的综合性智力服务活动
8	中国勘察设计协会《全过程工程咨询服务规程》(T/CECA 20037—2023)	咨询方综合运用多学科知识、工程实践经验、现代科学技术和经济管理方法,采用多种服务方式组合,为建设方在项目投资决策、建设实施及运营维护阶段提供阶段性或整体解决方案的综合智力服务活动
9	中国工程咨询协会《全过程工程咨询服务导则》(T/CNAEC 0602—2024)	工程咨询方综合运用多学科知识、工程实践经验、现代科学技术和经济管理方法,采用多种服务方式组合,为委托方在项目投资决策、工程建设、运营及处置报废提供阶段性或整体解决方案的综合性工程咨询服务

全过程工程咨询的定义还处在不断的探索和完善过程中。本书基于现阶段对全过程工程咨询的理解和认识,从不同层面对其内涵进行概括:服务阶段涉及投资决策、勘察设计、工程建设、运营维护全过程;服务内容是单一阶段或跨阶段的咨询内容的组合,可包括项目咨询统筹管理、投资咨询、勘察设计、造价咨询、工程监理、招标代理等;服务方式包括技术、经济、组织、管理等方面的综合性、一体化、跨阶段的整体或局部解决方案;服务性质界定为智力性服务,具体如图 1-1 所示。

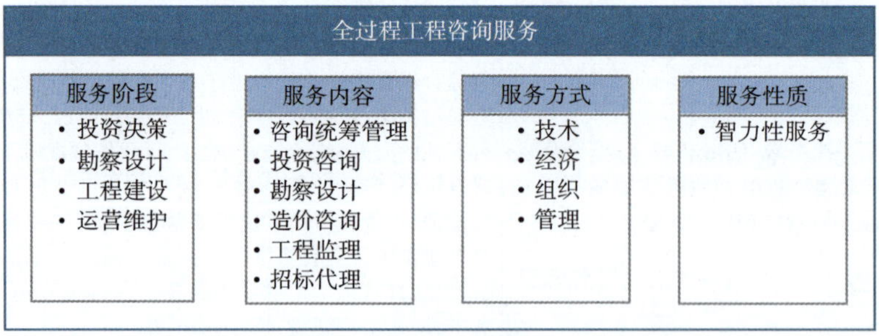

图 1-1　全过程工程咨询服务内涵示意图

全过程工程咨询重点强调三个方面的核心要义:一是智力性咨询服务,工程咨询单位要为委托方提供涉及技术、经济、组织和管理方面的智力服务,管理咨询和技术咨询兼而有之;二是多目标集成的咨询服务,工程咨询单位需要综合考虑项目的质量、安全、环保、投资、工期等多个目标协调统一,统筹管理要素之间的相互制约和影响关系;三是以集成化管理为核心的咨询服务，咨询内容的组合不能仅是简单的叠加，要通过项目咨询统筹管理实现集成化，发挥咨询内容组合的最大效益，具体如图1-2所示。

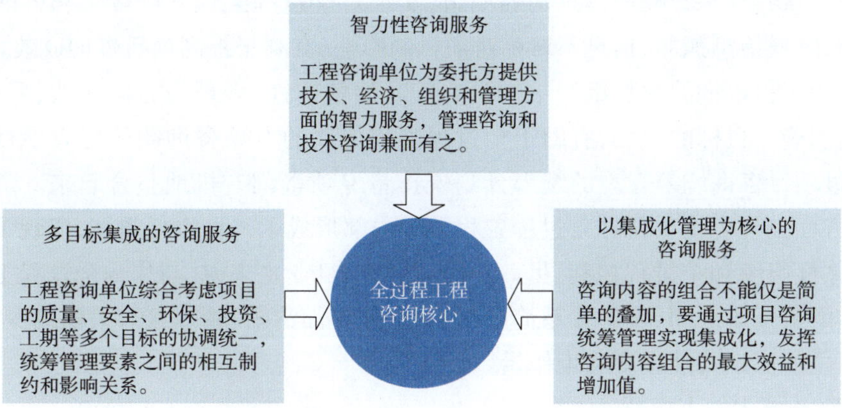

图1-2 全过程工程咨询的核心要义

1.2.1.2 全过程工程咨询的特点

与传统的工程咨询模式相比，全过程工程咨询具有更丰富的内涵，也具有其鲜明的特点。全过程工程咨询与传统工程咨询服务模式的比较见表1-2。

表1-2 全过程工程咨询与传统工程咨询的模式比较

对比项目	传统工程咨询模式	全过程工程咨询模式
服务周期	多为阶段性	从项目投资决策到运营维护全过程
服务特征	单项服务供给	综合性、多阶段、集成化
组织结构	专项技术团队	联合体实现一体化服务
人员架构	专项技术人才	综合管理型人才、专业技术型人才
管理要求	以合同目标为导向	以合同目标和委托方需求为导向，实施目标集成化、一致性
优点	模式成熟，市场认可度高	简化责任主体，明晰合同界面；着眼全局的集成管理；节约投资、缩短工期、提供较高的项目附加值
缺点	业主管理难度大，咨询成果的整体性和系统性较差，上下游工作协调困难，易产生信息孤岛	模式尚处于发展阶段

(1)服务的集成化

全过程工程咨询是一种集成化咨询服务。突出多阶段多专业咨询服务的系统集成，而不是专项咨询服务的简单叠加，通过对项目质量、安全、环保、投资、工期等多目标集成管理，以规避传统工程咨询服务独立开展所产生的缺陷与不足。突出工程咨询单位的综合性、一体化服务能力，通过不同工程咨询单位的跨阶段集成化的业务协同，打破传统工程咨询服务的阶段间、咨询内容间、咨询企业间的信息壁垒和成果壁垒，能够满足项目业主的一揽子咨询服务需求，有利于提高项目咨询效率和效果。

全过程工程咨询通过合同管理、资源管理、信息管理、技术管理、风险管理、沟通管理等的融合，利用集成化管理理念实现项目在技术层面的整体性协同；通过构建全过程工程咨询信息共享平台畅通信息沟通渠道，实现对全过程工程咨询成果和咨询目标的整体把控，降低信息孤岛、信息不对称对项目的影响，有利于提高项目咨询成效。

全过程工程咨询的内部组织结构具有较高的整体性，表现为方向一致、目标统一、责任界面明确。目标的统一，有助于全过程工程咨询的专项咨询团队树立项目的整体观念，通过项目咨询统筹管理的统筹计划安排将专项咨询有机地整合起来。责任界面明确，一方面工程咨询单位在全过程工程咨询内部形成了一种责任整体，实现了一致性决策、整体性组织和全过程控制；另一方面，对于项目业主来说，与作为全过程工程咨询实施主体的咨询方之间，契约关系简单明了、责任界面清晰，管理接口大幅减少，大大降低项目业主的协调管理难度和工作量。

（2）服务模式的多样化

全过程工程咨询创新了工程咨询的组织实施模式。按照实施主体可分为由一家工程咨询单位独立实施、由若干家工程咨询单位组成的联合体实施、由若干家工程咨询单位通过平行发包方式实施等模式。按照服务阶段可分为投资决策综合性咨询、工程建设全过程咨询、投资决策与工程建设相融合等模式。按照服务内容可分为“1 + *N*”、“1 + 1 + *N*”和“1 + *N* + *X*”等模式，“1 + *N*”是指项目咨询统筹管理 + 专项咨询；“1 + 1 + *N*”是项目咨询统筹管理 + 勘察设计、工程监理、造价咨询三项主要专项咨询之一 + 其他专项咨询；“1 + *N* + *X*”是指项目咨询统筹管理 + 专项咨询 + 不自行实施但应协调管理的专项服务。按照工程咨询单位的参与方式可分为代建（交钥匙）、委托管理、一体化管理、顾问等模式。全过程工程咨询适应市场需求的多样化，服务模式将会产生更多的创新和变化，促使工程咨询单位间不断碰撞出适应新形势新需求的合作共赢新方式。全过程工程咨询组织实施模式如图 1-3 所示。

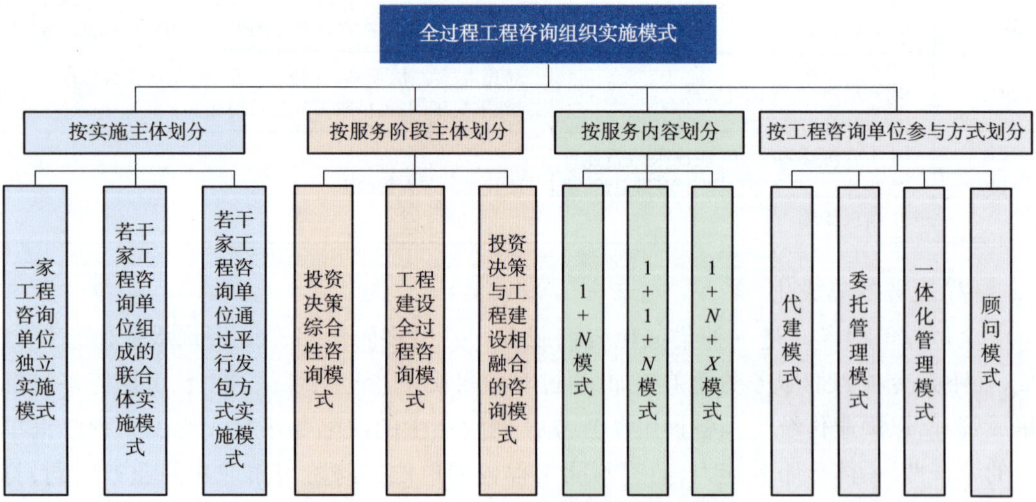

图 1-3　全过程工程咨询组织实施模式

(3)服务的高难度与高风险

全过程工程咨询涵盖了项目策划、投资决策、勘察设计、工程建设和运营维护等各个环节,咨询服务的时间跨度很大,且专项咨询服务间具有很强的连续性,是一种整体的、相协调的工程咨询模式,在一定程度上增加了工程咨询单位的咨询统筹管理工作难度和风险。与传统工程咨询单位只承担单一阶段单一专项咨询内容相比,全过程工程咨询单位面临的风险类型更多、风险管控难度更大,对其技术服务水平和管理能力提出的要求更高。

1.2.2 全过程工程咨询的理论支撑

1.2.2.1 相关基础理论

管理学和经济学重要理论中的项目治理理论、集成管理理论、范围经济理论、利益相关者理论和交易成本理论等,对全过程工程咨询的发展和实践有着重要的指导意义。

1. 项目治理理论

项目治理理论侧重于项目决策过程的有效性和效率,强调项目目标与组织战略目标的一致性,以及项目管理中的责任、权力和沟通机制。在全过程工程咨询项目中,通过建立明确的项目治理结构和实施流程,可以确保项目目标与组织战略目标的一致性,并提高决策效率。该理论在全过程工程咨询中的应用可以提高项目管理的效率和效果,特别是在优化治理结构、运用双重治理机制以及强化信任与沟通方面发挥着重要作用。

(1)项目治理结构的优化:由于工程项目涉及的利益相关者众多,传统工程咨询模式下利益相关者之间为多对多的治理结构,具有明显的网络化特征。全过程工程咨询能有效减少项目治理结构中的节点数量,形成以“业主-咨询单位-承包商”为核心的治理结构,这与项目治理理论中强调的结构优化和效率提升是相契合的。

(2)项目治理机制的双重性:在全过程工程咨询的项目治理机制中,既包括正式的契约治理,也包括非正式的关系治理。契约治理强调正式合同和协议的角色,而关系治理则侧重于信任与沟通。全过程工程咨询的项目治理机制体现了项目治理理论中对于正式和非正式治理机制的综合应用。

(3)信任与沟通的重要性:在全过程工程咨询项目中工程咨询单位承担了更多的工作和责任,需要与业主建立更多的有效沟通以加强彼此信任。在项目风险管理方面,彼此信任可以降低不同行为方式带来的风险,增强双方合作的效果。这与项目治理理论中关于信任和沟通在非正式治理机制中的作用是相一致的。

2. 集成管理理论

集成管理强调项目管理过程和活动的有效协调与整合,确保项目参建方相互协调、有效运作。在全过程工程咨询项目中,通过应用集成管理理论,可以更有效地协调和整合项目的范围、时间、成本、质量等各要素,以提高项目的整体表现。

（1）整合多阶段服务：全过程工程咨询通常涵盖项目的投资决策、勘察设计、工程建设、运营维护等多阶段。这要求工程咨询单位具备较强的跨阶段业务协同能力，以避免阶段间专项咨询的分割和矛盾。

（2）提升沟通效率：集成管理重点是信息流的有效管理，确保项目所有参建方之间信息的准确及时传递。在全过程工程咨询项目中，通过集成化的沟通机制，畅通项目沟通渠道、提升沟通效率，从而提高决策的效率和质量。

（3）资源与风险管理：全过程工程咨询需要综合管理项目的资源、质量、安全、环保、投资、工期等多个要素，集成管理理论可以帮助项目管理者识别和处理这些要素之间的相互制约关系和影响，从而更有效地控制项目风险和成本。

（4）一体化决策和控制：全过程工程咨询通常是以联合体的形式实施，但联合体作为一个责任主体，需要实行一体化决策、一体化组织和一体化控制。这种一体化的管理方式与集成管理理论中强调的整合和协调是一致的。

（5）提高项目管理水平：集成管理通过提高管理效率和优化资源配置，有助于提高整体项目管理水平，这对于大型、复杂建设项目的全过程工程咨询尤为重要。

3. 范围经济理论

范围经济理论主要讨论通过扩大生产规模或经营范围来降低生产成本的可能性。在全过程工程咨询项目中，通过合理规划项目范围和规模，可以实现成本效益的最大化。

（1）多元服务整合：范围经济理论强调通过多样化服务的整合来提升效率和降低成本。在全过程工程咨询项目中，将不同阶段的专项咨询服务整合为由工程咨询单位的联合体实施，可以减少协调成本、提高咨询效率、提升服务质量。

（2）跨专业知识的利用：全过程工程咨询涉及工程技术、经济学、管理学、法学等多个领域的知识。范围经济理论的应用，可以通过跨专业团队的协作，更有效地利用不同领域的知识，为委托方提供更加全面、系统的咨询服务。

（3）资源共享与优化：在全过程工程咨询项目中，工程咨询单位联合体发挥整体优势，将不同项目的市场数据、技术知识、管理经验等资源和信息进行共享。这种资源共享符合范围经济理论，有助于降低单个项目的成本和提高整体服务质量。

（4）提高投资综合效益：全过程工程咨询服务可基于全生命周期的角度，从功能、标准、规模等方面把握项目的全局和长远需求，从而实现投资综合效益的最大化，这与范围经济理论中追求的成本效益最大化是相契合的。

（5）促进创新和持续改进：全过程工程咨询的综合性和多元化特点，鼓励创新和持续改进的实践。这与范围经济理论中通过多样化经营活动来寻找新的效率和价值创造机会的观点是相符合的。

4. 利益相关者理论

利益相关者理论关注项目中所有利益相关者的需求和期望，并强调理解和管理这些利益相关者的重要性。在全过程工程咨询项目中，识别和管理好各利益相关者的需求和期望是确保项目成功的关键。

(1)共同利益的最大化:全过程工程咨询的一个主要目标是通过提升工程绩效来实现项目参建方共同利益的最大化。这意味着工程咨询单位不仅要关注项目咨询目标的实现,还关注其他参建方的目标实现以及委托方的满意度。

(2)信任与沟通:利益相关者理论强调信任和沟通的重要性。在全过程工程咨询项目中,建立委托方与工程咨询单位之间的信任至关重要。与传统工程咨询模式相比,工程咨询单位在全过程工程咨询项目中承担了更多的工作和责任,因此需要获取更多的信任来开展工作。

(3)利益的平衡与冲突管理:在全过程工程咨询项目中,工程咨询单位在追求自身利益的同时,也致力于追求委托方利益的最大化。这要求委托方与工程咨询单位之间建立深度合作关系,发挥工程咨询单位的资源、技术、协调的综合优势,同时通过有效监督和积极沟通来建立彼此的信任关系,从而提高项目管理绩效。

5. 交易成本理论

交易成本理论分析交易过程中所面临的成本,包括谈判成本、监督成本和不确定性成本等。在全过程工程咨询项目中,通过优化合同设计、改善沟通和信息流通,可以有效降低交易成本,提高项目效率。

(1)工程绩效的提升:全过程工程咨询的一个目标是通过提升项目整体绩效,达到工程参与主体共同利益的最大化。尤其是工程咨询单位要通过统一咨询服务目标,应用交易成本理论管理并有效降低沟通、协调、监督等成本,以提高项目整体绩效。

(2)服务的集成化:全过程工程咨询是一种集成化咨询服务,覆盖了从投资决策、勘察设计、工程建设、运营维护等多个阶段。这种集成化咨询服务可以降低因咨询服务分散而产生的交易成本,如信息沟通成本、时间成本等,从而提高项目管理的效率和效果。

(3)避免信息孤岛:在传统的工程咨询模式中,由于咨询服务的分散和各参建方之间的协调困难,常常会产生信息孤岛现象,增加交易成本。全过程工程咨询通过集成化的服务,能够更有效地管理和传递信息,减少信息不对称和协调困难所带来的额外成本。

1.2.2.2 全过程工程咨询项目的治理机制

全过程工程咨询利用专业化方式提升咨询服务效率和效果,支撑建设项目取得更好地经济效益与社会效益。全过程工程咨询作用发挥的关键是委托方对工程咨询单位的认识和定位,核心是委托方对工程咨询单位在合作、管理与控制之间平衡的掌握。因此,在全过程工程咨询项目中,委托方要选择合适的工程咨询单位、项目管理模式和治理机制。

项目治理是一个涵盖项目全生命周期的概念,包括项目的规划、投资决策和执行,需要根据项目不同阶段的不同任务目标做出协调性变动。项目治理关注的是战略方向、组织目标、风险控制和合规性,强调对项目的管理和监督。项目治理的目标是协调多方利益,通过多方共同参与、协同工作发挥自身作用以提升项目管理绩效。有效的项目治理能够保证项目战略目标的一致性，统筹协调各方利益，通过制度设计为项目管理的运行过程提供良好的制度环境，最终作用于项目管理绩效改善。

全过程工程咨询的内涵与项目治理的理论有一定的契合度，可以借助项目治理的相关理论来分析全过程工程咨询的项目治理机制。

1. 全过程工程咨询的项目治理结构

工程项目涉及的利益相关者数目和类型较多，其治理结构表现出明显的网络化特征和多对多的治理结构。基于威廉姆森的交易费用理论，结合工程项目的性质和特征分析，全过程工程咨询模式下的治理结构是以工程咨询单位、总承包商和业主为参与主体的混合型组织。三者的关系如图 1-4 所示。

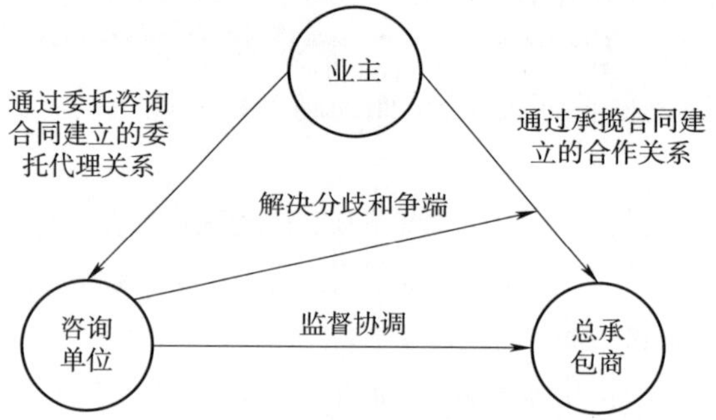

图 1-4　全过程工程咨询项目参与主体的治理结构

业主首先根据自身和项目的客观需求选择合适的工程咨询单位，工程咨询单位受业主的委托为承包商的选择提供咨询建议。在这一过程中，工程咨询企业可以利用自己的专业知识协助业主做出选择，并在一定程度上抑制业主的有限理性，选出最合适的承包商。在工程项目实施的过程中，工程咨询单位不仅可以起到监督承包商、抑制承包商机会主义行为的作用，还可以进行各方面的协调工作。

全过程工程咨询的介入可在一定程度上解决业主与承包商之间信息不对称的问题，增加两者之间的信任关系，促进两者之间的合作。另外，全过程工程咨询的专项咨询团队，在联合体牵头单位的协调与管理下，能够目标一致地完成各项咨询工作，实现全过程工程咨询内部的系统整合和整体提升，共同为全过程工程咨询业务承担责任和风险。

2. 全过程工程咨询的项目治理机制

项目治理机制分为契约治理和关系治理两种类型（图 1-5）。契约治理是一种正式的方式，而关系治理是一种非正式的方式，二者均对项目治理发挥关键作用。

（1）契约治理。全过程工程咨询项目契约治理的关键是如何配置控制权、如何建立激励机制。配置控制权是指业主在合理范围内将部分控制权授予全过程工程咨询单位，包括责任和权利的协调。由于全过程工程咨询单位提供专业化、阶段性或全生命期咨询服务，服务范围广、内容繁多，当业主的项目管理能力不足，同时又对全过程工程咨询单位控制权配置不合理时，则容易降低业主和工程咨询单位之间的合作效率、破坏合

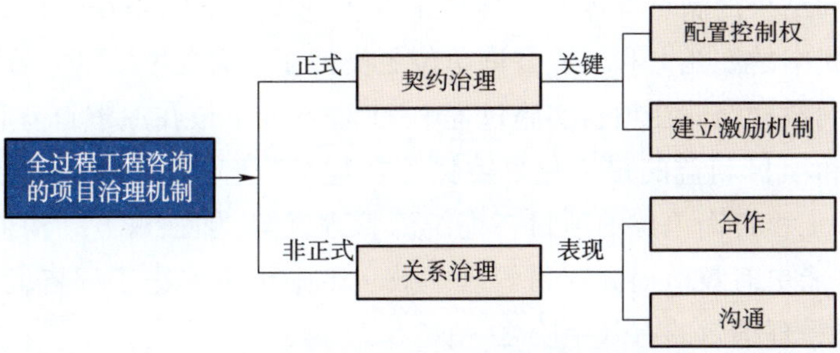

图1-5 全过程工程咨询的项目治理机制

作关系。因此，在缔约与履约过程中，业主应合理分配全过程工程咨询单位的权力和责任，以致力于获得"1+1>2"的合作效果，平衡相互之间的治理关系。

激励机制方面，报酬机制是激励全过程工程咨询单位提供优质服务的重要手段。报酬的合理性影响着全过程工程咨询单位不断提高服务水平的积极性，进而支撑项目获得更好地管理绩效。全过程工程咨询的报酬涉及不同阶段咨询服务的费用，对报酬的取定要体现公平原则，避免恶意竞争，避免由于利益获取意见不一致而出现涉及隐瞒信息或冲突等问题。同时，报酬也不仅是影响管理绩效，而是与合同约定的责、权、利一起，共同作用于项目治理。因此，全过程工程咨询项目需要将控制权配置与报酬机制进行合理匹配，实现对于全过程工程咨询单位的合理约束和有效激励。

(2)关系治理。关系治理的主要表现为合作与沟通。在全过程工程咨询项目中，业主需要与全过程工程咨询单位建立充分的合作关系。与传统工程咨询模式相比，工程咨询单位在全过程工程咨询项目中承担了更多的工作和责任，需要获取业主更多的支持来开展工作。同时，在面对项目风险时，业主和全过程工程咨询单位倾向于选择不同的行为方式，但在充分合作的基础上，双方的行为方式都将降低向机会主义行为靠近的倾向。除此之外，业主与全过程工程咨询单位在相互合作的氛围中，更容易就项目计划、组织、协调、控制及相关责权利分配等达成一致意见，以有利于提高项目绩效。

沟通机制方面，全过程工程咨询单位需要通过沟通交流来加强与其他参建方的协调合作，尤其是全过程工程咨询单位和业主间的信息分享，可以提高各参建方的关系品质。在全过程工程咨询项目中，全过程工程咨询单位要作为项目信息汇集、交流、共享的中心和平台，以确保项目参建方保持信息对称和交流畅通，最大限度地降低因信息不对称造成的分歧和矛盾。另外，全过程工程咨询单位作为业主提高项目管理水平的重要助手，有必要站在业主的角度加强与承包商的沟通与监管，协调好业主与承包商之间的关系。

3. 全过程工程咨询的项目管理绩效

基于项目治理的视角分析，全过程工程咨询的项目绩效主要包括项目咨询目标的实现、工程咨询单位目标的实现、其他利益相关方在项目中目标的实现，以及委托方对咨询服务过程和结果的满意程度。与传统工程咨询模式下的委托代理关系相比，全过程工程咨询模式中的委托方和工程咨询单位更类似于一种“主人”与“管家”关系，双方并没有明显的利益冲突。在项目实施过程中，工程咨询单位在追求自身利益的同时，也要实现委托方和项目利益的最大化。委托方在与工程咨询单位建立深度合作的基础上，要充分发挥工程咨询单位的项目咨询统筹管理优势，加强双方的沟通交流，增进彼此信任关系，才能更有效地提高项目管理绩效。激励仍是促进工程咨询单位提升服务质量、提高项目管理绩效的有效手段之一。

全过程工程咨询项目的治理机制与项目绩效提升之间的关系，不同治理模式的侧重点有所不同。在基于 PMC 的全过程工程咨询项目治理模式中，影响项目绩效的重要因素是工程咨询单位项目管理的治理水平和沟通水平，二者与信任机制及报酬机制的匹配与交互作用可以极大地促进绩效提升；基于 PM 的全过程工程咨询项目治理模式中，对工程咨询单位的报酬机制和控制权配置水平较低，要更多地关注于信任、沟通等非正式的控制机制，以提高项目的管理绩效；对于以合作为基础的项目治理模式，是一种以信任为基础的项目绩效提升方式，委托方可以通过赋予工程咨询单位更多的自主权，以获得更好地项目管理绩效。

1.3 全过程工程咨询的服务模式

1.3.1 全过程工程咨询服务范围和内容

全过程工程咨询内涵丰富，工程咨询单位在咨询活动中扮演着多重的角色，咨询的范围与内容也具有很大的“弹性”。因此，应打破投资咨询、设计咨询、工程监理、造价咨询等传统工程咨询的思维定式，要以一体化、系统性的思想和理念来分析认识全过程工程咨询。全过程工程咨询服务概览如图 1-6 所示。

全过程工程咨询的服务范围涉及项目投资决策、勘察设计、工程建设和运营维护四个阶段，重点覆盖投资决策、勘察设计、工程建设阶段。全过程工程咨询的内容，按服务类型分为项目咨询统筹管理和专项咨询两个方面。

（1）项目咨询统筹管理。是指基于专项咨询开展的项目策划、进度管理、质量管理、投资管理、信息管理、风险管理、协调管理等的管理活动。咨询统筹管理服务贯穿于咨询服务的全过程，是对建设项目前期的项目建议书、可研报告、勘察设计文件、设计文件技术咨询、专题专项等，工程建设阶段的工程监理、造价咨询等，以及运营阶段的运维咨询、项目后评价等专项咨询进行系统整合和集成管理。

（2）专项咨询。是由专业的咨询服务团队开展的专项咨询活动，包括项目建议书、可行性研究、勘察设计、设计文件技术咨询、专题评估、专项设计、招标代理、工程监理、造价咨询、竣工验收咨询、BIM 咨询、运维咨询、项目后评价等。

全过程工程咨询涉及不同阶段的服务内容和侧重点有所不同，具体见表 1-3。

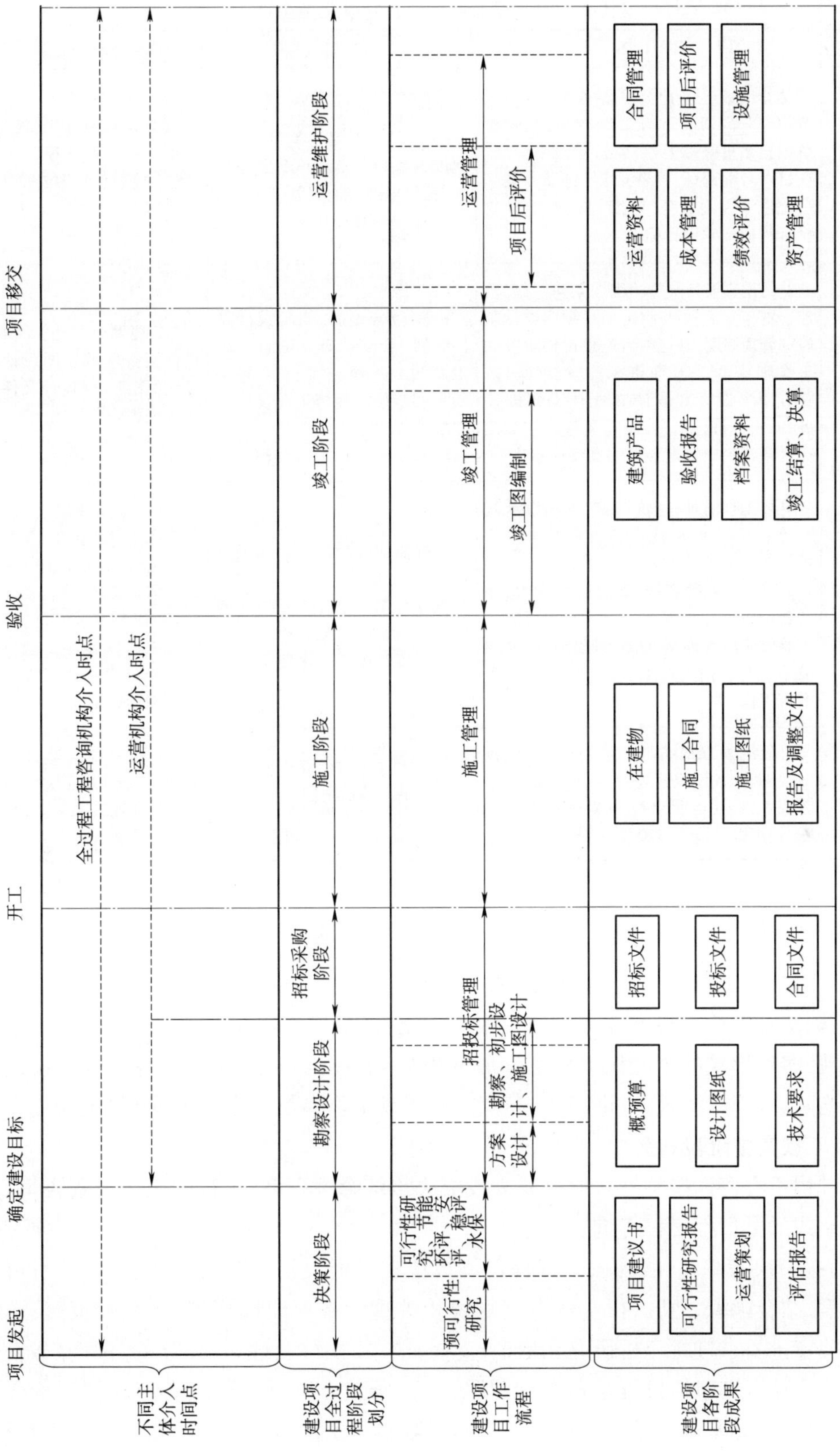

图 1-6　全过程工程咨询服务概览图

表 1-3　全过程工程咨询各阶段服务重点

项目阶段	服务内容	服务重点	主要服务成果
投资决策阶段	结合当地经济社会发展需要，与建设单位充分沟通并进行市场调查，为建设单位提供投融资策划、项目建议书编制、项目可行性论证、投资估算、建设方案经济比选等咨询服务，协助建设单位确立投资目标和建设目标	投融资策划报告编制、项目建议书编制、项目可研报告编制、报批报建咨询服务等	《项目投融资策划报告》《项目建议书》《项目可研报告》《项目可研技术咨询意见》等
勘察设计阶段	制订勘察设计阶段的组织架构、明确管理职责与分工、参与制定项目勘察设计阶段的管理制度，确定项目勘察设计阶段的工作流程，配备相应资源，并组织实施；完成勘察设计和设计文件技术咨询任务，并出具符合国家、地方及行业相关法律法规和政策规定要求的文件或报告	勘察报告编制、初步设计文件编制（含设计概算编制）、施工图设计（含施工图预算编制）、初步设计和施工图设计文件技术咨询等	《工程勘察报告》《初步设计文件》《施工图设计文件（含图纸）》《设计文件技术咨询报告》等
工程建设阶段	开展工程监理、造价咨询、现场设计配合等专项咨询，从技术和投资两个方面提供工程施工阶段的咨询服务 开展竣工结算咨询、试运行咨询等，协助建设单位完成竣工验收任务，制定竣工验收阶段管理制度、组织架构，协助建设单位完成相关竣工验收资料管理、备案等工作	工程监理、造价咨询、现场设计配合、变更设计咨询等 竣工结算编制、竣工结算咨询、试运行咨询、全过程工程咨询档案资料编制与移交等	《工程监理日志》《工程监理报告》《验工计价意见》《造价咨询报告》《变更设计咨询报告》等 《竣工结算报告》《竣工结算咨询报告》《试运行咨询报告》《全过程工程咨询资料编制》等
运营维护阶段	开展运营方案编制咨询、资产管理方案咨询、设备设施管理咨询、项目后评价咨询等，协助运营单位构建运营管理制度、资产以及设备设施管理制度	运维机制咨询、资产及设备设施管理咨询、项目后评价咨询等	《工程项目运维管理方案》《设备设施管理方案》《资产管理方案》《项目后评价报告》等

1.3.2　全过程工程咨询主要服务模式

《关于推进全过程工程咨询服务发展的指导意见》（发改投资规〔2019〕515 号）提出，以投资决策综合性咨询促进投资决策科学化，以全过程咨询推动完善工程建设组织模式，鼓励多种形式的全过程工程咨询服务市场化发展。全过程工程咨询服务模式可以从实施阶段、组织模式、咨询服务内容、工程咨询单位参与方式等多维度进行划分。

1.3.2.1　按实施阶段划分

全过程工程咨询按实施阶段可分为投资决策综合性咨询、工程建设全过程咨询、其他多种形式的全过程工程咨询。

（1）投资决策综合性咨询，是工程咨询单位在投资决策环节，就影响投资项目可行性的要素，结合国家、地区、行业发展规划及相关重大专项建设规划、产业政策、技术标准及相关审批要求进行分析研究和论证，为委托方提供综合性、一体化的咨询服务。投资决策综合性咨询包括投资策划咨询、预可行性研究、可行性研究、专项评估评价咨询等活动，以及在此基础上编制形成的符合建设项目投资决策基本程序要求的申报材料，协助委托方完成投资决策阶段各项审批、核准或备案事项。

(2)工程建设全过程咨询，是工程咨询单位提供招标代理、勘察、设计、监理、造价、项目咨询统筹管理等全过程咨询服务，满足建设单位一体化服务需求，增强工程建设过程的协同性。工程建设全过程咨询由勘察设计咨询、工程招标采购咨询、工程监理、项目咨询统筹管理等专项咨询组成。

(3)其他多种形式的全过程工程咨询，是工程咨询单位根据市场需求，从投资决策、工程建设、运营等项目全生命周期角度，开展跨阶段咨询服务组合或同一阶段内不同类型咨询服务组合，为委托方提供多样化的咨询服务。

1.3.2.2　按组织模式划分

全过程工程咨询可分为由一家工程咨询单位独立完成、由工程咨询单位组成的联合体完成等。

(1)由一家工程咨询单位独立完成。全过程工程咨询由一家有资质、有能力的工程咨询单位独立承担，主要咨询工作独立完成。在此情况下，工程咨询单位所能独立承担的咨询内容相对较少，全过程工程咨询效益效果的发挥受到一定限制。

(2)由工程咨询单位组建联合体完成。由两家及以上具有相应资质和能力的工程咨询单位以联合体形式完成全过程工程咨询业务，并按照各自的资质和能力承担相应的专项咨询工作。联合体应通过联合体协议明确牵头方及成员单位的工作内容及责、权、利划分，并共同为与委托方签订的全过程工程咨询合同承担连带责任。

1.3.2.3　按服务内容划分

全过程工程咨询在重点突出项目咨询统筹管理核心作用的基础上，可分为“$1+N$”、“$1+1+N$”和“$1+N+X$”等服务模式。

(1)“$1+N$”模式。“1”是指全过程项目咨询统筹管理，“N”是指投资咨询、勘察设计、造价咨询、招标代理、工程监理、运营维护咨询等专项咨询业务。

(2)“$1+1+N$”模式。第一个“1”是指全过程项目咨询统筹管理；第二个“1”是指勘察设计、工程监理、造价咨询三个主要专项咨询业务中的一项，“N”为其他专项咨询业务。

(3)“$1+N+X$”模式。“1”是指全过程项目咨询统筹管理，“N”是指传统专项咨询业务，如投资咨询、招标代理、勘察设计、工程监理、造价咨询等；“X”是指其他的专项咨询业务，如绿色设计、智能建造、BIM 咨询等。

1.3.2.4　按工程咨询单位参与方式划分

全过程工程咨询可分为独立式咨询、融合式咨询、顾问式咨询等服务模式。

(1)独立式咨询模式。全过程工程咨询单位作为独立实施主体，为项目和业主提供全过程或多阶段的项目咨询统筹管理与专项咨询服务。全过程工程咨询单位作为重要的参与方，直接参与到项目策划、决策、设计、实施及运维的全过程，并根据自身的资质条件和能力提供专项咨询服务。

(2)融合式咨询模式。全过程工程咨询单位在承担专项咨询的同时，与业主(建设单位)共同组建项目管理团队，以咨询的角色参与到项目的协同管理中。

(3)顾问式咨询模式。全过程工程咨询单位不参与项目管理，角色定位为“咨询顾问”，是以对项目的规划、预控为重点，通过定期巡查、会议、报告等方式来提供全过程或多阶段的顾问咨询服务。

1.4 全过程工程咨询发展和推行的意义

当前，我国建筑业可持续健康发展受到多重变革的压力，高质量发展面临的一个重要课题，就是要立足深化工程领域咨询服务供给侧结构性改革，破解工程咨询市场供需矛盾，创新咨询服务组织实施方式，大力发展以市场需求为导向、满足适应多样化需求的全过程工程咨询服务模式。

（1）有利于推进工程建设组织管理模式的改革

传统工程咨询更多服务于建设项目的单一阶段单一咨询工作，全过程工程咨询服务于建设项目投资决策、勘察设计、工程建设乃至项目运营维护的各阶段全过程。全过程工程咨询不是各阶段专项咨询工作的简单叠加，而是将各阶段专项咨询工作集成整合为一个有机整体，实现决策指导设计、设计指导采购、设计指导施工、施工服务运维等连续闭环，从而实现项目建设的各项目标成果。此外，建筑业数字化、智慧城市建设、绿色建筑、BIM 技术的大力推行，为工程咨询单位开展全过程工程咨询提出了新要求，对工程咨询行业的变革起到推动作用。全过程工程咨询是工程咨询供给模式的革新，也将推动项目建设管理体制和建设组织实施模式的重大变革，必将对工程咨询单位的转型升级和行业的高质量发展产生重大而深远的影响。

（2）有利于提高项目管理水平、实现投资效益最大化

全过程工程咨询模式的实施，工程咨询单位能够充分发挥人力资源、技术、协调管理的优势，提升咨询工作系统性、咨询成果的整体性，紧紧围绕业主的项目目标实施资源整合，实现工程咨询的集约化管理。全过程工程咨询能够统一不同阶段、不同专项咨询的服务目标，从全过程的视角分析项目推进的重难点，预判性的提出咨询意见。同时，全过程工程咨询通过对工程咨询组织模式进行优化，实现专项咨询的流程再造、并联审批，实现合同关系和项目管理界面的进一步简化。以此，有助于项目全寿命期内资金成本和时间成本的节约，有助于项目质量和咨询效果的提升，实现项目投资效益的最大化。

（3）有利于为业主提供优质高效的工程咨询服务

全过程工程咨询面向建设项目全生命周期，开展基于工程咨询多参与方、多专业、多要素的集成管控，体现了为项目业主方提供全面、系统、精准的专业服务和智力支持的特性。在全过程的工程咨询模式下，将传统模式下工程咨询单位外部协作，转变为全过程工程咨询单位的内部协同，在信息资源共享、目标一致的基础上，充分调动工程咨询单位的积极性和能动性。同时，以项目咨询统筹管理强化工程咨询单位内部沟通交流，统一构建与外部其他参建方的协调机制，大大减少项目业主的协调工作量、提高沟通效率，有利于项目业主获得更为优质高效的咨询服务。

（4）有利于推动相关政府行政主管部门的职能转变和服务优化

目前，政府相关部门对建设项目投资管理，是按照部门管理权限分事项进行管理。

全过程工程咨询模式的实施，要求审批端加强审查要求和标准的协调，避免不同管理机构对相同事项的管理要求存在冲突；探索建立并联审批、联合审批机制，提高审批效率，并通过通用综合性咨询成果、审查一套综合性申报材料，提高并联审批、联合审批的操作性。以此推动政府行政主管部门“分单位、分阶段”的“二分式”管理模式的改进，有助于推动政府相关部门的简政放权。同时，政府投资项目采用全过程工程咨询模式，还可以降低政府监管成本和提高管控效果。

（5）有利于完善工程咨询市场化发展机制

工程咨询市场经过几十年的发展，条块分割现象严重，“碎片化”特征明显，建设项目从立项到建设完成乃至运营阶段，涉及工程咨询实施主体众多，相互间责任界面难以界定；同时，在基建投资趋降的大环境下，工程咨询单位间的“恶性低价竞争”频发，严重影响力工程咨询市场的健康发展。全过程工程咨询模式的推行，一方面将各阶段专项咨询集于一家工程咨询单位或者联合体实施，主体明确，咨询服务涉及的资源调配、质量效果、责任界定等简单清晰，有助于工程咨询的责任落实和成果管理；另一方面，通过专项咨询的集成管理，有利于提高专项咨询的实施效率、降低实施成本，能够有效避免单一专项咨询的不良竞争，推动工程咨询市场的可持续健康发展。

（6）有利于提升工程咨询单位的综合实力和核心竞争力

全过程工程咨询的实施，要求工程咨询单位在技术、经济、管理、法律等方面具有丰富经验，建立与其咨询业务相适应的专业部门及组织机构，配备结构合理的专业咨询人员，提升核心竞争力，培育综合性多元化服务及系统性问题一站式服务能力，推动工程咨询单位的转型升级。同时，全过程工程咨询鼓励与其他工程咨询单位采取联合经营、并购重组等方式协同合作，优化资源配置，增强我国工程咨询的综合实力和市场竞争力，支撑工程咨询的国际化发展。工程咨询单位的综合实力和市场竞争力的提升，能够更好地为建设项目提供优质的咨询服务，持续提升建设项目投资决策和建设管理水平。

在深化投融资体制改革的大背景下，积极推行全过程工程咨询，能够促进工程领域咨询服务供给侧结构性改革，完善工程建设组织实施模式，优化工程建设政策措施，创新工程咨询组织实施方式，破解工程咨询市场供需矛盾，培育以市场需求为导向、满足委托方多样化需求的工程咨询新模式，服务于我国建筑业的高质量可持续健康发展。

2　全过程工程咨询的政策与实践

2017 年，住房和城乡建设部印发《关于开展全过程工程咨询试点工作的通知》（建市〔2017〕101 号），推动实施全过程工程咨询试点工作。在地方政府的积极响应和工程咨询单位的大胆尝试下，我国开始了全过程工程咨询模式的积极探索与实践。本章梳理近年来我国在国家、行业及地方层面发布的全过程工程咨询相关政策，汇总分析全过程工程咨询在全国的推广情况，概括全过程工程咨询的服务模式，总结全过程工程咨询的实施成效和成功经验。

2.1　全过程工程咨询的相关政策

2017 年以来，我国陆续颁布了一系列的政策及规范性文件，来推动全过程工程咨询模式的推广和发展。相关政策及规范性文件可以归纳为"两级三类"。其中，"两级"是指国家和行业、地方两级政策；"三类"是指实施意见（指导方针）类、标准类、示范文本类等，具体如图 2-1 所示。

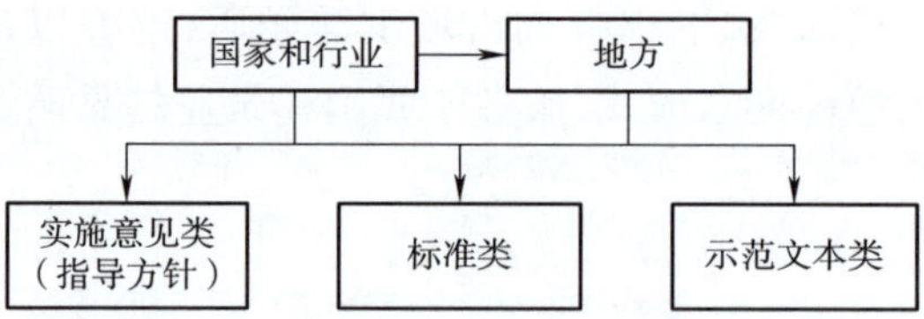

图 2-1　全过程工程咨询的相关政策结构

2.1.1　国家政策和行业层面的规范性文件

国家的政策和行业层面的规范性文件，主要是统一大家对全过程工程咨询的认识和理解，引导建立支持全过程工程咨询的政策和标准体系。国家层面的政策是指由国务院和国家部委发布的政策文件，这些政策文件对全过程工程咨询的背景、目的、定位和模式等提出了指导性意见，是指导全国范围内工程咨询组织模式变革和推进全过程工程咨询开展的纲领性文件，为全过程工程咨询的实施营造基本的政策环境。行业层面的规范性文件是行业主管部门、学协会，为规范全过程工程咨询的实施和管理活动制定的标准规范。

2017 年以来，国务院办公厅、住房和城乡建设部、国家发展改革委等政府部门以及行业学协会，陆续发布了一系列全过程工程咨询相关的政策文件和标准规范（详见附录一），贯彻落实工程咨询领域供给侧改革要求，提出以建设项目全生命周期为视角，开展跨阶段咨询服务组合或在同一阶段内提供不同类型的咨询服务组合，以推动多样化的全过程工程咨询服务模式的发展。

（1）重视投资决策综合性咨询，推动投资决策的科学化

2022 年 4 月，中央财经委员会第十一次会议强调，全面加强基础设施建设，构建现代化基础设施体系，为全面建设社会主义现代化国家打下坚实基础。在项目建设过程中，投资决策环节具有统领作用，对项目的顺利实施、投资的有效控制和高效利用至关重要。特别是基础设施项目投资大、回收慢、民生属性强，应更加重视投入与产出的关系。当前，我国正处于推动基础设施建设高质量发展的关键时期。在当前国家铁路主骨架基本形成的基础上，对于以地方作为投资主体的城际铁路、市域（郊）铁路、专用线铁路、联网补网强网项目，更应重视投资决策的科学性，通过全过程工程咨询来提升投资决策的科学化水平。

（2）鼓励发展多样化的全过程工程咨询服务模式

《关于推进全过程工程咨询服务发展的指导意见》（发改投资规〔2019〕515 号）鼓励和支持咨询单位创新全过程工程咨询服务模式。工程咨询单位可根据市场需求，从投资决策、勘察设计、工程建设、运营维护等项目全生命周期角度，开展跨阶段咨询服务组合或同一阶段内不同类型咨询服务组合，为投资者或建设单位提供多样化的服务。

中国工程建设标准化协会发布的《建设项目全过程工程咨询标准》（T/CECS 1030—2022）、中国建筑业协会发布的《全过程工程咨询服务管理标准》（T/CCIAT 0024—2020）、中国勘察设计协会发布的《全过程工程咨询服务规程》（T/CECA 20037—2023）等团体标准，均提出全过程工程咨询在服务范围上可涵盖投资决策、勘察设计、工程建设、运营维护等的全阶段或者部分阶段，服务内容上可包括投资咨询、勘察设计、造价咨询、工程监理等建设项目所涉及专项咨询的全部或者部分内容。

（3）鼓励全过程工程咨询单位提升综合能力

全过程工程咨询模式下，对工程咨询单位的资质条件要求没有变，全过程工程咨询的委托方式基本没有变，仍然保留原有执业“门槛”，但更重视工程咨询单位的综合能力。要求全过程工程咨询单位应当在技术、经济、管理、法律等方面具有丰富经验，具有与全过程工程咨询业务相适应的服务能力，同时具有良好的信誉；同时，全过程工程咨询单位应当建立与其咨询业务相适应的专业部门及组织机构，配备结构合理的专业咨询人员，提升核心竞争力，培育综合性多元化服务及系统性问题一站式服务能力。

全过程工程咨询强调工程咨询单位的智力性策划、多阶段集成,通过对建设方案进行技术经济分析论证和实施全过程管控,为工程项目投资决策和建设管理提供增值服务。这意味着工程咨询单位不仅具备技术能力,还要具备行业内的统筹协调和综合集成能力。如果说资质条件和技术能力代表了"硬实力",那么统筹协调和综合集成能力则代表了工程咨询单位的"软实力"。只有软硬兼备,才能真正实现全过程工程咨询推行的目的和意义。

(4)鼓励简化全过程工程咨询服务单位、人员的执业许可和中介服务审批流程

逐步简化投资决策环节和工程建设领域对从业单位和人员的资质资格许可要求,同时精简和取消强制性的中介服务事项,以打破行业壁垒和部门垄断,促进市场准入的放宽,加快工程咨询市场化进程。将政府管理的重心从事前的资质资格证书核发转移到事中、事后的监管,强化单位和人员从业行为的监管等。解决涉及资质资格、强制性规定、部门界面、行业壁垒等问题是推进全过程工程咨询的重要任务。

(5)鼓励采用灵活方式计取服务酬金

《关于推进全过程工程咨询服务发展的指导意见》(发改投资规〔2019〕515 号)明确,全过程工程咨询服务费用可在项目投资中列支,也可根据所包含的专项服务在项目投资中列支的费用中进行支付;既可按各专项服务费用叠加后再增加相应统筹管理费用计取,也可按人工成本加酬金方式计取;鼓励投资者或建设单位根据咨询服务节约的投资额对咨询单位予以奖励。指导意见对服务酬金的计取方式仅作出了原则性的引导,并未明确计列标准。从目前工程咨询市场竞争情况看,部分专项工程咨询存在"低价恶性竞争"的现象。因此,全过程工程咨询模式的推广和应用,在坚持市场化的基础上,要更加强调科学合理计价,避免出现恶意低价竞争影响服务模式的健康可持续发展。

2.1.2　地方层面的政策和规范性文件

落实国家关于推进全过程工程咨询指导意见的要求,有 31 个省(自治区、直辖市)出台了全过程工程咨询的政策支撑性文件,涉及实施意见(指导意见)、试点工作方案、服务导则(服务指引)、招标文件示范文本等多方面内容,从具体实施和操作层面推动全过程工程咨询的落地推广。虽然地方层面对全过程工程咨询模式的认识上还存在一定的差异性,从目前全过程工程咨询项目的招投标和落地实施情况看,全过程工程咨询模式已在全国各地开花结果。

(1)突出工程咨询内容的延伸

地方出台的实施意见、指导意见、试点工作方案等,重点关注机制创新突破,特别是在服务内容的突破上,鼓励"在主体工程咨询内容的基础上开展服务内容的延伸"。其中,四川省提出以工程设计、工程监理、工程造价及工程咨询等为主体,各自延伸业务领域作为全过程工程咨询试点的突破口;黑龙江省提出全过程工程咨询试点单位应当具有工程设计专业甲级及以上资质或工程监理专业甲级及以上资质,资质范围内的业务自行承担,资质范围外的业务如具备相应资质标准要求的注册类人员可自行承担或可

直接另行发包；山西省则在省级全过程工程咨询单位的遴选标准中提出，企业应具有1种及以上的工程咨询、勘察、设计、监理和造价咨询资质（资信）条件。

（2）规范全过程工程咨询的实施

为规范引导全过程工程咨询模式推广，部分省（自治区、直辖市）专门制定服务指引、服务导则、服务标准等文件，并编制招投标示范文本，指导工程咨询单位开展业务工作。其中，浙江省发布了《全过程工程咨询服务标准》（DB33/T 1202—2020），这也是全国首个全过程工程咨询领域的省级标准；广西壮族自治区印发了《工程建设全过程咨询服务导则（试行）》，明确了项目管理全生命周期咨询工作的团队建设、工作内容、工作流程、实施要求等。在示范文本指引方面，贵州省制定了《贵州省建设工程全过程工程咨询招标文件示范文本》、广西壮族自治区制定了《广西壮族自治区房屋建筑和市政工程全过程工程咨询服务招标文件范本（试行）》，提供招标文件格式范本和全过程工程咨询服务清单，供投标人选择参考。

（3）鼓励全过程工程服务内容和模式的多元发展

对全过程工程咨询的界定，地方的政策文件存在一定的差异。上海市对全过程工程咨询界定为“全生命周期、集约化的项目管理服务”或“全过程或若干阶段的项目管理服务”；江苏省将全过程工程咨询界定为“项目策划、工程设计、工程监理、招标代理、造价咨询和项目管理等工程技术及管理活动”；山西省和宁夏回族自治区将全过程工程咨询界定为“工程技术及管理活动”；其他省市（自治区）则将全过程工程咨询界定为“服务”或“咨询服务”。

当前全过程工程咨询呈现服务模式的多样性和地区差异性，有“$1+N$”“$1+N+X$”“$1+1+N$”等多种模式。其中，广东省提出“$1+N$”模式，“1”是指全过程工程项目咨询统筹管理，“N”是指投资咨询、勘察、设计、造价咨询、招标代理、监理、运营维护咨询等专业咨询，“1”为必选项，“N”的具体内容为可选项；江苏省提出根据建设项目业主方的需求进行菜单式选择，但服务内容不少于三项。全过程工程咨询模式所呈现出的差异性，反映了全过程工程咨询在探索性发展初期“百花齐放”的多元化态势。

2.2 全过程工程咨询的实践和经验总结

2.2.1 全过程工程咨询的推广

2017年，《国务院办公厅关于促进建筑业持续健康发展的意见》《住房和城乡建设部关于开展全过程工程咨询试点工作的通知》相继发布后，全过程工程咨询试点全面推开。其中，北京、上海、江苏、浙江、福建、湖南、广东、四川等8个省（直辖市）被列为试点的地区均制定并发布了全过程工程咨询的试点实施方案，河南、安徽、内蒙古、宁夏等未列入国家试点的地区也制定了全过程工程咨询试点实施方案。由此，全过程工程咨询试点项目及工程咨询试点单位的筛选工作在全国范围内启动。

2019年，为期2年的全过程工程咨询试点工作完成后，在全面总结全过程工程咨询试点实践工作经验的基础上，国家发展改革委、住房和城乡建设部《关于推进全过程工程咨询服务发展的指导意见》（发改投资规〔2019〕515 号）发布，进一步明确推进全过程工程咨询发展的重要意义、主要服务模式、市场化发展的整体思路以及具体保障措施，为全过程工程咨询模式的进一步推广和应用奠定坚实基础。同步，全国各地也陆续发布了本地区推进全过程工程咨询服务发展的指导意见、实施指南、服务导则等政策文件，加强政策引导，促进全过程工程咨询的规范化实施。

（1）整体推广情况

当前我国全过程工程咨询模式还处在发展的起步阶段。在行业和地方层面，对全过程工程咨询的内涵、业务范围、实施方式、委托方式、资质要求、人员要求、收费标准等理解和认识尚未统一。在推进建筑业高质量可持续发展的大背景下，市场环境日趋复杂多变，全过程工程咨询模式的推广，为工程咨询单位的转型发展提供了新机遇。根据《全过程工程咨询市场研究报告(2023 版)》统计，全国已有近 31 个省（自治区、直辖市）开展了全过程工程咨询试点和推广，涵盖住宅、医院、体育场馆、工业园区、市政、水利、轨道交通等众多工程领域，全过程工程咨询相关单位已达到 5.5 万家，从业人员超过 864 万人，市场整体发展日渐繁荣。

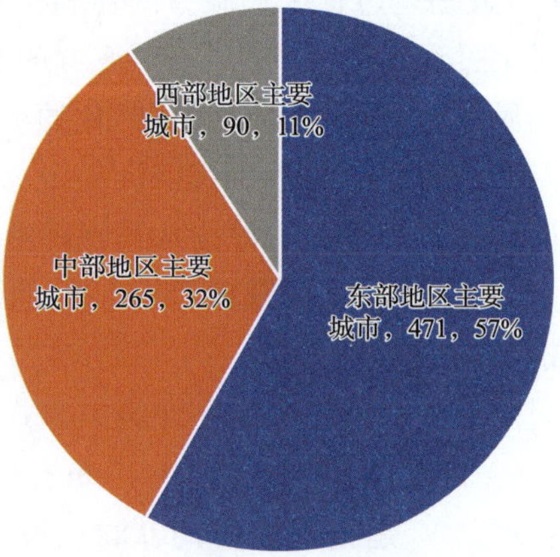

图 2-2　我国全过程工程咨询项目地区主要城市分布情况（2020. 07 —2022. 06）

据统计，2019—2022 年，超过 2 600 个建设项目进行了全过程工程咨询招标，50% 以上是政府投资项目。其中，2020—2022 年两年间，开展全过程工程咨询招标的项目，东部地区主要城市有 471 个、中部地区主要城市有 265 个、西部地区主要城市有 90 个，具体如图 2-2 ~ 图 2-5 所示。从项目招标情况看，全过程工程咨询的推广表现为“南热北冷、东热西冷”，其中又以浙江、江苏、山东等东南沿海地区招标项目最多。

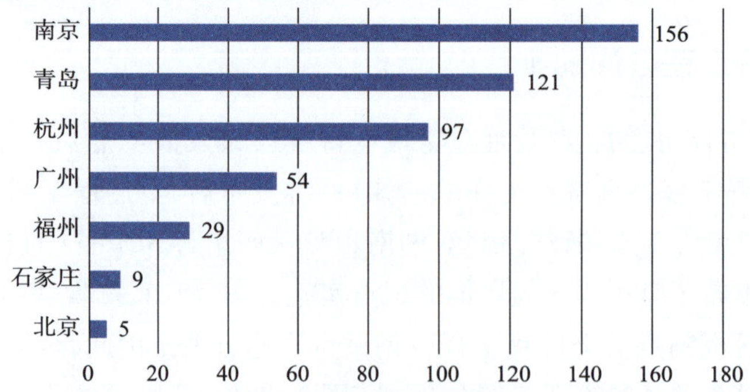

图 2-3　我国东部地区主要城市全过程工程咨询项目数量（2020. 07—2022. 06）

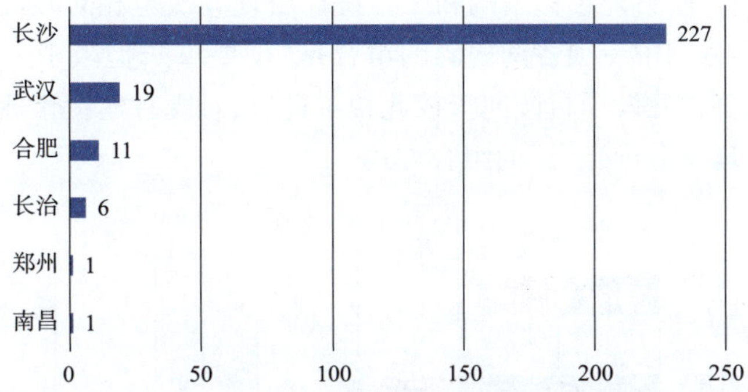

图 2-4　我国中部地区全过程工程咨询项目数量（2020.07—2022.06）

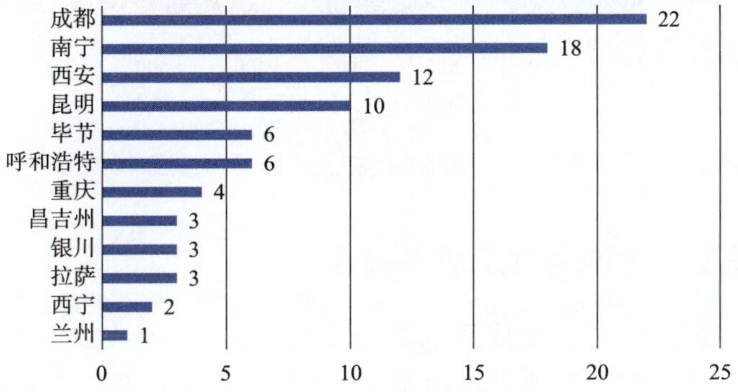

图 2-5　我国西部地区全过程工程咨询项目数量（2020.07—2022.06）

从铁路行业看，以“全过程工程咨询模式”招标的大型铁路建设项目，有新建衢州至丽水铁路衢州至松阳段全过程工程咨询项目、新建合肥至池州铁路全过程工程咨询项目、监利至华容长江公铁两用大桥项目、新建天水至陇南铁路项目全过程工程咨询项目等，另外还有天津市市域（郊）铁路宁河线一期工程（经三路站至淮淀站）全过程咨询项目、聊城国际内陆港铁路专用线全过程咨询项目、安庆长风港区铁路专用线全过程工程咨询项目等小型的市域铁路及专用线项目。

（2）主要实施方式

本书收集整理了部分房建工程、市政工程、铁路工程、水利工程、公路工程等领域的全过程工程咨询项目案例（详见附录三）。通过对案例的归纳分析，全过程工程咨询项目呈现以下特征：一是专项咨询内容组合并未体现全过程，绝大多数项目是 2～5 项专项咨询的简单组合，不同项目所涉及的专项咨询内容组合也不同；二是工程咨询单位组建的联合体多为松散模式，委托方往往是一次发包将组合后的咨询内容委托给不同的工程咨询单位，难以有一家工程咨询单位能够将联合体成员单位凝聚在一起形成合力，存在联而不合、单打独斗的问题。大部分全过程工程咨询项目未能实现咨询内容和咨询管理的一体化，存在形式上的“全过程工程咨询”问题，并未体现全过程工程咨询的实质性意义和作用。

从案例分析看，我国全过程工程咨询项目中工程监理出现频次最高，其次为造价咨询、项目咨询统筹管理，另外招标采购和工程设计出现频次也相对较高，如图 2-6 所示。我国对全过程工程咨询中专项咨询内容的组合是“硬要求”，但限于工程咨询单位难以聚合成为整体，大多数建设项目倾向于彼此相对离散、对既有建设管理模式影响小且易于组合的“工程监理 + 造价咨询”的组合方式。

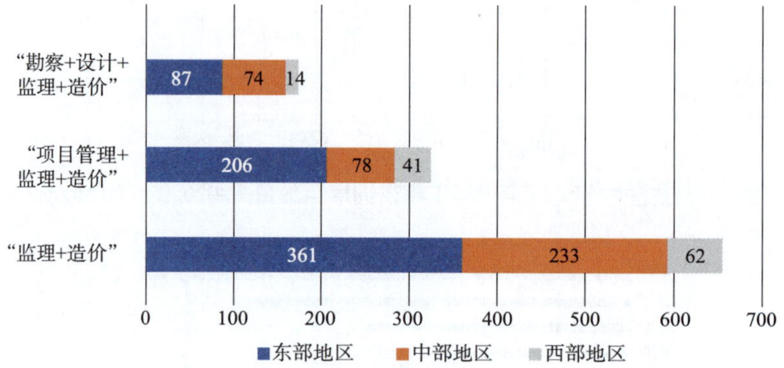

图 2-6　我国全过程工程咨询主要服务模式及地区分布情况（2020. 07—2022. 06）

2. 2. 2　全过程工程咨询的常见服务模式

全过程工程咨询以项目咨询成果的集成交付为目标，形成以“业主-全过程工程咨询团队-承包人”为核心主体的项目组织关系，业主委托全过程工程咨询团队开展全过程咨询，主要包括项目咨询统筹管理、工程勘察、工程设计、招标采购咨询、造价咨询和工程监理等。全过程工程咨询是根据项目特点和业主需求，来匹配不同咨询内容的组合模式。

2. 2. 2. 1　市政房建常见服务模式

对于实际的建设项目尤其是市政房建项目，工程建设阶段的工期和成本管控压力大，涉及的利益相关方多，项目业主更加需要专业的风险管理、资源优化等方面的建议。因此，大部分市政房建全过程工程咨询项目采用以项目管理为主体，与造价咨询、工程监理进行组合的服务模式，如图 2-7 所示。

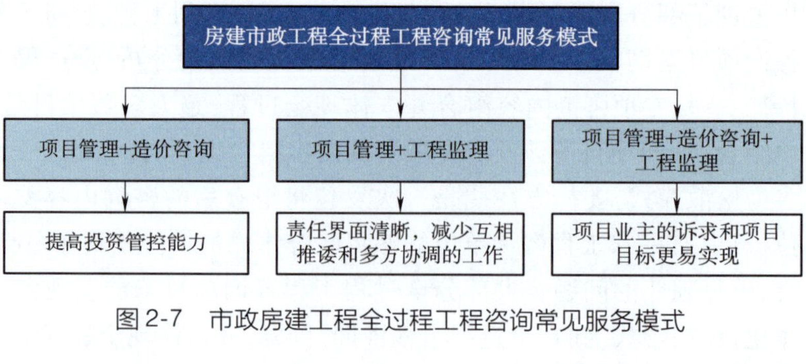

图 2-7　市政房建工程全过程工程咨询常见服务模式

（1）项目管理 + 造价咨询。通过项目管理与造价咨询的融合，造价团队能更好地参与到项目招投标和工程建设阶段的投资管理策划，如合约策划、投资界面划分、招标和计价模式的策划,以提高项目的投资管控能力。

(2)项目管理+工程监理。通过项目管理与工程监理的融合,项目现场信息的传递更为及时有效,有利于项目管理抓住重点、有的放矢;另外,项目管理与工程监理作为联合体共同提供咨询服务,能够更好地应对现场的质量、进度、安全、投资等相关问题,责任界面清晰,减少互相推诿和多方协调的工作。

(3)项目管理+造价咨询+工程监理。通过项目管理与造价咨询、工程监理的组合,能够更好地实现对项目质量、安全、投资、进度的综合管控,项目业主的诉求和项目目标更易实现。

除此之外,全过程工程咨询单位需要根据项目特点及业主需求,确定全过程工程咨询服务的主线,有侧重地进行咨询服务规划、确定咨询内容组合,常见的有以工程设计为主线、以造价咨询为主线、以工程监理为主线等。工程设计主导型的全过程工程咨询模式强调建设项目前期的咨询服务,造价咨询主导型的全过程工程咨询模式对造价控制更加关注,工程监理主导型的全过程工程咨询则对质量安全的要求更高。

2.2.2.2 案例解析

以某媒体大厦为例,介绍全过程工程咨询应用的成效和经验。该大厦总建筑面积15 502 m^2,其中地上建筑面积约96 834 m^2,包括三栋楼,为国有资金投资工程。除桩基及基坑支护工程外,采用EPC工程总承包模式,工程监理单独委托,咨询单位则负责设计管理、招标代理、BIM咨询和造价咨询等工作,即"设计管理+造价+招标代理"组合模式,对技术支撑要求较高。咨询单位采用直线型组织结构(图2-8),分管副总任项目负责人,负责项目实施,总工程师负责后台技术支持和质量控制。

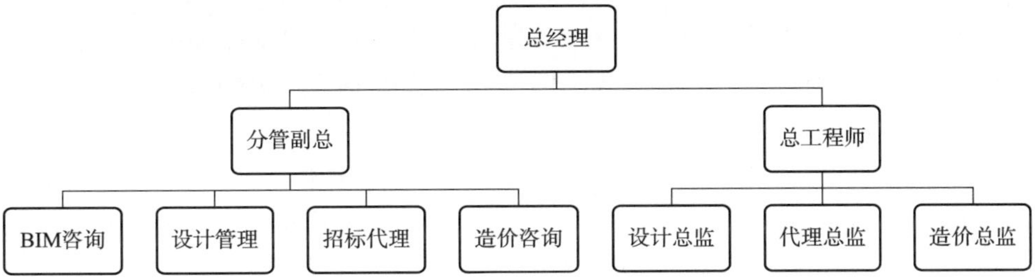

图2-8 某媒体大厦全过程工程咨询单位内部组织结构图

根据该项目特点,工程咨询单位明确以投资管控为核心开展项目的全过程工程咨询,并确定了投资管控的两大目标:总投资控制在批准的设计概算内,并进行资源合理分配,使业主的项目理念、功能、需求得到充分体现;在业主投资得到有效控制的同时,实现投资效益充分发挥和物有所值。在招投标阶段,工程咨询单位借助BIM模型引导发包人明确需求,并明确了EPC总承包人实施范围,决定专营行业不纳入总承包范围;根据工程特征及类似工程数据合理确定了招标限价。在项目实施阶段,工程咨询单位对设计文件和招标文件进行了比对分析,低于招标文件标准的要求其调整设计文件;对每一个设计变更均进行了界定,对不属于变更的由承包人自行承担费用;进行了物有所值评价,使施工图预算与投标报价差异在±8%内;进行了合同风险分析和控制,确保工程竣工后能顺利通过审计。在竣工阶段,工程咨询单位负责竣工结算初审工作,并重点关注概算执行和合规性审核;竣工结算完成后对项目投资进行系统的分析,对比结算价、合同价和设计价,分析关键造价指标、技术经济指标,分析合同价与按市场水平测算的结算价间的差异。

最终,该项目在投资限额控制内达到了预期各项功能,工期、质量均满足合同约定,建设标准符合业主需求。尤其是在项目招投标阶段,工程咨询单位借助 BIM 手段明晰了各专业施工的界面,引导出发包人的明确需求,并通过合同条款的约定平衡项目风险,运用"物有所值"评价方式来控制投资提升项目价值,切实地将精细化管理贯彻到每一个阶段,最大限度地发挥了咨询服务的价值。

在工程咨询模式创新发展的背景下,应结合项目特点,积极实践多种组合模式的全过程工程咨询,更高效地实现业主的项目需求。

2.2.3 全过程工程咨询的实践经验

2.2.3.1 全过程工程咨询的实施成效

全过程工程咨询的试点实施与加速推广,对于支撑建设项目的高质量建设取得了良好效果。

(1)提高项目管理的系统性

目前,我国市政房建领域的全过程工程咨询项目多以项目管理或项目咨询统筹管理为主线,组织开展项目全过程的工程咨询服务,提高了项目管理的统筹性、系统性,解决了传统工程咨询方式"单一化"和"碎片化"的问题。

以无锡绮北 220 kV 输变电工程为例,工程咨询单位组建了全过程工程咨询领导小组和工作小组,进行了项目组织架构优化,由工程咨询单位的总经理担任组长、分管领导担任副组长的全过程工程咨询领导小组,统筹建设管理、工程监理、招标代理、造价咨询、设备监造等各部门资源,消除了企业内部不必要的重复性工作,减少了咨询方的目标冲突,提高了项目管理的系统性。咨询团队发挥整合作用,通过制定管理计划、建立控制性进度计划体系等措施,加快了施工进度,项目的沟通效率和管理效率也大大提升。

(2)提高项目管理的专业性

将建设项目的咨询服务内容进行整合,大大减少了业主的合同和管理工作压力,解决了业主在技术、管理等方面能力不足的问题,体现出由专业人做专业事的"小业主、大咨询"管理理念。

在北京平谷全产业链现代化超级农场项目中,从规划设计阶段就完全按照工业化标准建造,全过程工程咨询单位组织工艺设计专家和设备供应商专家、施工图设计单位,进行了精细化的规划和设计。项目设计了自动环境控制、自动传料、自动集蛋、自动清洗、自动包装等十大自动化系统,还第一次启动设计了巡检鸡舍的机器人和自动码垛机器人,均成为全球首例。全过程工程咨询单位及建设管理团队作为项目的核心纽带和发动机,用十年时间以科技性、智能性、规模性、集成性的高端设计和建设,建立了安全食品产业链,成功打造出了农业领域的“超级工程”。

(3)提高设计方案的可实施性

全过程工程咨询通过对专项咨询内容的集成管理,在设计和设计咨询中充分考虑设计方案与先进的施工工艺相结合,增强了设计方案的可实施性。

在香港东铁线南环线工程全过程工程咨询案例中,为解决南环线跨越地铁荃湾线隧道和穿越繁华商业地带的难题,构建由业主团队和全过程工程咨询团队联合而成的一体化项目团队,该团队囊括了设计、施工和工程管理经验丰富的专家,突出设计方案与施工工艺的结合,充分发挥了业主团队的先进管理经验和咨询团队的技术支持优势,解决了工程难题。

(4)实现项目目标的可控性

由于全过程工程咨询单位责权利相统一,在节约投资成本的同时,也有助于缩短工期,提高服务质量和项目品质,有效地规避风险。全过程工程咨询单位可在提供高质量智力技术服务的同时,提升自身企业管理能力并取得合理经济效益。

衢州中心医院项目中,全过程工程咨询项目部于项目决策阶段进场参与管理,针对项目特点,积极与衢州市住建局进行协调沟通,最终成功采用分段式申领施工许可证。对比同类医院工程,前期报批报建工作至少节约 6 个月,项目开工时间至少提前 10 个月,大大节约了项目的时间成本。方案设计及审查阶段,提出了 1 500 条以上设计优化建议,并对各阶段的设计进度及限额设计方面进行全过程的动态控制,确保了投资未超预算且工程全部达标。

(5)实现咨询服务的价值提升

全过程工程咨询单位通过一系列工程技术、经济、管理方法开展多阶段集成化咨询,能够为委托方提供增值服务。

在苏台高速公路南浔至桐乡段及桐乡至德清联络线(二期)项目中,工程咨询单位组建的联合体,基于 GIS、BIM、数字孪生、物联网等技术,以“数据最多录一次、管理痕迹可溯源”为基本理念,开发了苏台高速公路(二期)智慧建设管理系统,以提高项目管理的信息化水平。该系统是浙江省首个由高速公路全过程工程咨询单位自主研发的集成数字化平台,入选了电子文件归档和电子档案管理研究省级试点,提高了项目的影响力,实现咨询服务对项目的增值。

2.2.3.2 全过程工程咨询的实施经验总结

本书对全过程工程咨询的实践经验进行总结,具体如图 2-9 所示。

(1)提前介入项目策划,完善项目方案

工程咨询单位可以立足建设项目投资决策、勘察设计等阶段技术优势,提前介入前期项目策划和报批报审,全程跟踪分析研究项目可行性,及时为建设单位提供专业咨询支持,进一步完善项目设计方案,保障项目高质量实施。

案例经验:聚大洋海洋生物医药科技园项目前身为海藻多糖空心胶囊研发项目,最初定性为扩大生产能力的工业生产项目,仅有厂房及办公楼共约 10 万 m^2。全过程工程咨询单位提前介入项目策划,深入分析经济环境的变化,提出对项目进行战略升级的有

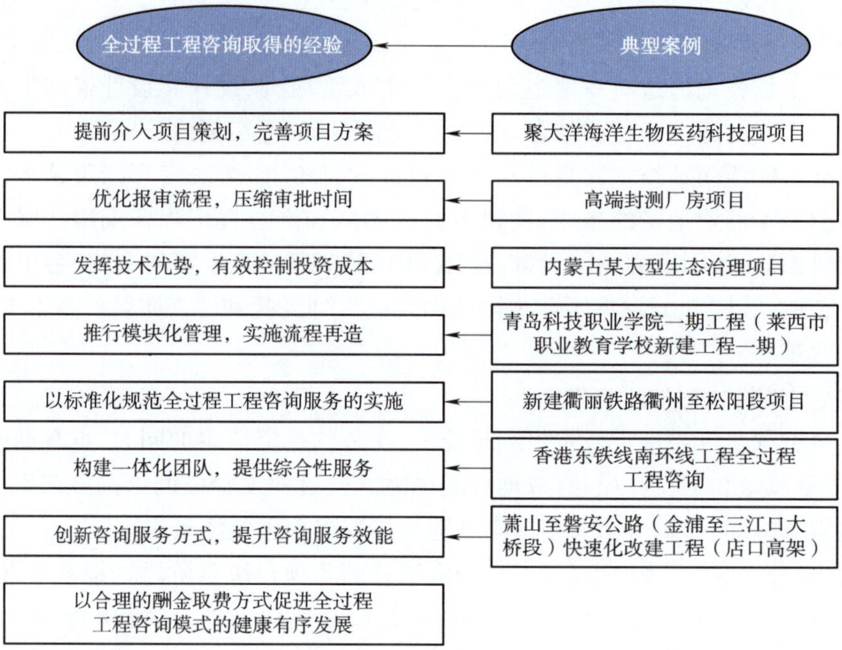

图 2-9　全过程工程咨询的实施经验总结

关建议，被建设单位采纳，促成项目从单纯工业厂区扩能升级为产学研深度融合的海洋生物科技园区，共涵盖了科研办公大厦、国际学术中心、创新创客区、专家公寓等在内的 13 余万平方米建筑群，实现企业、高校、科研院所等产学研主体的深度融合，形成了创新合力。

(2)优化报审流程，压缩审批时间

工程咨询单位利用自身的丰富经验和综合资源，在用地范围及规划设计条件确定后，采用"批前辅导""模拟审批""并联推进"相结合的办法，提前做好项目从立项至施工许可的相关模拟报审，条件成熟后将模拟批复转换为正式批复，使项目提前开工、交付或投产，提升项目推进效率。

案例经验：在高端封测厂房项目中，全过程工程咨询单位发挥项目各报批环节技术力量聚合优势，利用前期土地手续办理期，并联推进、模拟开展多项手续的报审，待项目土地权属明确后，补充相关材料即时审批，比正常报建工期缩短 70 天左右。

(3)发挥技术优势，有效控制投资成本

全过程工程咨询单位要深度对接业主方需求，提出设计、发包、施工、竣工等各个阶段投资控制重点，并编写投资控制月报和阶段性控制报告，有效控制投资成本。在设计环节就充分发挥工程勘察、工程设计等的协同效应，提高设计深度，确保设计方案科学、经济、实用，最大限度地减少后期设计变更导致的工程费用增加。在施工阶段，全过程工程咨询单位则通过设计配合、造价咨询的介入，做好验工计价咨询，对施工单位提出的设计变更的必要性、合理性、经济性进行充分论证，减少不必要设计变更产生的费用。

案例经验：在内蒙古某大型生态治理项目中，全过程工程咨询单位结合项目具体情况，建立了具备“1 + X”全过程工程咨询特色的公司—项目相结合的组织架构，采用三级会议推进体系，通过限额设计、优化设计和精细化管理等措施降低“三超”风险，有效节约了投资，加快了工期，仅2019年度就节省投资2.132亿元。

(4)推行模块化管理，实施流程再造

全过程工程咨询提前策划明确专项咨询服务模块职责及交付成果标准，实施模块化管理和流程再造，并对专项咨询模块之间及其内部的管理接口和工作界面进行规范，充分发挥专项咨询模块的专业优势，构建科学高效、分工明确、流程可靠、对接顺畅的工作机制。

案例经验：在青岛科技职业学院一期工程（莱西市职业教育学校新建工程一期）中，全过程工程咨询单位通过制定21项全过程工程咨询管理制度、122项全过程工程咨询服务实施细则，明确了项目管理、勘察设计、造价咨询、工程监理、运营维护等5个模块的职责边界和交付标准，有效保障各专项咨询工作的有序开展。

(5)以标准化规范全过程工程咨询服务的实施

在全过程工程咨询项目中，要重视全过程工程咨询管理大纲、专项咨询管理实施方案、专项咨询实施方案的编制，必要时可采取专家评审方式对大纲或方案进行充分论证，并将编制完成的大纲或方案作为全过程工程咨询实施的重要基础，以提高全过程工程咨询实施的科学性和规范性。

案例经验：新建衢丽铁路衢州至松阳段项目中，全过程工程咨询单位对项目的具体情况进行深入研究后，形成了全过程管理咨询大纲，以技术咨询和投资咨询两条主线为引领开展咨询工作；工程建设阶段，有针对性地组织专项咨询项目部就勘察设计现场配合、工程监理、造价咨询等专项咨询编制专项咨询实施方案，建立项目统筹管理服务制度体系，进一步规范了全过程工程咨询服务模式。

(6)构建一体化团队，提供综合性服务

构建由项目业主和全过程工程咨询单位联合组成的一体化项目团队，加强全过程工程咨询与项目管理的融合，有利于将系统性问题一站式整合，避免咨询服务“碎片化”，实现工程咨询从分散走向集成、从部分走向整体。

案例经验：在香港东铁线南环线工程全过程工程咨询案例中，为解决南环线跨越地铁荃湾线隧道和穿越繁华商业地带的难题，构建由业主团队和咨询顾问团队联合而成的一体化项目团队，该团队囊括了设计、施工和工程管理经验丰富的专家，能够充分发挥业主团队的先进管理经验和咨询顾问团队的技术支持优势。

(7)创新咨询服务方式，提升咨询服务效能

应用数字化、信息化、建筑信息模型（BIM）等现代信息技术，构建全过程工程咨询信息化平台，实现专项咨询服务集成的流程化、信息化、平台化，提高项目信息采集与共享效率；利用摄像头、无人机、专用采集器等先进技术和设备，加强对现场项目实施的过程监控和成果留存。从案例实践来看，信息技术的应用能够提升全过程工程咨询服务水平和效果，提高工程咨询单位的竞争力，促进工程咨询的数字化转型。

案例经验：在萧山至磐安公路（金浦至三江口大桥段）快速化改建工程（店口高架）

中，工程咨询单位全方位、宽领域、多渠道开展先行先试，统筹推进工程管理、网络化安全和信息化发展工作，利用"全咨云"数字化管理优势，倾力打造项目信息化管理平台，有力推动项目管理提质增效，被国家档案局确定为第三批档案电子化试点项目。

（8）以合理的酬金取费方式促进全过程工程咨询模式的健康有序发展

国家和地方层面的政策文件，主要是明确了全过程工程咨询的酬金计取方式和原则。要进一步规范全过程工程咨询服务酬金计取方式，结合全过程工程咨询整合的具体内容，充分考虑发挥统筹作用的项目咨询统筹管理服务所投入的成本和产出的价值，参考现行的有关标准或规定确定合理的取费方式和计价标准，避免市场恶性价格竞争，推动全过程工程咨询市场的良性发展。

3 全过程工程咨询在铁路行业的发展分析

新时代以来我国铁路建设取得了举世瞩目的成就。随着铁路投融资体制改革的不断深化,“十四五”及今后一个时期,地方铁路的规划建设将迎来快速发展的重要机遇期。铁路尤其是地方铁路投融资体制改革、建设管理模式的转变对工程咨询提出了新的要求。本章回顾新时代以来全国及地方铁路的建设成就及发展规划,分析今后一个时期地方铁路规划建设的主要方向;总结分析铁路工程咨询现状及发展,提出铁路建设项目全过程工程咨询服务新模式,明确铁路建设项目全过程工程咨询的服务理念和角色定位,为铁路建设项目开展全过程工程咨询提供指导。

3.1 铁路建设成就及发展规划分析

3.1.1 全国铁路建设成就及发展规划

3.1.1.1 全国铁路建设成就

新时代十年(2012 年到 2022 年)我国全面推进铁路建设,提速振兴普惠民生,铁路事业发生了历史性变革,取得了历史性成就。全国铁路固定资产投资完成 7.7 万亿元,是上一个十年的 1.9 倍;全国铁路营业里程由 9.8 万 km 增加到 15.5 万 km,增长 58.6%,高铁由 0.9 万 km 增加到 4.2 万 km、增长 351.4%,电气化率由 52.3% 增长到 73.8%,复线率由 44.8% 增长到 59.6%,我国建成了世界最大的高速铁路网和世界第二的铁路网。在运输经营方面,我国铁路的旅客周转量、换算周转量、运输密度、货运量、货物周转量等指数多年稳居世界第一。在服务国际社会方面,中欧班列联通亚洲 11 个国家 100 多个城市,通达欧洲 25 个国家 223 个城市,累计开行突破 9 万列、发送货物超 870 万标箱。

国家统计局数据显示,截至 2023 年,我国铁路营业里程达到了 15.9 万 km,具体数据见表 3-1。

表 3-1 新时代十年我国铁路营业里程表数据

年 份	铁路营业里程/万 km	年 份	铁路营业里程/万 km
2012 年	9.76	2018 年	13.17
2013 年	10.31	2019 年	13.99
2014 年	11.18	2020 年	14.63
2015 年	12.10	2021 年	15.07
2016 年	12.40	2022 年	15.50
2017 年	12.70	2023 年	15.90

截至 2023 年,我国高铁建设相关数据见表 3-2。

表 3-2 新时代十年高速铁路基本情况

年 份	营业里程/km	占铁路营业里程比/%	客运量/万人	占铁路客运量比/%	旅客周转量/(亿人·km)	占铁路客运周转量比/%
2012 年	9 356	9.6	38 815	20.5	1 446.1	14.7
2013 年	11 028	10.7	52 962	25.1	2 141.1	20.2
2014 年	16 456	14.7	70 378	30.5	2 825.0	25.1
2015 年	19 838	16.4	96 139	37.9	3 863.4	32.3
2016 年	22 980	18.5	122 128	43.4	4 641.0	36.9
2017 年	25 164	19.8	175 216	56.8	5 875.6	43.7
2018 年	29 904	22.7	205 430	60.9	6 871.9	48.6
2019 年	35 388	25.3	235 833	64.4	7 746.7	52.7
2020 年	37 929	25.9	155 707	70.7	4 844.9	58.6
2021 年	40 139	26.6	192 236	73.6	6 064.2	63.4
2022 年	42 000	27.1	127 148	76.0	4 406.9	67.0
2023 年	45 000	28.3	289 788	75.2	9 834	66.8

新时代以来,高速铁路在全国铁路营运里程、客运量以及铁路客运周转量等方面的占比呈现稳步上升的趋势,且整体占比呈现逐步递增的态势。高速铁路对于我国铁路行业发展以及国民经济的支持效用愈加显著。

3.1.1.2 全国铁路发展规划

2019 年,中共中央、国务院印发《交通强国建设纲要》,提出从 2021 年到 21 世纪中叶,分两个阶段推进交通强国建设。到 2035 年,基本建成交通强国。到 21 世纪中叶,全面建成人民满意、保障有力、世界前列的交通强国。2021 年,中共中央、国务院印发《国家综合立体交通网规划纲要》,明确到 2035 年,基本建成便捷顺畅、经济高效、绿色集约、智能先进、安全可靠的现代化高质量国家综合立体交通网。到本世纪中叶,全面建成现代化高质量国家综合立体交通网,拥有世界一流的交通基础设施体系,交通运输供需有效平衡、服务优质均等、安全有力保障。

(1)构建完善的国家综合立体交通网。构建以铁路为主干,以公路为基础,水运、民航比较优势充分发挥的国家综合立体交通网。到 2035 年，国家综合立体交通网实体线网总规模合计 70 万 km 左右，其中铁路 20 万 km 左右。

(2)加快建设高效率国家综合立体交通网主骨架。国家综合立体交通网主骨架由国家综合立体交通网中最为关键的线网构成，是我国区域间、城市群间、省际间以及连通国际运输的主动脉，是支撑国土空间开发保护的主轴线，也是各种运输方式资源配置效率最高、运输强度最大的骨干网络。其中，国家高速铁路 5.6 万 km、普速铁路 7.1 万 km。

(3)建设多层级一体化国家综合交通枢纽系统。建设综合交通枢纽集群、枢纽城市及枢纽港站"三位一体"的国家综合交通枢纽系统。建设面向世界的京津冀、长三角、粤港澳大湾区、成渝地区双城经济圈 4 大国际性综合交通枢纽集群。

落实党中央、国务院印发的《交通强国建设纲要》，中国国家铁路集团有限公司发布《新时代交通强国铁路先行规划纲要》，提出到 2035 年，全国铁路网运营里程达到 20 万 km 左右，比目前再延长约 6 万 km，其中高铁 7 万 km 左右，比目前再延长约 3.4 万 km；20 万人口以上城市实现铁路覆盖，其中 50 万人口以上城市高铁通达；智能高铁率先建成，智慧铁路加快实现。到 2050 年，全面建成更高水平的现代化铁路强国，全面服务和保障社会主义现代化强国建设。

(1)构建现代高效的高速铁路网。要贯通高速铁路主通道，优化提升高速铁路通道网络功能和级配结构。通过推进区域性高速铁路建设和既有高速铁路通道的平行线路建设，建成以高速铁路主通道为骨架、区域性高速铁路衔接延伸的发达高速铁路网，构建快速综合交通网的主骨架。

(2)形成覆盖广泛的普速铁路网。要建设川藏等进出藏、疆铁路，优化完善普铁主干线通道。加强地区开发性及沿边铁路建设，畅通铁路集疏运体系及路网"前后一公里"。实施既有线扩能改造，消除干线通道瓶颈，优化集装箱、快捷、重载等运输网，强化沿江等重点区域货运能力。建成以普铁主干线为骨架、区域性铁路延伸集散的现代化普速铁路网，形成干线综合交通网的主动脉。

(3)发展快捷融合的城际和市域铁路网。在经济发达、人口稠密的城镇化地区构建多层次、大容量、通勤式、一体化的快捷轨道网，打造城市群综合交通网的主骨干。城市群中心城市之间及与其他主要城市间发展城际铁路，服务快速通勤及商贸出行。都市圈超大、特大城市中心城区与郊区、周边城镇组团间发展快速市域(郊)铁路，服务公交化便捷通勤出行。

(4)构筑一体衔接顺畅的现代综合枢纽。要按照"零距离"换乘要求，建设以铁路客站为中心的综合客运枢纽，实现高铁、普速、城际、地铁、机场之间的高效衔接。按照"无缝化"衔接要求，打造一批以铁路物流基地为中心的综合货运枢纽，完善多式联运、城市配送、集散转运等功能。

另外，从 2021 年到 21 世纪中叶，我国铁路建设将精准补齐发展短板，优化完善路网布局，也将在深化改革创新和提升整体效能方面持续发力，铁路建设将由规模速度型向质量效益型转变，在统筹考虑运输需求和效益的前提下，合理规划项目，严控高速铁路平行线路建设。同时，铁路发展也面临诸多困难和挑战，例如存在建设筹资难、债务负担重、经营压力大等困难；地区发展不平衡、不充分问题仍然突出，西部路网覆盖仍不均衡，城际、市域（郊）铁路发展相对滞后，既有路网效益有待提高等。上述问题与高质量发展的要求还存在一定差距。

3.1.2 地方铁路建设成就及发展规划

3.1.2.1 地方铁路建设成就

铁路投融资体制改革不断深化，地方政府主导推进实施的城际铁路、市域（郊）铁路等建设项目，已成为全国铁路网的重要组成部分。在我国铁路进入高质量发展的重要阶段，地方铁路迎来了快速发展的重要机遇期。

根据《中国地方铁路"十四五"发展战略要点》，地方铁路规模迅速增长。"十三五"期间，一批区域高速铁路、城际铁路、市域（郊）铁路、铁路支线相继投产，覆盖范围逐步扩大，层次体系逐渐清晰。截至 2020 年底，地方铁路营业里程达 17 981 km，比"十二五"末增长 92. 0%，占全国铁路比重 12. 3%，比"十二五"末增长 4. 6%；其中城际铁路和区域性高铁 5 299 km，占地方铁路营业里程的 29. 5%，占全国高铁网规模的 14. 0%，为发挥沿线区位优势、深化区域合作、实施周边互联互通提供了强有力支撑。

地方铁路运量实现大幅增长。"十三五"时期，地方铁路客货运量占全国铁路客货运量的比重增长显著。2021 年，完成旅客发送量 14 024 万人、旅客周转量 412. 16 亿人 · km，占全国铁路比重 5%；完成货运量 10 亿 t、货物周转量达到 3 473 亿 t · km，占全国铁路比重稳定在 20%、10% 左右。

地方铁路投资规模持续加大。"十三五"时期，铁路建设投融资改革深入推进，铁路财政事权划分加快落实，地方政府和企业出资比例大幅增长，逐步成为推动铁路投资建设的关键角色和重要力量。"十三五"期间，地方政府和企业对铁路的基本建设投资累计完成 11 397 亿元，年均 2 279 亿元，较"十二五"期间增长 111. 2%，出资比例从"十二五"末的 26. 7% 增长至"十三五"末的 41. 2%，投入资金量和所占比重明显提高，其中投入地方铁路项目累计达 2001 亿元，较"十二五"期间增长 3. 1 倍，有力推动了地方铁路项目建设，对优化完善地方铁路网络布局、加快区域铁路网发展做出了重要贡献。

地方铁路企业深化投融资体制改革。"十三五"时期，全国绝大部分省（自治区、直辖市）设立了政府建设铁路的投融资平台公司。目前，按照"一省一公司"模式，已推动 17 个省（市）区域性合资铁路公司重组。

"十三五"时期地方铁路发展成效显著，但仍然存在发展不平衡、不充分，发展质量不高、经济效益不好、结构不合理等问题。主要表现为：部分地区缺乏统一规划及衔接统筹，个别项目存在无序发展现象；经营亏损较为普遍，市场化运营程度不高，投融资体制改革创新不足，可持续发展面临较大挑战；与国铁融合发展不充分，经营管理能力不强；地方铁路标准化、信息化、智能化发展存在短板；管理体制机制不完善，治理体系和治理能力需要进一步强化提升。

展望未来，铁路发展的重点将由路网规模扩张转向管好、用好既有铁路，并在保证大动脉畅通的前提下，完善支脉系统，打通微循环。同时，铁路建设主战场将逐步由国家干线铁路转向国家干线与区域性铁路、城际、市域（郊）铁路并存，地方铁路将成为铁路规划建设的主力军。

（1）发展城际铁路。城际铁路是主要城市群城际交通的骨干方式。在京津冀、长三角、粤港澳大湾区、成渝等重点城市群建成规模适度、覆盖充分、衔接顺畅、分工合理的城际铁路网，城市群内部城市之间形成 1 ~ 2 小时交通圈，其他城市群城际铁路因地制宜、有序发展。在高速铁路覆盖 50 万人口以上城镇的基础上，尽可能覆盖 10 万人口以上城市。

（2）发展市域（郊）铁路。市域（郊）铁路成为都市圈重要交通方式，统筹新建线路和利用既有铁路资源，提供大容量、公交化、一体化的市域（郊）铁路运输服务，实现城市中心区域与周边城镇组团之间、城镇组团之间的便捷连通，打造“1 小时通勤圈”。推进北京、上海与周边区域，以及南京、广州、深圳、杭州等重点都市圈主要客流廊道的新线建设。

（3）发展支线铁路。大力发展铁路多式联运，以长三角港口群、环渤海港口群、西南沿海港口群、东南沿海港口群、珠三角港口群等五大港口群以及长江等内河主要港口为重点，向港区、码头布局建设支线铁路和专用线，便捷连接沿海港口和内陆口岸，推进港口集疏运铁路建设，有效打通铁路运输“前后一公里”。

“十四五”时期，地方铁路不仅是推进城市群都市圈轨道交通网络化的主力军，也是铁路干线的重要支脉系统。预计到 2035 年，地方铁路将继续发展壮大，逐步实现现代化，整体建成轨道上的城市群和都市圈，21 个城市群地区城际铁路运营规模达到 2 万 km 左右，16 个重点都市圈地区市域（郊）铁路网规模达到 1.5 万 km 左右。城际、市域（郊）、支线铁路和铁路专用线的建设已归为地方财政事权，虽然增加了地方政府的财政支出责任，但也提高了地方政府在铁路建设运营方面的主导权和主动性，可以更好发挥地方优势，为加快推动地方铁路发展释放改革活力。

地方铁路建设成效、重点和期望如图 3-1、图 3-2 所示。

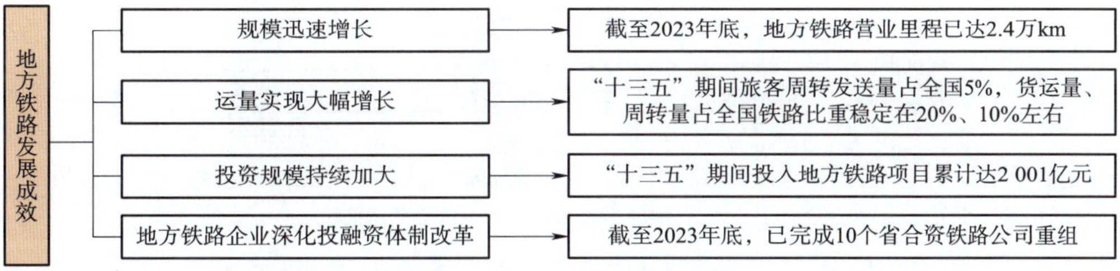

图 3-1　地方铁路的发展成效

3.1.2.2　区域铁路发展规划

以长三角地区、粤港澳大湾区、成渝地区双城经济圈为代表，区域铁路在近年来取得了突出的建设成就，如图 3-3、图 3-4 所示。

截至 2023 年底，长三角地区铁路营业里程达 14 580 km，其中高铁 25 条，里程达

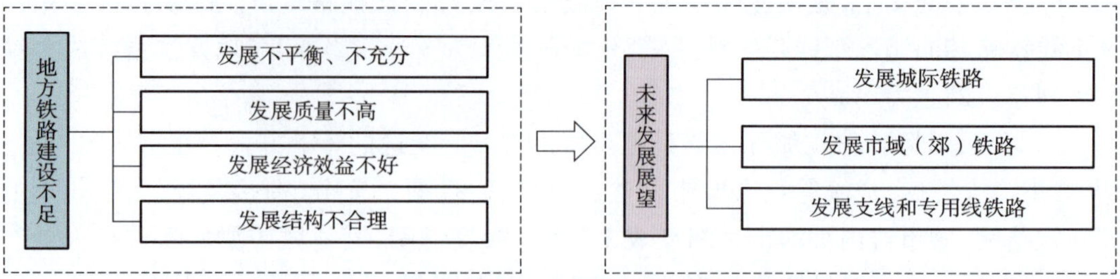

图 3-2　地方铁路建设的发展重点和期望

7 149km，动车组开行范围覆盖除浙江舟山以外的所有地级城市，成为全国高铁网络最发达完善的区域之一。粤港澳大湾区铁路通车总里程达 5 737 km，高铁里程 2 837 km。已经初步形成了运输方式齐全、运输体系完整，以广州、深圳、香港为核心，紧密联通各城市、重要城镇、重点客货集散点，衔接"一带一路"，沟通国内、国际的综合交通运输网络体系。2012 年以来，粤港澳大湾区先后建成了厦深铁路、广佛城际、深茂铁路江门至茂名段等，打通了粤港澳大湾区与海峡西岸、长三角、长江中游、滇中、黔中、成渝、北部湾等城市群的对外高速通道，构建了广佛肇、深莞惠、珠中江三大城市圈之间及内部的城际基础网络。目前，成渝高铁和川渝高铁成为两个城市之间快速、方便的交通工具。川渝高铁连接成都和重庆两个城市，是首条带动长江两岸地区的高铁通道。这些铁路线路的建设和开通，有效地提升了成渝城市群的交通便利性，促进了区域经济和人员流动的发展。

"十四五"及今后一个时期，以长三角地区、粤港澳大湾区、成渝地区双城经济圈为代表的区域地方铁路规划建设，将是国家铁路网高质量发展的重要组成。

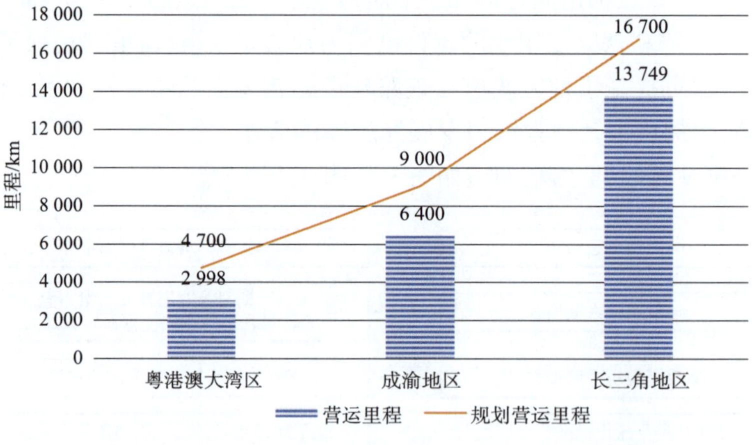

注：①现状数据：长三角和粤港澳地区截至 2022 年，成渝地区截至 2020 年；
②规划数据：截至 2025 年。

图 3-3　铁路营运里程及其规划

(1) 长三角地区铁路发展规划

根据《长江三角洲地区多层次轨道交通规划》（发改基础〔2021〕811 号），"十四五"期间，长三角地区将把握多层次运输需求，统筹干线铁路、城际铁路、市域（郊）铁路、城

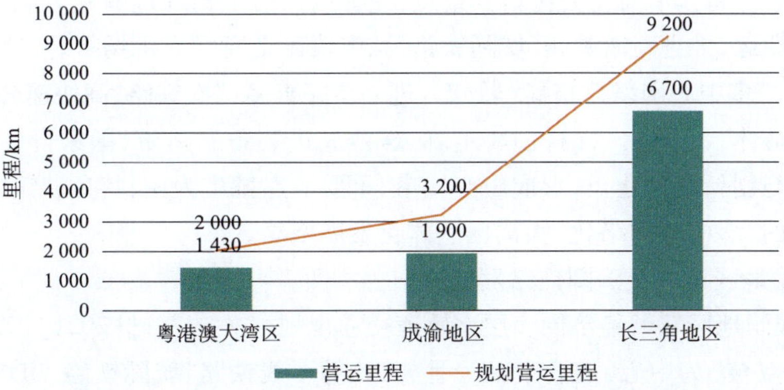

注:①现状数据:长三角和粤港澳地区截至 2022 年,成渝地区截至 2020 年;

②规划数据:截至 2025 年。

图 3-4　高铁建设成就及其规划

市轨道交通规划布局和一体衔接,打造四网融合、覆盖充分、内畅外通的轨道交通网络。到 2025 年,长三角地区成为多层次轨道交通深度融合发展示范引领区,有效支撑基础设施互联互通和区域一体化发展。铁路通车总里程预计达 16 700 km,其中,高速铁路约 9 200 km。高速铁路通达地级以上城市,铁路联通全部城区常住人口 20 万以上的城市,轨道交通运输服务覆盖 80% 的城区常住人口 5 万以上的城镇。

"十四五"期间,长三角地区将加快贯通骨干通道。以"三纵三横"干线通道为主骨架,面向北、西、西南 3 个方向多点放射,形成长三角与相邻城市群及省会城市 3 小时区际交通圈。以推进互联通达为重点,优化城际铁路规划布局,加快建设沪宁合、沪杭、宁杭、合杭甬等轴带城际铁路及区域连接线,构建轴带通达、节点辐射的城际铁路网络。相邻大城市间及上海、南京、杭州、合肥、宁波与周边城市形成 1 ~ 1.5 小时城际交通圈。以优化通勤供给为重点,突出市域(郊)铁路对都市圈主要功能区的支撑引导,建设中心城区与周边城镇组团间 0.5 ~ 1 小时通勤网。

(2)粤港澳大湾区铁路发展规划

根据《关于粤港澳大湾区城际铁路建设规划的批复》(发改基础〔2020〕1238 号),粤港澳大湾区将进一步加大城际铁路建设力度,做好与大湾区内高速铁路、普速铁路、市域(郊)铁路等轨道网络的融合衔接,形成"轴带支撑、极轴放射"的多层次铁路网络。到 2025 年,大湾区铁路网络运营及在建里程将达到 4 700 km,其中高速铁路约 1 019 km。全面覆盖大湾区中心城市、节点城市和广州、深圳等重点都市圈;远期到 2035 年,大湾区铁路网络运营及在建里程达到 5 700 km,覆盖 100% 县级以上城市。构建大湾区主要城市间 1 小时通达、主要城市至广东省内地级城市 2 小时通达、主要城市至相邻省会城市 3 小时通达的交通圈,打造"轨道上的大湾区",完善现代综合交通运输体系。

粤港澳大湾区交通设施建设将实现两个转变:一是从"各交通方式相对独立发展"到"加快互联互通发展"转变 。打造枢纽城市内部轨道交通、公路、机场、港口安全便捷换乘换装体系。将以沿海主要港口为重点,完善内河航道与疏港铁路等集疏运网络;大力发展空铁联运,推进高速铁路、城际铁路、城市轨道交通引入机场等。二是从“点轴式发展格局”向“多中心网络化格局”转变。进一步完善多层次铁路、高快速公路、航空、航运等综合交通体系,加快广深科创新走廊、珠西先进装备制造带、国家自主创新区等重大发展走廊与创新平台建设,形成中心城市、重要节点城市为主,特色城镇、重大功能平台有序协作的“多中心网络化”大湾区一体化发展格局。

(3)成渝地区双城经济圈铁路发展规划

根据《成渝地区双城经济圈多层次轨道交通规划》(发改基础〔2021〕1788号),将以重庆、成都“双核”为中心,成渝主轴为骨架,统筹干线铁路、城际铁路、市域(郊)铁路、城市轨道交通规划布局和衔接,加快补齐城际和市域(郊)铁路短板,构建层次清晰、功能明确、布局合理的多层次轨道交通网络。到2025年,将初步建成轨道上的成渝地区双城经济圈,基本形成进出川渝四向通道,达到功能清晰、布局合理的设施“一张网”,点线协调、衔接高效的枢纽“零换乘”,客货并重、联程联运的运输“一体化”。轨道交通总规模将达到1万km以上,铁路网规模达到9 000 km以上、其中高速铁路约3 200 km,覆盖全部20万以上人口城市,形成重庆、成都都市圈1小时通勤圈,实现重庆、成都“双核”间1小时通达,“双核”与成渝地区区域中心、主要节点城市1.5小时通达,与主要相邻城市群核心城市约3小时通达。大宗货物年运量150万t以上的大型工矿企业、新建物流园区铁路专用线力争接入比例达到85%,长江干流主要港口实现铁路进港。轨道交通承担客运量、货运量占比大幅提升,有力支撑沿江货运通道、中欧班列、西部陆海新通道高质量发展。

到2035年,基本实现成渝地区双城经济圈基础设施互联互通,干线铁路、城际铁路、市域(郊)铁路、城市轨道交通等多层次轨道交通网络高度融合、枢纽无缝衔接、运营智能高效,运输组织水平、科技和体制创新能力位于国内前列,轨道交通全面发挥客运和货运骨干作用,支撑引领区域一体化发展。

综上,“十四五”及今后的一个时期,国家铁路规划建设的总体布局将持续优化,地方政府在全国铁路规划建设中的投资主体地位将日益彰显,地方铁路将是未来铁路投资建设的主要方向。

3.2 铁路建设项目工程咨询现状分析

3.2.1 铁路建设管理模式分析

我国铁路建设项目基于投资主体的不同,主要分为国家干线铁路建设项目和地方铁路建设项目。

(1)国家干线铁路项目的建设管理模式

国家干线铁路的建设管理一般是由中国国家铁路集团有限公司(以下简称国铁集

团)主导,铁路建设项目的建设管理主要是自建自管模式,工程咨询的招投标及组织实施一般按照传统模式开展,如图3-5所示。

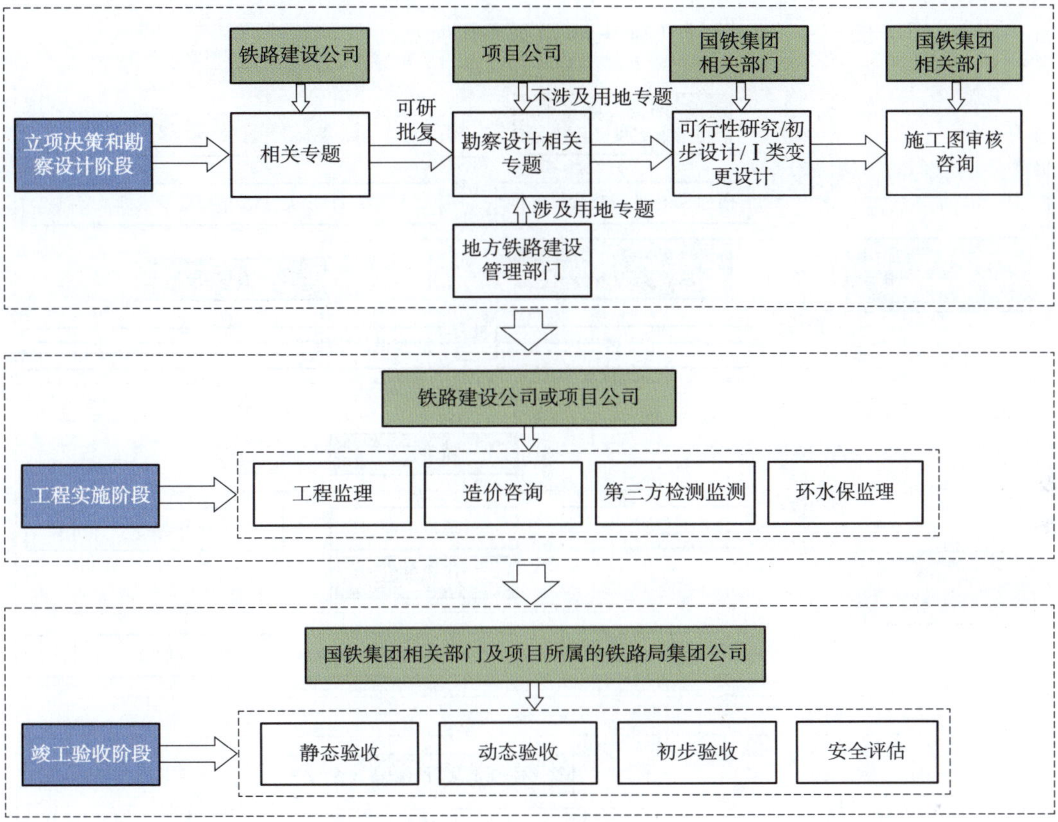

图3-5　国铁集团主导的铁路建设项目不同阶段实施主体

项目立项决策和勘察设计阶段,铁路建设项目可行性研究、勘察设计招投标一般是由国铁集团相关部门实施,由铁路建设公司负责可行性研究和勘察设计的组织管理;对于可行性研究和勘察设计阶段的相关专题,一般是由铁路建设公司负责招投标和组织管理工作。铁路建设项目可研批复后单独成立项目公司的,由成立的项目公司负责勘察设计和相关专题的组织实施。对于涉及的用地相关专题,一般是委托地方铁路建设管理部门招投标和组织实施。项目可行性研究、初步设计及Ⅰ类变更设计的审查,由国铁集团相关部门负责;施工图咨询意见审核,由国铁集团相关部门负责。

项目工程实施阶段,对于工程监理、造价咨询、第三方检测监测、环水保监理等专项咨询内容,由铁路建设公司或者项目公司负责招投标和组织实施。

竣工验收阶段,静态验收、动态验收、初步验收、安全评估等工作,由国铁集团相关部门及项目所属的铁路局集团公司负责组织实施。

(2)地方政府主导的铁路项目的建设管理模式

城际铁路、市域(郊)铁路、支线铁路、铁路专用线一般由地方政府主导。实施主体主要是地方发展和改革委员会、交通运输主管部门、铁路投资公司、项目公司。地方铁路建设项目的投融资模式更为多样，主要包括地方全额出资、地方与社会资本共同出资、社会资本出资（特许经营或 PPP），相应的建设管理模式也有所不同，主要有自建自管、委托代建等模式。不同阶段实施主体如图 3-6 所示。

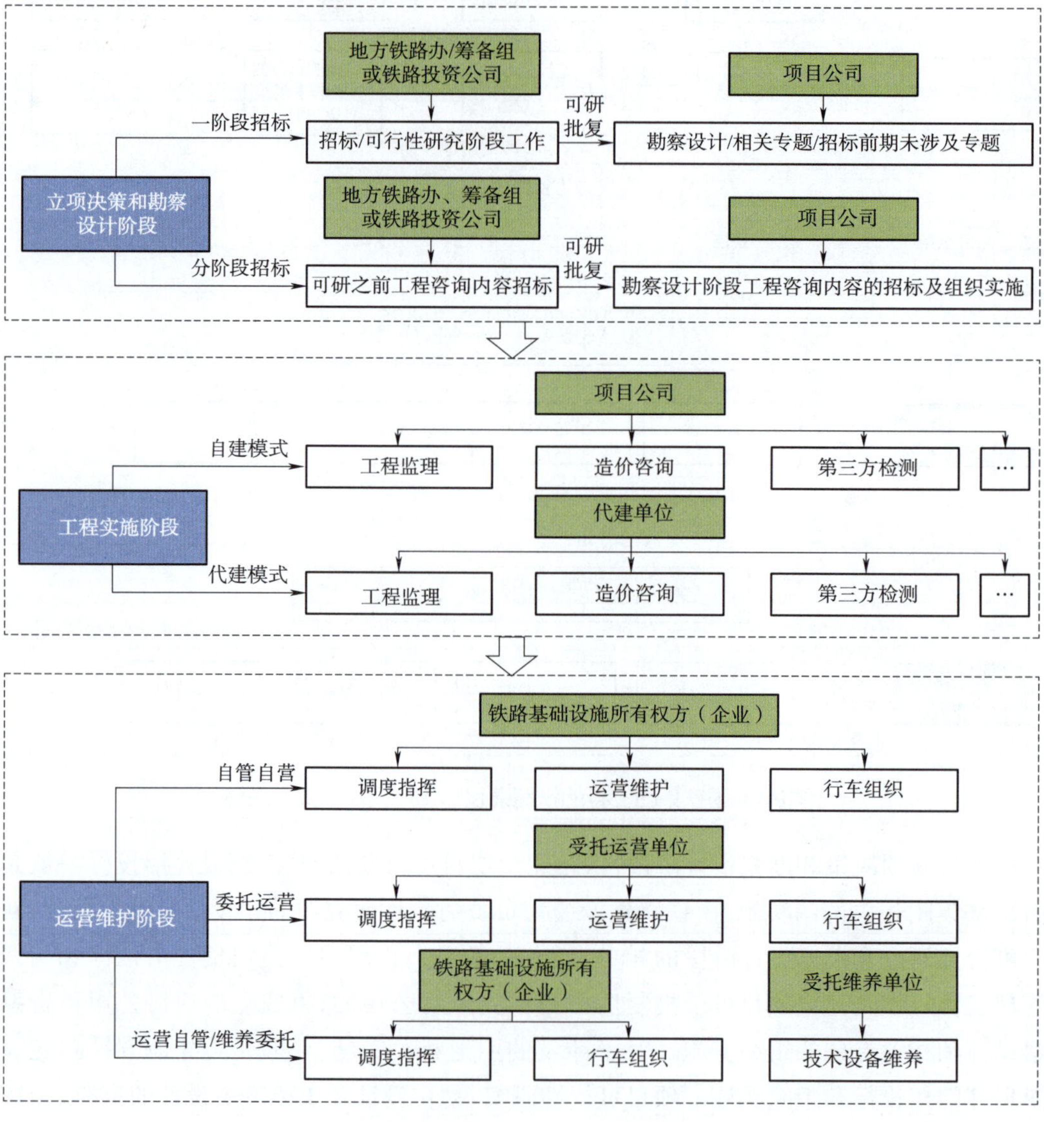

图 3-6　地方政府主导的铁路建设项目不同阶段实施主体

项目立项决策和勘察设计阶段。立项决策至勘察设计阶段的工程咨询内容，采用一阶段招标的，由地方铁路办、筹备组或铁路投资公司进行招标，并组织实施可行性研究阶段工作；可行性研究批复并成立项目公司后，由项目公司组织勘察设计及相关专题的实施；针对前期招标中未涉及的专题研究，由项目公司招标并组织实施。立项决策至勘察设计采用分阶段招标的，由地方铁路办、筹备组或铁路投资公司进行可行性研究阶段之前的工程咨询内容招标，并负责组织实施；可行性研究批复并成立项目公司后，由项目公司负责勘察设计阶段工程咨询内容的招标及组织实施。

项目工程实施阶段。自建模式下，由项目公司负责开展工程监理、造价咨询、第三方检测等工程咨询内容的招标和组织实施。代建模式下，由代建单位负责工程监理、造价咨询、第三方检测等工程咨询内容的招标和组织实施，部分工程咨询由项目公司单独招标和组织实施。

项目运营维护阶段。地方铁路按照运营管理方式一般分为三种：一是自管自营，铁路基础设施所有权方（企业）负责线路的调度指挥、运营维护、行车组织等业务。二是运营自管、维养委托，铁路基础设施所有权方（企业）负责调度指挥、行车组织等核心业务，技术设备维养等业务委托给具有维养经验和能力的单位负责。三是委托运营，铁路基础设施所有权方（企业）将调度指挥、运营维护、行车组织等业务全部委托具有相应能力的铁路运输企业管理。

3.2.2 铁路工程咨询的组织实施

3.2.2.1 铁路工程咨询服务内容

铁路建设项目的规划建设涵盖了广泛的专业领域，从规划到运营，从技术到管理，都涉及不同类型的咨询服务。从阶段看，铁路工程咨询涉及项目规划、投资决策、勘察设计、建设实施和运营维护等铁路项目全过程；从咨询内容看，铁路工程咨询主要包括规划咨询、预可行性研究（项目建议书）、可行性研究，工程勘察、初步设计、施工图设计，预可研至施工图阶段设计文件的技术咨询，招标代理咨询、造价咨询、工程监理等。传统工程咨询模式下，一般是由不同的工程咨询单位承担铁路建设项目各阶段不同的工程咨询内容。工程咨询的实施整体呈现分阶段、独立性、碎片化的特点。铁路建设项目不同阶段的工程咨询内容和服务主体如图 3-7 所示。

（1）立项决策阶段

在立项决策阶段，铁路工程咨询主要包括预可行性研究文件编制（建设项目建议书）、可行性研究文件编制、项目审批前置性专题、预可行性研究的技术咨询、可行性研究的技术咨询等咨询内容。

预可行性研究文件编制（建设项目建议书）。勘察设计单位依据中长期铁路网和铁路建设规划，对拟建项目开展预可行性研究，编制项目建议书。

可行性研究文件编制。勘察设计单位根据批准的项目建议书，在初测基础上开展可行性研究，编制可行性研究报告，编制前置性专题报告。

预可行性研究和可行性研究的技术咨询。设计咨询单位对预可行性研究文件（建设项目建议书）、可行性研究报告开展技术咨询，编制技术咨询报告。

（2）勘察设计阶段

在勘察设计阶段，铁路工程咨询主要包括工程勘察、初步设计、施工图设计、项目审批前置性专题、地勘监理、初步设计技术咨询、施工图技术咨询等咨询内容。

初步设计。勘察设计单位负责开展定测、初步设计、专题研究，编制初步设计文件和专题研究报告。

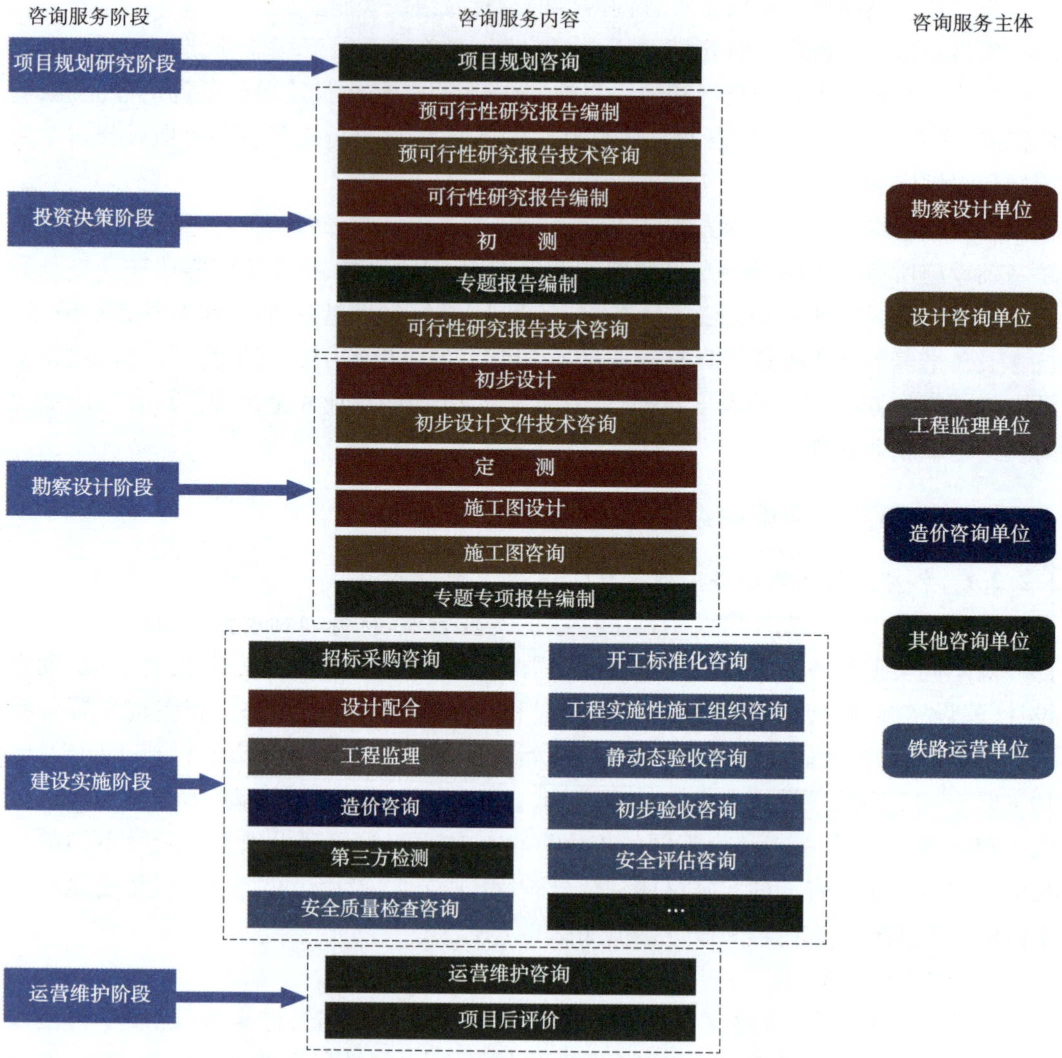

图3-7　铁路建设工程咨询内容

施工图设计。勘察设计单位负责开展补充定测、施工图设计、专题研究、专项设计工作，编制施工图和专项设计文件、图纸以及专题研究报告。

初步设计和施工图设计技术咨询。设计咨询单位对初步设计和施工图设计文件进行技术咨询，编制设计文件技术咨询报告。

(3)工程实施阶段

在工程实施阶段，铁路工程咨询主要包括招标代理咨询、造价咨询、工程监理、第三方检测监测等咨询内容。

招标代理咨询。招标代理单位协助建设单位开展招标策划、招标实施、合同策划与编制、合同谈判与合同签订等工作。

设计配合。勘察设计单位负责提供勘察设计的现场配合、开展技术交底、与相关设计接口的协调配合、变更设计等工作。

造价咨询。造价咨询单位主要负责开展工程量清单审核及控制价编制，征地拆迁（征地拆迁费用、资料审核），“三电”及管线迁改等的费用核算和审核；验工计价与支付，价差调控，变更设计等咨询工作；参与工程清理概算、竣工结算、竣工决算。

工程监理。工程监理单位的主要工作包括：对工程施工进行现场巡视，确保施工过程符合法律法规标准；对铁路工程质量、安全管理进行监督，发现隐患、督促整改，确保工程质量与安全；对施工过程相关文件进行管理，确保工程资料的完整性和真实性；处理施工过程中的问题和纠纷等。

工程建设管理咨询。建设管理咨询单位协助建设单位开展施工组织设计管理咨询、施工图审核管理咨询、标准化管理咨询、合同管理与投资控制咨询、施工技术方案咨询、日常质量安全管理咨询、信息化智能化应用管理咨询、验收管理咨询、联调联试管理咨询等。

竣工验收管理咨询。建设管理咨询单位协助建设单位开展静态验收、动态验收、联调联试、验收报告评审、初步验收咨询、安全评估咨询等。

（4）运营维护阶段

在运营维护阶段，铁路工程咨询主要包括运营维护咨询、后评价咨询等咨询内容。

运营维护咨询。运维咨询单位结合项目所在区域铁路网的运营现状，梳理现阶段铁路行业运维相关制度、管理办法和经验，研究提出运维组织实施方案、运维组织管理体制机制和运维咨询建议，编制完成本项目的运维咨询报告。

后评价咨询。设计咨询单位主要结合项目建设、运输经营、安全生产、综合开发等实际情况，对项目立项决策和工程建设过程、运营效果与效益等进行全面、系统、客观地分析、总结与评价，与项目可行性研究报告、初步设计（含概算）文件及其审批文件的主要内容进行对比分析，编制项目后评价报告。

3.2.2.2　铁路工程咨询实施方式

国家鼓励地方政府和社会资本参与城际铁路、市域（郊）铁路、资源开发性铁路和支线铁路的规划建设，通过多种方式、多个渠道推进铁路投融资体制改革。不同投资建设主体对于铁路工程咨询的服务需求不同，工程咨询的服务和组织实施方式也呈现多样化。

对于国家干线铁路建设项目，现行铁路工程咨询服务供给模式能够满足铁路建设项目的规划建设需求。国家干线铁路建设项目的实施主体构建了完善的铁路规划建设、运营管理的体制机制，具有丰富的铁路规划、投资决策、勘察设计、建设管理与运营的经验，对于现行独立的、分阶段、专业化工程咨询供给模式具有良好的统筹与协调管理能力，能够统一协调和有效管控不同的工程咨询实施主体，充分利用专业化分工的咨询服务完成铁路项目的规划建设。但随着铁路建设管理体制的改革发展，对铁路工程咨询模式需求也在不断变化。

对于地方政府主导的铁路建设项目，虽然近年来地方铁路的规划建设取得显著成绩，但尚未建立系统完备的铁路建设管理体制机制，铁路建设项目管理的技术、人力资源、统筹协调能力等还相对较弱，对铁路建设项目全过程管控能力存在一定不足，包括对不同工程咨询单位的统筹协调和组织管理能力，这也是目前大部分地方铁路建设项目采取委托代建和委托运营的主要原因之一。即使当前地方铁路尝试引入社会资本参与铁路建设项目投资建设,同样面临着规划研究、立项决策、工程实施和运营的管理经验和技术能力不足的问题,通常需要引入专业化的建设管理、工程咨询、运营管理团队。

其中,铁路建设项目无论是选择自建自管、委托代建,获得专业化工程咨询服务的方式主要有如下几种:公开招标,通过公开招标选取合适的工程咨询单位,开展某一阶段或专项的咨询工作,获得工程咨询服务和成果;邀请投标,通过邀请招标选取合适的工程咨询单位,与其签订委托合同,获得工程咨询服务和成果;竞争性谈判,通过竞争性谈判确定工程咨询单位,获得工程咨询服务和成果。

根据铁路建设项目的不同特点和建设单位的不同需求,铁路工程咨询服务方式可分为独立式和融合式两种。

(1)独立式工程咨询服务。工程咨询单位组建工程咨询实施团队,该团队独立于项目公司开展工程咨询工作,为项目及项目公司提供工程咨询服务。工程咨询的实施团队在项目各参建方之间享有较高的独立性,具体如图3-8所示。

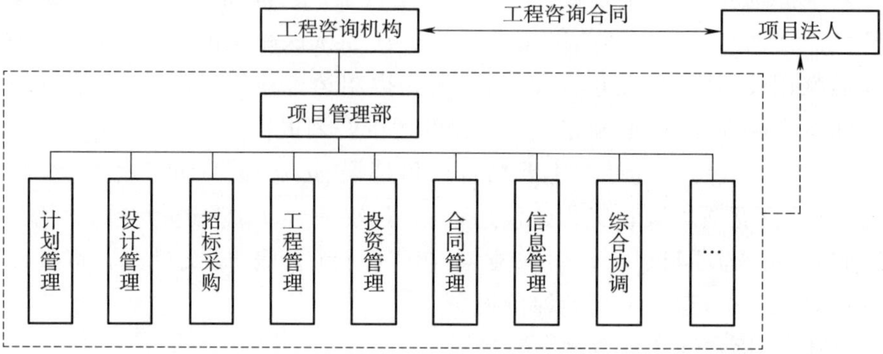

图3-8 独立式咨询服务方式

(2)融合式工程咨询服务。工程咨询单位通常不独立组建专门的工程咨询实施团队,或者只保留少量工程咨询团队的管理人员,而是将大部分工程咨询人员分派到项目公司的项目管理部门,与项目公司的项目管理团队融为一体,提供融合式工程咨询服务,具体如图3-9所示。

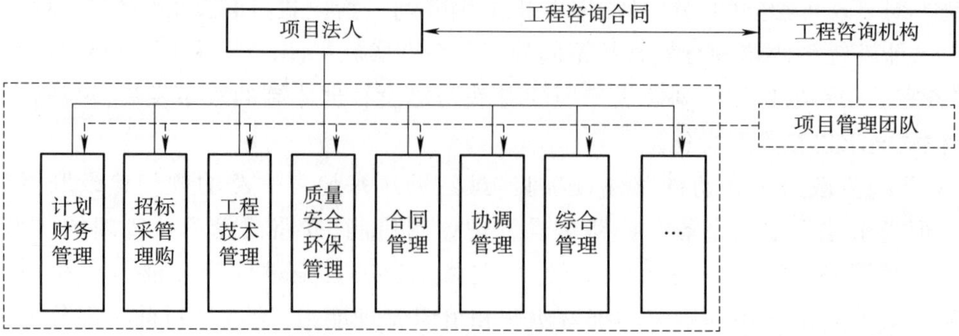

图3-9 融合式咨询服务方式

3.2.3 铁路工程咨询发展分析

我国铁路工程咨询已经形成了符合行业发展特点的工程咨询服务体系，传统工程咨询模式在铁路规划建设的发展历程中发挥了巨大作用，形成了一批专业技术过硬的工程咨询服务团队，现有工程咨询模式基本满足项目规划建设需要。但随着新时期铁路投融资体制改革的持续推进以及中央和地方财政事权的调整，铁路尤其是地方铁路的高质量规划建设对铁路工程咨询供给模式提出新需求，铁路工程咨询的创新发展面临新形势新任务。传统工程咨询供给模式对于支撑地方铁路的高质量规划建设还存在一定的不足。

(1)工程咨询“分阶段、碎片化”，不利于工程咨询内容的系统集成及价值创造

传统的铁路工程咨询模式，项目公司需要将铁路建设项目各个阶段不同的咨询业务委托给多家工程咨询单位，由他们分别提供投资咨询，招标代理，勘察、设计、造价咨询，工程监理等专业化咨询服务，工程咨询供给呈现出分阶段、碎片化特点。工程咨询条块分割明显，不同的工程咨询服务自成体系，不同的工程咨询单位均专注于某一阶段某一专项的咨询服务，逐渐形成一定的业务壁垒。随着工程咨询需求类型的增加及工程咨询专业化分工的进一步细化，工程咨询的服务内容彼此也越来越独立。

“分阶段、碎片化”的工程咨询供给模式，造成工程咨询单位更关注于自身承担的咨询内容和目标实现，不利于项目公司从全局角度把控项目的整体目标，难以依托专业的工程咨询服务为项目整体目标的实现及价值创造提供更有建设性、综合性的解决方案。工程咨询的“分阶段、碎片化”也造成了项目建设管理目标的割裂和分散，切断了不同工程咨询目标之间的内在联系，导致不同的工程咨询成果难以统筹协调，甚至彼此矛盾，既影响项目建设的效率和质量，又增加了项目的实施风险。工程咨询的“分阶段、碎片化”不利于以系统性、预见性的视角，提供集成化的工程咨询服务，更不利于不同的工程咨询内容在碰撞与合作中提升项目的价值。

(2)工程咨询管理界面繁杂、协调组织难度大，不利于明确责任和风险管控

传统的铁路工程咨询供给模式，项目公司与多家工程咨询单位建立委托与被委托关系，项目公司成为众多工程咨询合同关系的唯一交点，需要对接不同的参与主体、面对多家工程咨询单位，导致项目监管节点增多，大大增加了项目公司的组织管理难度；不同阶段由不同的工程咨询单位提供不同的工程咨询服务，给项目公司的统筹协调带来很大挑战。

由于参与的工程咨询单位数量多，对业主而言工作界面繁杂。对于项目管理的目标、计划和控制，“五方责任主体”(建设、勘察、设计、施工、监理)在核心地位上有着不同的特征和作用，设计、造价、监理、招标代理等工程咨询单位彼此独立、相互牵制，很难有效整合形成合力。不同工程咨询单位之间无合同或合作关系，一旦出现质量、安全、投资、进度等问题，难免造成各方责任不易界定，相互推诿和扯皮现象，甚至形成合同纠纷，给项目公司带来潜在的管理风险。另外，传统的工程咨询供给模式下，项目公司招

标工作量大、流程烦琐。

铁路项目建设周期长、技术复杂、不确定因素多，对项目公司的管理能力、技术能力和统筹协调能力具有较高的要求。当地方铁路项目公司的建设管理能力较弱时，很难应对不同工程咨询及其相互之间协调管理，铁路建设项目的顺利实施及总体目标的实现会存在潜在隐患。

(3)工程咨询单位沟通不畅，不利于工作协同和信息共享

传统的铁路工程咨询供给模式，不同工程咨询单位之间存在业务壁垒，有各自独立的业务系统、管理规范和制度要求，相互之间缺乏沟通，一定程度上形成了项目的信息孤岛。项目的信息在不同阶段、不同工程咨询内容之间传递不够通畅，不同工程咨询单位之间的合作机制不畅，难以实现目标协同，一方面影响了工程咨询的工作效率，另一方面也对工程实施效果带来不利影响。在项目公司缺少管理话语权、技术话语权以及全过程项目管理能力不足的情况下，项目管理如果仅是依据不同工程咨询单位提供的“碎片化”、缺乏一致性和连贯性的信息来完成，将难以支撑项目公司做出正确决策。

传统工程咨询供给模式下，项目的信息、数据均由不同的工程咨询单位掌握，不利于项目多专业、多目标系统化管理，不利于信息积累和整合资源，不利于铁路建设项目的高质量实施。

(4)工程咨询单位和从业人员综合能力不足，不利于工程咨询行业高质量发展

铁路工程咨询具有资质分类多、条块分割严重、归口管理部门不同等特点，导致工程咨询单位仅关注于自身专项咨询能力的发展和人才的培养，缺乏为项目提供系统性、整体性咨询服务的能力，造成了“各扫门前雪”的局面，不利于我国铁路工程咨询的供给侧结构性调整和高质量发展。

工程咨询属于智力服务业，对从业人员的能力水平具有较高的要求。传统铁路工程咨询供给模式下，工程咨询单位的技术人员具有较强的专项技术能力，但对于项目总体规划、全过程综合管理、市场调研、经济评价、风险分析等方面的关注度不足，项目统筹管理以及经济、商务和法律等领域的系统性知识和综合协调管理能力相对缺乏，难以适应工程咨询市场改革发展的需要。

铁路工程咨询的供给模式需要与时俱进，在组织实施模式、管理体制、企业发展、人才培养等方面进一步深化改革、开拓创新，提升工程咨询单位的综合性服务能力，推动铁路工程咨询的高质量发展，以支撑新时代铁路尤其是地方铁路的高质量规划建设。

3.3 铁路建设项目全过程工程咨询的提出

3.3.1 铁路建设项目全过程工程咨询的实施背景

(1)政府下放审批事权，铁路分层分类建设成为大势所趋

对铁路行业来说，随着铁路建设事权和财政支出责任划分的调整，我国铁路建设主

体将逐步从中央转向地方，在“十四五”及今后一个时期，地方政府在全国铁路规划建设中的投资主体地位将逐渐凸显。

国家发展改革委关于《进一步下放政府投资交通项目审批权》的通知（发改基础〔2017〕189 号）中明确：国家发展改革委仅保留少部分重大项目和中央投资为主项目的审批权限。非跨省的新建（含增建双线）普通铁路项目，铁路总公司（现国铁集团）投资为主的由铁路总公司（现国铁集团）自行决定，地方和社会投资为主的由省级政府审批可行性研究报告，均报国务院投资主管部门备案。

国家发展改革委、交通运输部、国家铁路局、国铁集团《关于进一步做好铁路规划建设工作意见》的通知（国办函〔2021〕27 号）中明确：干线铁路由中央与地方共同出资，中国国家铁路集团有限公司发挥主体作用，负责项目建设运营，效益预期较好的项目要积极吸引社会资本参与。城际铁路、市域（郊）铁路、支线铁路及铁路专用线以有关地方和企业出资为主，项目业主可自主选择建设运营方式。中国国家铁路集团有限公司要为项目业主办理与国家铁路接轨手续提供便利条件，及时开展评估论证，在开工前办完接轨手续。

地方铁路是推进城市群都市圈轨道交通网络化的重要组成，也是铁路干线的重要支脉系统。在铁路投融资体制改革背景下，城际、市域（郊区）、支线铁路和铁路专用线的建设划归地方财政事权，既增加了地方政府的财政支出责任，也提高了地方政府在铁路项目建设运营方面的主导权和主动性。铁路建设管理模式由行业集中管理向投资主体多元化、分层分类建设管理模式转变，必然引起铁路工程咨询需求的改变。

（2）铁路投融资体制改革对工程咨询供给提出新的需求

近年来，受复杂严峻的形势影响，我国在交通、物流、能源、水利、城建、生态环境、农业农村、民生、安全保障等领域，不断加大投资支持力度，发挥重要领域基础设施投资的“稳增长”关键作用。2022 年 4 月，习近平总书记主持召开中央财经委员会第十一次会议，强调基础设施是经济社会发展的重要支撑，要统筹发展和安全，优化基础设施布局、结构、功能和发展模式，构建现代化基础设施体系，为全面建设社会主义现代化国家打下坚实基础，明确了基础设施建设的原则、方向和目标。

积极推动铁路建设运营市场全面开放，进一步深化铁路投融资体制改革，2020 年底地方铁路营业里程达 17 981 km，比“十二五”末增长 92. 0%，占全国铁路比重 12. 3%。“十三五”期间地方政府和企业对铁路的基本建设投资累计完成 11 397 亿元，较“十二五”期间增长 111. 2%，出资比例从“十二五”末的 26. 7% 增长至“十三五”末的 41. 2%，投入资金量和所占比重明显提高；其中投入地方铁路项目累计达 2001 亿元，较“十二五”期间增长 3. 1 倍（具体见表 3-3），有力推动了地方铁路项目建设，对优化完善地方铁路网络布局、加快区域铁路网发展做出了重要贡献。

“十四五”及今后一个时期，铁路规划建设将从规模数量型向质量效益型转变，一方面要求在项目的立项决策阶段，工程咨询要支撑项目的充分论证、科学决策；另一方面要求在勘察设计、工程实施阶段，工程咨询要立足方案优化支撑项目高质量建设实施。铁路建设项目因其行业属性，地方铁路投资规模的持续增长，对地方铁路规划建设工程咨询供给模式提出了更高的要求。

表 3-3 近年来地方铁路投资建设情况

年份	铁路建设指标	国家铁路	地方铁路	地方铁路占比
2021	固定资产投资(亿元)	7 489.00	872.32	11.65%
	营业里程(万公里)	15.00	1.92	12.80%
	其中:高铁营业里程(万公里)	4.00	0.57	14.25%
2022	固定资产投资(亿元)	7 109.00	901.45	12.68%
	营业里程(万公里)	15.50	2.12	13.68%
	其中:高铁营业里程(万公里)	4.20	0.70	16.67%
2023	固定资产投资(亿元)	7 645.00	835.20	10.92%
	营业里程(万公里)	15.90	2.46	15.47%
	其中:高铁营业里程(万公里)	4.50	0.88	19.56%
2024	固定资产投资(亿元)	8 506.00	851.01	10.00%
	营业里程(万公里)	16.20	2.80	17.28%
	其中:高铁营业里程(万公里)	4.80	1.00	20.83%

数据来源:中国地方铁路数据统计公报、铁道统计公报。

(3)铁路建设管理体制机制创新,为工程咨询市场提出了新的要求

传统的设计-招标-建造(DBB)发承包模式在我国铁路建设项目中应用广泛,建设单位直接负责铁路项目的组织实施。以设计-采购-施工(EPC)为代表的工程总承包模式逐渐得到应用,改变传统参建方关系、倡导合作共赢的伙伴关系模式日益受到重视 。经过新时代十年的发展,我国铁路建设管理体制不断进行创新,铁路建设管理水平取得了新的发展。

我国铁路建设管理体制的创新,要提升铁路建设管理水平,深化建设管理体制机制改革,加快推进铁路建设管理机构改革规范步伐,深化建设管理模式创新,促进铁路建设持续健康发展;要适应铁路建设投资主体多元化、管理模式多样化趋势,进一步完善分层分类建设机制,落实不同投资主体的责任;要适应市场化、专业化需求,创新非控股项目管理模式,构建科学完善的建设管理体制机制,推动铁路建设高质量发展;要适应管理模式多样化,重点解决投资调整、管理衔接等问题,充分调动各方积极性,合力推进项目建设。

以铁路市场化改革为契机,铁路建设管理需要进一步改革体制机制,以适应铁路建设投资主体多元化、项目管理模式多样化的新形势。同样的,工程咨询供给模式也要积极推进创新,集成构建符合铁路建设管理模式改革发展基本规律和需求的新的工程咨询模式。

(4)铁路工程咨询需要以高质量发展适应新形势新需求

我国铁路工程咨询行业发展与国内其他类型建设项目工程咨询的发展基本同步,经过数十年的成熟完善,已经形成了符合我国国情的工程咨询服务体系,服务支撑了我国铁路尤其是高速铁路的大规模高质量规划建设。

铁路建设项目要按照立项决策、勘察设计、工程实施和竣工验收的基本程序组织建设,各阶段工作成果要达到规定要求和深度。尤其是在立项决策和勘察设计阶段的工作涉及面广、环节多、审批耗时长,对于预可行性研究、可行性研究、初步设计、施工图设

计的文件编制以及专题研究、专项设计，涉及政法、自然资源、生态环境、水利、地震、交通、文物等多个单位和部门，任一项工作遇阻，都会影响整个前期工作进程。对于地方铁路规划建设来说，“分阶段、碎片化”的工程咨询供给模式往往难以系统性的解决上述问题，甚至一定程度上制约了铁路项目建设的高效率和多目标协同。

另外，随着工程建设数字化浪潮的兴起，铁路建设中 BIM、GIS、物联网、人工智能、云计算等技术的应用以及智能建造模式的推行，必将对铁路建设管理的理念和方法带来了颠覆性的变化。同时，伴随我国“交通强国”建设的积极推进，铁路“走出去”步伐的稳步迈进，铁路工程咨询不但要顺应国内铁路建设发展的需要，也要适应国际规则和国际化需求。铁路工程咨询面临新时代、新技术、新发展的挑战，需要顺应行业发展的大势主动求变、创新发展。

从“需求端”来看，铁路加快投融资体制改革，分层分类建设成为大势所趋，地方政府加快铁路重大基础设施投资和建设，对铁路工程咨询的需求日益多样化，对铁路工程咨询提出了更高要求。从“供给侧”来看，我国铁路建设管理模式改革进一步深化，数字建造、智能建造技术积极推广，铁路“走出去”需要适应国际化需求，铁路工程咨询要顺势而为创新发展，不断提升我国铁路工程咨询的供给质量和综合能力。因此，发展“综合性、跨阶段、一体化”的全过程工程咨询恰逢其时，是保障铁路建设项目高效率高质量规划建设的重要举措，也是在国内国外“双循环”中贡献自身力量的有效路径。

3.3.2 铁路建设项目全过程工程咨询的可行性

立足铁路项目建设和管理领域的行业属性，适应地方铁路建设项目推进实施“又快又好又省”的实际需求，铁路建设项目全过程工程咨询的试点实施势在必行。

（1）全过程工程咨询契合地方铁路建设管理需求

在我国铁路建设主体逐渐由中央转向地方的大背景下，城际铁路、市域（郊）铁路、支线铁路及铁路专用线等地方铁路，明确由地方主导建设运营，地方的铁路投资主体地位日益提高。地方铁路的投资规模将持续保持在较高水平。

铁路建设项目的规划建设是一个庞大的系统工程，具有周期长投资巨大、点多线长需要多专业协同配合、建设质量和技术标准要求高、参与建设的主体多且关系复杂、建设要素多且风险管控难等特点。地方在推进铁路规划建设过程中存在一定的能力短板，主要体现在支撑项目科学决策的体制机制不健全，缺乏有效的责任约束机制，以专业技术能力支撑决策科学化的水平有待提升；铁路建设管理人才和经验储备不足，对投资、工期、质量等目标实现的掌控力不强，建设管理能力有待提升。

全过程工程咨询模式下，通过综合性、跨阶段、一体化的服务，可整合与集成各阶段咨询内容，解决传统工程咨询服务方式碎片化的问题，传统工程咨询供给模式与铁路全过程工程咨询供给模式的对比如图 3-10 所示。全过程工程咨询模式不仅有助于节约投资成本，还能够缩短工期、提高服务质量和项目品质，有效规避风险。推行全过程工程咨询是政策导向，是市场需求，是行业创新发展的需要，同时也是补齐地方铁路建设短板的有效手段。

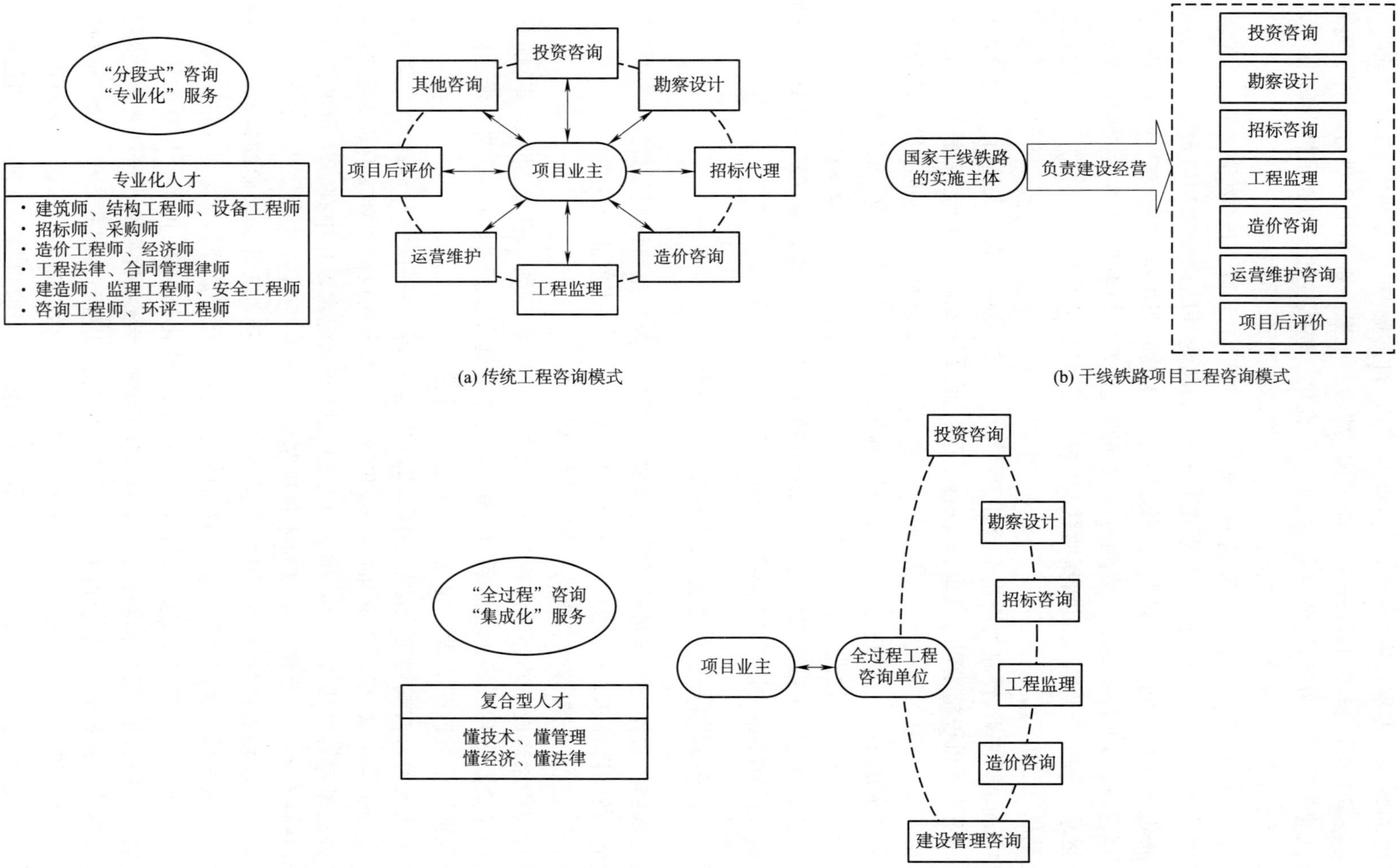

(a) 传统工程咨询模式

(b) 干线铁路项目工程咨询模式

(c) 地方铁路的全过程工程咨询模式

图 3-10　传统工程咨询模式、干线铁路工程咨询模式与地方铁路全过程工程咨询模式对比

(2)全过程工程咨询模式契合铁路现行建设管理规定

铁路建设项目与其他类型建设项目相比具有一定的行业属性,与现有铁路建设管理相关规定的契合性,是全过程工程咨询模式在铁路行业有序实施的重要前提。全过程工程咨询模式与铁路现行管理规定的符合性分析见表3-4。全过程工程咨询在咨询内容的集成性、招投标和组织实施的合规性等方面,均符合现行铁路建设管理相关规定,具有在现行行业背景下推行的可行性。

铁路建设项目全过程工程咨询模式的实施和推广,是与铁路投融资体制改革、地方铁路高质量规划建设需求相匹配的,是与现行铁路建设相关管理规定相契合的。

表3-4 全过程工程咨询模式与铁路现行管理办法的符合性分析

问题	铁路行业政策			全过程工程咨询政策			政策符合性
	是否允许	政策要点	文件依据	是否允许	政策要点	文件依据	
是否允许联合体	允许	依法必须进行招标的铁路工程建设项目的资格预审公告或者招标公告应当载明:投标资格能力要求,以及是否接受联合体投标	《铁路工程建设项目招标投标管理办法》(中华人民共和国交通运输部令2018年第13号)	允许	全过程工程咨询管理服务宜由一家具有综合能力的单项咨询单位独立实施,也可由多家具有投资决策、勘察、设计、监理、造价、招标采购、运营维护等基本咨询服务能力和项目管理能力的单位联合实施。由多家咨询单位联合实施的,应当明确联合体牵头单位及联合体成员单位的权利、义务和责任	《建设项目全过程工程咨询管理标准》(T/CECS 1030—2022)	符合
是否允许分包	允许	招标人应当依照国家有关法律法规规定,在招标文件中载明招标项目是否允许分包,以及允许分包或者不得分包的范围	《铁路工程建设项目招标投标管理办法》(中华人民共和国交通运输部令2018年第13号)	允许	工程施工监造管理部负责对承包人、指定分包单位及承包人分包单位的资质管理、人员资格管理及诚信守约管理	《建设项目全过程工程咨询管理标准》(T/CECS 1030—2022)	符合
所涉咨询业务是否必须招标发包	勘察设计工程监理必须招标	铁路建设项目除国家规定可不进行招标的,必须进行勘察设计招标,任何单位和个人不得将依法必须招标的铁路建设项目化整为零或者以其他任何方式规避招标	《中国铁路总公司铁路建设项目勘察设计招标投标管理办法》(铁总计统〔2016〕137号)	不限制	委托人按照合规原则,可采用直接委托、竞争性谈判、竞争性磋商、邀请招标、公开招标等方式选择咨询人,委托人应与咨询人签订全过程工程咨询管理服务合同	《建设项目全过程工程咨询管理标准》(T/CECS 1030—2022)	符合

3.3.3 铁路建设项目全过程工程咨询的界定

铁路建设项目全过程工程咨询是基于传统工程咨询的模式创新和集成创新，是由具备专业化技术能力、系统性资源整合能力的咨询方，结合铁路建设项目特点和委托方的需求，将铁路建设项目立项决策、勘察设计、工程实施、竣工验收、运营维护等阶段的专项咨询内容进行全部或部分整合，为委托方提供以项目咨询统筹管理为核心、专项咨询为具体内容的综合性、智力性的咨询模式。

3.3.3.1 铁路建设项目全过程工程咨询的服务理念

适应铁路高质量发展的时代要求，铁路建设发展总结凝练出新的思路和理念，基本内涵可以概括为“以人为本、环境协调、持续创新、系统优化、服务运输”。这一新理念体现了科学观、系统观、社会观、文化观、生态观的总体要求，是“创新、协调、绿色、开放、共享”新发展理念在铁路工程建设领域的具体体现。铁路建设发展的新思路新理念贯穿于铁路规划、立项决策、勘察设计、工程实施全过程，并对铁路运营产生深远影响，指引铁路规划建设的科学发展，提升铁路全寿命周期的综合效益。

铁路建设项目全过程工程咨询，通过组建专业的管理咨询团队，适应铁路高质量发展的新思路新理念，满足铁路建设项目专业化、系统化、全过程的咨询需求，高质量开展规划咨询、投资咨询、勘察设计、设计文件技术咨询、工程监理、造价咨询、运维咨询、项目后评价等专项咨询工作，确保工程咨询成果依法合规、科学合理、系统全面。

3.3.3.2 铁路建设项目全过程工程咨询方角色定位

针对地方铁路的规划建设，工程咨询单位就项目的路网功能、技术标准、建设时序、项目管理等问题，提供系统全面的、优质高效的技术咨询意见和建议。这体现了地方铁路对“小业主、大咨询”的建设管理和工程咨询模式强烈的市场需求。

铁路建设项目全过程工程咨询的提出，能够通过发挥工程咨询单位的专业技术优势、综合协调优势，以“提前介入、全程追溯、控制成本、可提供‘一站式’服务”的服务理念，真正意义上实现“小业主、大咨询”的铁路建设管理模式和工程咨询供给模式。铁路建设项目全过程工程咨询定位于委托方的“智囊”，为委托方提供全过程、全方位技术和项目咨询统筹管理服务。

3.4 铁路建设项目全过程工程咨询的特点和意义

3.4.1 铁路建设项目全过程工程咨询的特点

随着工程咨询市场化改革的深入推进，传统的工程咨询模式服务于地方铁路的规划建设已经显示出不足之处。业主协调困难，在协调工作量和组织管理方面面临较大的挑战。专项咨询服务碎片化，被分割成多个独立的条块，导致服务目标不统一，影响了服务质量和效益。参与铁路建设的相关方众多，存在不同程度的利益分歧，缺乏高效的沟通机制，影响项目的进展。引入全过程工程咨询有利于提高铁路建设项目投资效益、工程建设质量和推进效率。铁路全过程工程咨询具有的特点如图 3-11 所示。

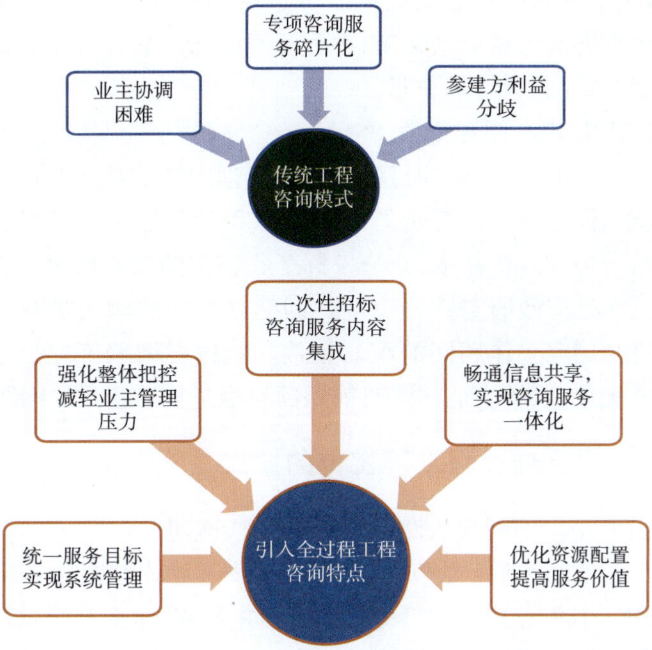

图 3-11 铁路建设项目实行全过程工程咨询的特点

(1)统一服务目标,实现系统管理

由一家咨询单位独立或牵头提供全过程工程咨询,项目业主与铁路全过程工程咨询方之间的关系简单、明晰,咨询方通过梳理构建全咨方内部关系,以统一咨询目标,明确职责及分工,可有效减少各参建单位之间的协调工作量;通过合理的组织实施模式让全过程工程咨询中的专项咨询团队形成合力,实现项目全过程系统管理;通过加强全咨方内部信息交汇,让各项工作时序相互贯穿、无缝衔接,有利于压缩内部时长,提升项目推进效率。

(2)强化整体把控,减轻业主管理压力

铁路全过程工程咨询方通过专业化、集成化的项目咨询统筹管理服务,降低了地方政府和项目业主管理难度;将传统模式下"1 对多"的责任关系转化为"1 对 1"的责任关系,减少了业主方在工程技术和组织管理方面的交接、沟通工作量以及各单位利益博弈等,节省了成本投入,加强了对项目的整体管控。

(3)一次性招标,咨询服务内容集成

铁路工程咨询的招标工作繁复耗时,以单项周期最短时限 45 天计算,按分阶段招标测算涉及的前期工程咨询招投标用时至少 7 个月。铁路全过程工程咨询通过"一次性"招标方式,将各阶段的工程咨询打包为一个标的,高效的确定全过程工程咨询方,减少合同主体数和招标次数,降低了招标采购成本,提高了招标采购效率。

(4)畅通信息共享,实现咨询服务一体化

铁路全过程工程咨询贯穿投资决策、工程建设全过程,甚至延伸到运维阶段,能够有效打破阶段性壁垒，促进工程咨询信息共享和交流；通过统筹部分后阶段实施的咨询工作提前介入，有利于铁路项目前期决策的科学性，提升重大技术方案稳定能力；通过统筹各阶段工程咨询的实施和信息交流，有利于对设计方案的研究更系统更全面（重点桥隧、站房方案），提高工程设计的质量。

（5）优化资源配置，提高服务价值

铁路全过程工程咨询，可发挥项目咨询统筹管理团队的技术和协调优势，以整体思维将技术咨询、勘察、设计、监理、造价等业务资源和专业能力进行整合，替代碎片化服务，统筹项目组织、管理、经济、技术，充分发挥工程咨询的核心价值，实现项目全生命期的效益效果。通过在地方政府与铁路企业之间建立畅通的沟通机制，有利于促进地方铁路网的规划建设与国家整体路网的配套衔接。通过咨询端流程优化和再造，可以实现资源协同和统筹优化，以解决地方铁路前期项目推进耗时费力的问题。

3.4.2 铁路建设项目全过程工程咨询的意义

（1）从行业层面，适应新时代铁路建设新形势、新需求

2017年4月，国家发展改革委印发《关于进一步下放政府投资交通项目审批权的通知》（发改基础〔2017〕189号），下放部分铁路项目审批权，全面推进铁路分层分类建设，随之出现了一些新情况和新问题。铁路投资建设主体由国家主导出资向地方出资为主转变，如山东省的济青高铁、鲁南高铁，广东省的珠肇高铁、深南高铁等均由地方政府主导出资建设。投资建设主体的变化意味着地方政府在项目审批、技术咨询、质量监督、项目验收等方面需要更多的专业力量支持。新形势下地方铁路项目推进面临更多新问题。地方铁路项目规划建设中，存在前期工作推进时间长、与国家路网分流和客流补贴合理确定、与既有铁路网的接轨协调等问题。地方铁路项目规划建设中，需要专业工程咨询力量结合国内各地的经验、案例提供全过程的服务。铁路领域具有绿色发展、智慧化发展、信息化技术应用和全生命周期管理的新要求。在碳达峰碳中和、交通强国发展战略指引下，更需要全过程高质量咨询服务的支撑。

铁路全过程工程咨询的推广，是贯彻国家有关深化投融资体制改革、促进建筑业持续健康发展的重要举措，是推动铁路工程咨询模式和建设管理模式改革的重要方式，更好地适应铁路投资建设主体变化的新形势，满足新形势下对工程咨询的新需求，是实现我国铁路工程咨询模式与国际接轨的重要发展方向。

（2）从地方层面，补齐地方铁路建设管理能力短板，提升地方铁路建设效率

国家主导的铁路项目建设的实施主体为国铁集团，全面负责国家铁路的规划建设。国家铁路经过长期的积累，已经建立了比较完善的管理体系，从铁路规划、项目立项、实施到运营管理，已经形成了全过程、全方位的管理制度、工作程序、规程、规范、质量标准等体系文件。而地方铁路的建设管理在项目管理方面尚未构建系统的设计、施工、运营、建设管理的组织体系和人力资源，处于“项目来了搭班子，项目结束散摊子”的局面，缺乏相应的管理体系。一般是抽调或引进部分人员组建项目指挥部或项目公司，项目指挥部是一个临时组建的机构，在项目管理的整体性和系统性方面

尚待进一步提升。项目管理团队对建设管理的工作内容、工作流程、工作标准较难形成成熟的总体策划，而当项目团队磨合完成、项目管理顺畅之时，项目已经进入收尾阶段。

地方铁路建设引入全过程工程咨询，通过依托职业化、专业化、市场化的工程咨询力量，为业主提供全过程、全方位的技术咨询服务，增强地方铁路建设项目管理的系统性，推动地方铁路建设项目投资管理更科学，带动地方咨询行业更好发展，更好地体现地方政府在路网规划和工程建设中的话语权和诉求，满足地方铁路高质量建设与发展的内在需求。

(3)从企业层面，能够提升铁路工程咨询单位核心竞争力，培养工程咨询的综合性人才

铁路项目建设具有综合性、周期长、系统性的特征，对铁路工程咨询单位的服务提出了很高的要求。我国铁路工程咨询单位主要集中在项目勘察设计、设计咨询、工程监理、造价咨询等方面。新形势下，铁路工程咨询单位的业务拓展方向，需要向产业链上下游延伸，要制定全方位的发展规划，提高全过程咨询和管理水平，熟悉项目管理规则，加强前期研究和投入，提高项目建议书和可行性研究阶段的决策水平，注重项目实施阶段的项目管理能力建设。

全过程工程咨询的实施，一方面能够鼓励符合资质要求、具有实践经验的工程咨询单位，通过合作整合满足全链条服务要求的优质企业、人力资源，提升工程咨询的综合能力；另外，也能够促进铁路工程咨询单位顺应市场需求，加快业务调整，积极提升自身技术和管理能力，做大做强或做精做专，提高市场竞争力；同时，在中国铁路"走出去"、积极参与国际竞争的过程中，能够具有更强的国际竞争力。

(4)从项目层面，破解传统铁路建设项目推进难题，提高项目建设效率和价值

1)保障前期方案论证充分，加快项目推进速度和提高项目价值

铁路建设具有复杂的技术特点，同时涉及多方利益关系和较长的周期。随着工程咨询市场化改革的不断深化，铁路建设咨询服务模式的一些弊端逐渐显现：业主协调困难；专项咨询服务条块分割，沟通协调不顺畅，影响服务质量效益；路地之间存在较多利益分歧，缺乏高效的沟通机制，合作不够通畅。按照传统工程咨询实施模式，铁路建设项目推进的难点问题主要集中在前期决策审批阶段和建设实施的征地拆迁阶段。

铁路技术方案不稳定。新建铁路项目可行性研究比选不同线位选址、工程投资、技术方案的优劣并提出推荐方案，但受沿线地方意见影响，项目技术方案短期内无法稳定，势必延长前期工作时间。比如甬舟铁路的技术方案从启动研究至方案基本稳定用时近 7 年。项目立项决策阶段是价值规划期，相比其他建设阶段，是铁路投资可控性最大的阶段，在这一阶段中要开展预可行性研究和可行性研究的充分论证，基本确定工程范围、功能定位、运量需求、运输组织、主要技术标准、线路基本走向、建设及投资规模等内容，对项目顺利实施、有效控制和高效利用投资、实现项目目标影响巨大。项目实行全过程工程咨询，能够通过发挥综合性咨询的优势保证前期方案论证的科学性。通过委托具有规划和可行性研究及设计综合服务能力的工程咨询方，负责对项目涉及的市

场、技术、经济、环保、能源、资源和安全等关键因素进行全面分析。结合国家和地方的发展规划、行业的重大专项建设规划、产业政策、技术标准以及相关的审批要求进行深入研究和论证，保障前期方案论证的科学性。通过初步设计阶段的设计文件技术咨询，确保技术方案与前期论证的一致性。在此基础上，由牵头的工程咨询单位统筹安排、分工合作，避免多个专项服务团队组合下可能出现的管理盲区和缺陷。全过程工程咨询能够在前期从整体和全局考虑项目建设，避免业主自管模式可能出现的专业性缺乏和碎片化咨询等问题，为项目提供性价比最优的方案，保障前期方案论证的全面性、科学性。

立项审批涉及环节多。按照铁路项目基本建设程序，依次要开展路网规划、项目可行性研究、工程勘测设计、工程施工、联调联试、试运行、试运营、竣工验收和项目后评价等若干个阶段。其中，路网规划、可行性研究、工程勘察设计、试运营应取得相关政府部门的审批或许可。铁路项目的前期工作，从预可研到初步设计获得批准，涵盖了大约20余项具体的任务，并且需要与环境保护、水资源管理、文化遗产保护、交通运输、地震监测、自然资源管理、航道管理以及水务等多个政府机构进行合作。任一项工作遇阻，都会影响整个前期工作进程。根据近年批准的铁路项目数据，从可研评审到正式批准的时间跨度不等，最短可能需要一年，最长可能需要四年（表3-5）。与可研的批准过程相比，初步设计的批准相对较快，大约在一年的时间内完成。

表3-5　部分铁路项目批复耗时统计

序号	项目名称	可研评审时间	可研批复时间	可研耗时（天）
1	合肥至新沂铁路（安徽段）	2019.4.12	2019.12.27	259
2	杭州至黄山铁路	2009.9.26	2014.1.22	1 579
3	鲁南高铁菏泽至曲阜段	2015.10.19	2018.8.16	1 032
4	莱西至荣成铁路	2018.1.23	2020.4.29	827
5	潍坊至烟台铁路	2017.12.4	2020.6.29	938

招投标工作繁复耗时。在铁路项目可研、初步设计以及部分前置专题研究的咨询服务实施前，至少需要经过多个阶段的招投标程序。尽管在某些情况下，部分阶段可以合并进行，以单次最短的45天时限来计算，前期招投标过程至少需要7个月的时间。根据相关的招投标法律法规，整个招标过程所需的时间主要涉及以下几个关键环节：

①接受委托并签署招标代理协议（3天）；

②编制招标文件和相关技术文件并讨论通过（5天）；

③发布招标公告并发售招标文件（法定至少5个工作日，距离开标日至少20天）；

④整理澄清并答疑（3天）；

⑤开标（法定距离最后一次答疑时间，至少15天）；

⑥评标（根据项目的复杂程度1～5天）；

⑦招标人定标（5天）；

⑧中标结果公示（法定至少5天日历日）；

⑨发出中标通知书（中标结束后1天）；

⑩签署合同（中标通知书发出后30天内）。

考虑第①、②项内容同时进行，第③、⑤、⑧都是法定的时间不可压缩，则不含签署合同在内的完整招标流程需要的时间为45天。

在以往铁路项目的前期工作中，根据服务内容的不同，上述招投标工作将至少重复5次，加上建设实施过程中的施工单位、监理单位、检验监测等其他第三方咨询服务等的招投标，招投标的耗时更加长久。

2）提供综合性咨询服务，提高协同管理效率，促进项目建设目标实现

以全过程工程咨询推动完善工程建设管理模式，对建设单位而言，仅需对接好全过程工程咨询方，可有效优化项目组织和简化合同关系，由全过程工程咨询方提供项目咨询统筹管理、勘察、设计、监理、造价等咨询服务，增强投资决策、勘察设计、工程实施等阶段工作的协同性和系统性，保障各阶段咨询成果的专业性和科学性，有利于保证项目质量、造价、工期、安全、环保等目标的实现，发挥更大的投资效益和社会效益。

全过程工程咨询覆盖项目规划建设的全过程，这种高度整合各阶段的服务内容将更有利于实现全过程投资的合理控制。与传统的预结算编制和审核相比，现在的造价管理逐步向投资估算、设计概算、施工图预算、工程结算、竣工决算的编制和审核的全过程造价管理方向发展。传统的投资管理过于分散，导致造价数据的传递中发生断裂。而全过程工程咨询可以帮助建设单位树立全生命周期投资管理的理念，从项目前期开始进行造价咨询，利用可行性研究、勘察和设计阶段的优化成果为工程建设阶段的造价控制打下良好基础。通过限额设计、优化设计和精细化管理等措施提高投资的效益；通过工程造价数据的有效传递，协助投资人建立变更设计、材料调差、索赔等内控制度，确保项目投资目标的实现。

全过程工程咨询的引入，优化了传统碎片式的咨询模式，管理路径更加优化，能够有效加快项目进度。通过具有前期咨询能力的咨询单位加快建设管理审批流程；不再需要传统模式冗长繁复的招标次数和期限。传统工程咨询模式需要咨询单位按照合同完成规定成果，交付建设单位后才能进入下一阶段。全过程工程咨询模式由于各专业咨询统一由牵头单位协调，可以利用快速路径法压缩工期，即将前后专业进行并行作业，让后续专业可以在本专业整体成果交付之前，提前开始工作，能显著缩短工期。另外，通过对建设项目综合性全阶段的整体把控和统筹，减少和预防了各类变更的产生，推动项目高效实施。

通过实施全过程工程咨询，业主可以显著降低其日常管理和人力资源的投入。这种模式确保了信息传递的准确性，并优化了管理流程，能够有效地解决投资咨询、项目管理、设计、造价、招标采购和监理等不同咨询单位之间因职责划分而产生的矛盾。通过实行全过程工程咨询方负责制，可以避免单一服务模式下可能出现的管理漏洞、缺陷以及工作界面不清晰，减少了出现问题时相互推诿的现象。此外，该模式促进了各专项业务和工程的无缝对接，提升了工程咨询服务的整体质量和项目的品质。同时，它还鼓

励了参与各方的积极性、主动性和创新性，推动了新技术、新工艺和新方法的应用。

作为项目核心责任主体的全过程工程咨询单位，将利用其全过程、综合性、跨阶段、一体化的管理优势，通过加强监管来减少安全事故的发生，有效降低建设单位承担的主要责任风险。同时，这种模式还能预防由于复杂的管理关系可能带来的腐败风险，有助于规范和整顿建设市场的秩序。

综上，铁路建设项目实行全过程工程咨询的发展及意义如图 3-12 所示。

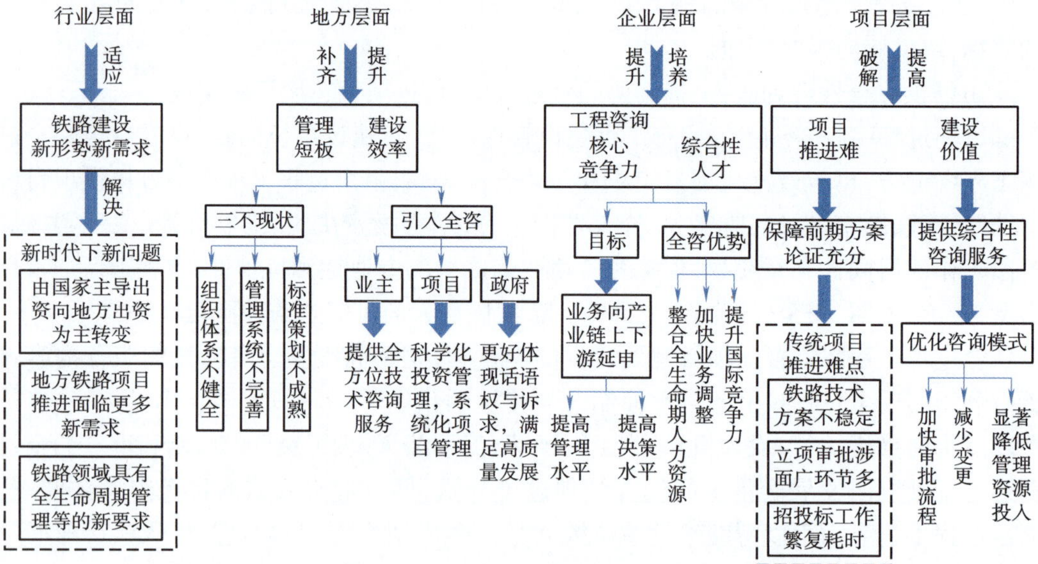

图 3-12　铁路建设项目全过程工程咨询发展及意义示意图

3.5　铁路建设项目全过程工程咨询发展分析

我国全过程工程咨询项目试点及推广，涉及住宅、产业园、办公用房、中小学幼儿园、高校、老旧小区改造、保障性住房、医院、大型公建、片区改造等房建项目，以及道路、给水排水、公园、消防站、交通枢纽、环境治理、村镇综合电力管沟、桥等市政项目。其试点推广经验及产生的衍生效应，为铁路建设项目全过程工程咨询的发展带来了诸多启示。与市政房建建设项目相比，铁路建设项目覆盖范围广、涉及专业多、规划建设周期长、投资大、利益相关方众多，在全过程工程咨询模式推广过程中要加强行业顶层的宏观引导和规范化标准化支撑，以提升工程咨询单位的综合能力，发挥全过程工程咨询的实际效果和效益。

（1）加强行业的规范化标准化引导

不同地区、不同类型的铁路建设项目的建设管理和运营模式均有所不同，不同建设项目、不同项目公司的需求不同，不同工程咨询单位对全过程工程咨询模式的理解不同，全过程工程咨询的实施模式也不尽相同。基于铁路规划建设较强的行业属性，在铁路建设项目全过程工程咨询的试点推广阶段，要加强行业层面的宏观引导，构建标准化规范化实施指南或标准,统一工程咨询单位对全过程工程咨询模式的认识和理解,确保全过程工程咨询模式在铁路行业的可持续健康发展。

(2)提升工程咨询单位的综合能力

铁路行业工程咨询单位普遍具有较强的专业化技术能力,但综合能力和复合型人才的培养有待加强。这就要求铁路行业工程咨询单位,要从战略层面谋划布局全过程工程咨询业务,建立相配套的组织机构,搭建业务平台;要积极通过内部选拔和外部招聘等多种形式,培养和引进适应全过程工程咨询业务需要、精技术会经营懂管理的综合型人才,制定业务培养计划,为全过程工程咨询业务的发展奠定人才基础。通过组织、人才、制度等的保障,提升工程咨询单位开展全过程工程咨询的综合能力。

(3)加强铁路工程咨询行业的适应性建设

铁路规划建设的高度专业化和系统化特点,期望一家工程咨询单位独立构建一套完整的全过程工程咨询服务体系,并配备相应的项目咨询管理团队和专业技术人员,实现工程咨询上下游产业链的全覆盖,对任何工程咨询单位来说都是不现实的。要通过采取联合经营、并购重组等方式,加强铁路行业内具有领先优势的投资咨询、勘察设计、工程监理、造价咨询等工程咨询单位的资源整合,要强化外部联合与内部融合,凝聚形成工程咨询服务的整体合力。

(4)以合理的计费标准支撑全过程工程咨询健康可持续发展

"内卷式"恶性竞争、低价中标等,在一定程度上影响了工程咨询行业的健康发展。地方及其他行业的全过程工程咨询计费模式主要有:"$1+N$"计费模式,即"项目咨询统筹管理费+专项咨询服务费";专项咨询服务费叠加的基础上设置额外的奖励机制;成本计费方法等。对于铁路建设项目全过程工程咨询模式来说,要以合理的计费标准和公平有序的市场竞争,推动铁路行业工程咨询的健康可持续发展。铁路行业工程咨询单位要通过联合经营、资源整合降低自身成本,要通过工程咨询内容的系统集成、工程咨询效果的整体提升,以高质量的工程咨询成果匹配合理的计费标准。关于铁路建设项目全过程工程咨询的计费,要重点突出项目咨询统筹管理的核心作用,可采取"项目咨询统筹管理费+专项咨询服务费"的计费方式。

4 铁路建设项目全过程工程咨询的模式创新

铁路项目建设在投融资体制、建设管理模式、咨询服务模式等方面均有其独特性，全过程工程咨询模式在铁路建设项目中的应用，也需要紧密结合铁路特色进行模式创新。本章对全过程工程咨询应用于铁路建设项目的创新性进行了分析，提出四种符合铁路建设特点的全过程工程咨询实施模式，提出铁路建设项目全过程工程咨询模式的创新发展方向和实施路径。

4.1 铁路建设项目全过程工程咨询创新性分析

铁路建设项目全过程工程咨询的创新，表现为咨询服务主体的创新、咨询服务内容的创新、咨询服务工作机制的创新、咨询服务流程的创新以及咨询服务方式的创新，具体如图4-1所示。

4.1.1 咨询服务主体创新

打破工程咨询单位各自为战的封闭模式，开创工程咨询单位联合发展的新局面。

全过程工程咨询机制创新是全过程工程咨询模式发展的重点研究方向，特别是服务主体创新。国家层面和地方层面的政策文件，普遍强调以投资咨询、工程设计、工程监理等传统专项咨询实施主体为基础，开展纵向产业链延伸和横向的产业聚集。比如四川省明确，传统工程咨询实施主体要各自延伸业务领域作为全过程工程咨询试点的突破口；黑龙江省明确，全过程工程咨询试点企业应当具有一定的行业资质条件，资质范围内的业务自行承担，资质范围外的业务如具备相应资质标准要求的注册类人员可自行承担或可直接另行发包；山西省强调，工程咨询单位应具有工程咨询、勘察、设计、监理和造价咨询其中1类及以上资质（资信）条件。

铁路建设项目具有涉及专业多、资质要求多的行业特点，由一家单位独立开展全过程工程咨询的模式基本无法实现。“1 + N”联合体模式是实现工程咨询单位强强联合的主要路径，即由1家具备资质条件的工程咨询单位牵头、N家工程咨询单位共同参与组建联合体，共同承担铁路建设全生命周期的全部或部分工程咨询内容。全过程工程咨询团队的咨询内容，可覆盖铁路建设项目立项决策、勘察设计、工程实施、运营维护全过程，能够将原本分散、独立的工程咨询业务有机整合起来，提高咨询服务质效，具体如图 4-2 所示。

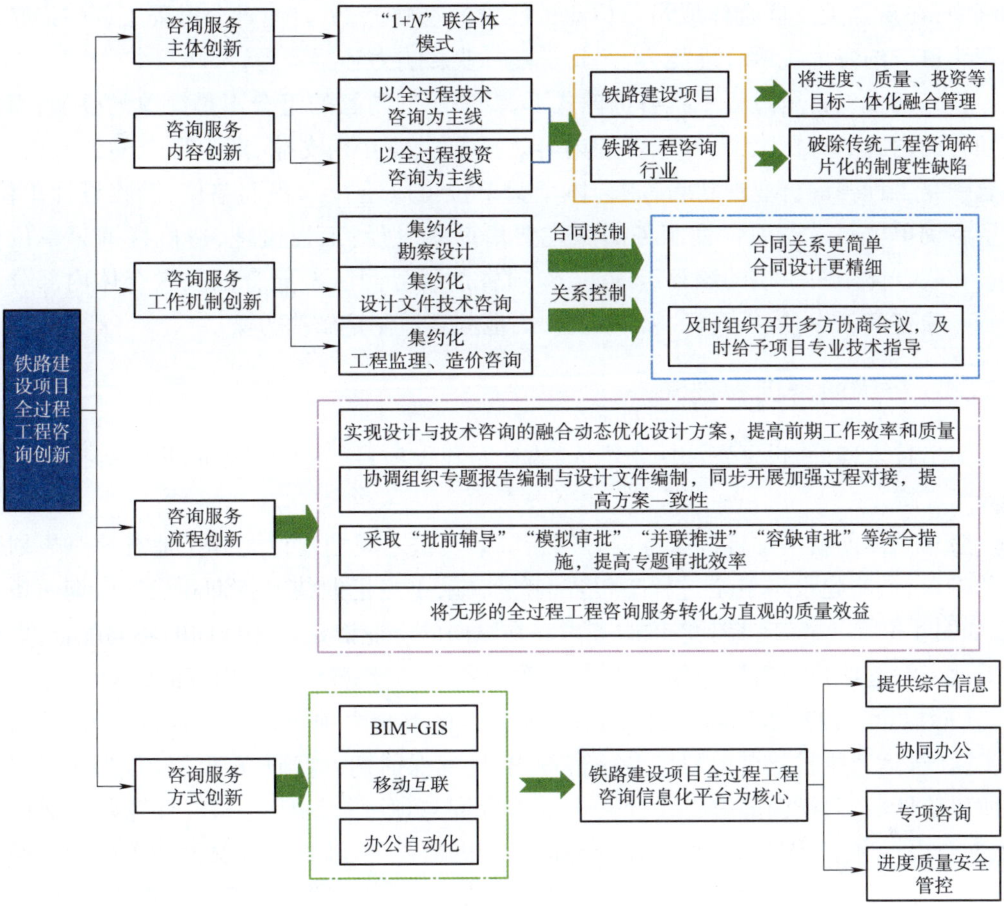

图 4-1　铁路建设项目全过程工程咨询创新性分析

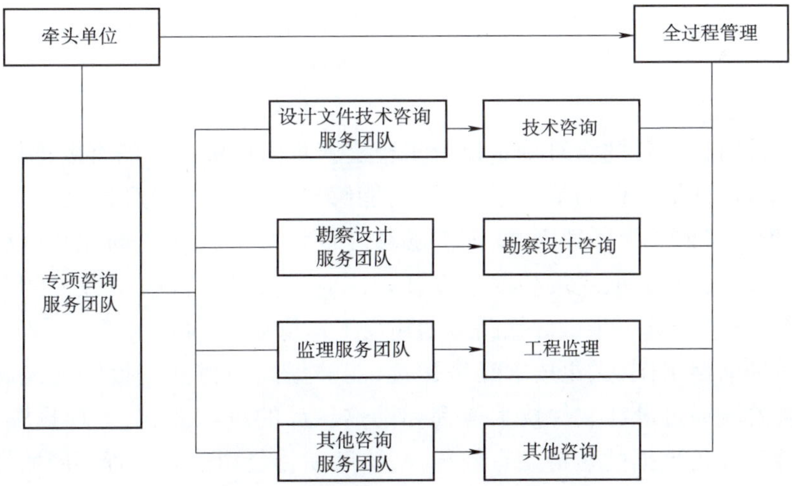

图 4-2　铁路全过程工程咨询服务主体结构

对项目业主而言，基于项目特点和需求确定全过程工程咨询服务内容，通过依法合规履行招投标程序确定全过程工程咨询联合体。其中，项目业主在确定中标联合体的过程中，在重点关注联合体成员单位业务能力的基础上，更要注重全过程工程咨询联合体牵头单位的咨询统筹管理能力，尤其是其行业影响力和凝聚力。

铁路建设项目全过程工程咨询模式下，专项咨询内容的组合不是简单的叠加，而是专项咨询内容的有机整合，专项咨询内容之间要实现互相支撑、产生融合的效益效果。结合铁路工程咨询行业现状看，联合体牵头单位可以是技术咨询单位、勘察设计单位、投资咨询单位等。专项咨询服务团队主要由勘察设计、工程监理、造价咨询等单位构成。在联合体牵头单位的统筹组织下，专项咨询服务团队按照合同及联合体内部分工负责专项咨询工作，统一目标、协同配合，因地制宜地制定解决方案。

4.1.2 咨询服务内容创新

突出技术咨询、投资咨询两条主线，为铁路建设项目的进度、质量、投资等提供全过程技术支撑。

服务主体创新带动咨询服务内容创新。结合铁路规划建设尤其是地方铁路规划建设的需求，铁路建设项目全过程工程咨询的实施，重点把握技术咨询和投资咨询两条主线，如图 4-3 所示，实现专项咨询服务内容在纵向的产业链延伸和横向的协同配合，更加高效地串联起项目前后期工作、有序整合项目资源，实现咨询服务内容的创新。

(1)以全过程技术咨询为主线，纵向能够有序整合立项决策、勘察设计、工程实施、竣工验收、运营维护等各阶段的专项咨询内容，确保前期方案研究和设计成果在工程实施阶段落地落实；横向能够将设计文件技术咨询与预可行性研究和可行性研究文件编制、初步设计、施工图设计、变更设计等进行有机融合，能够将设计文件技术咨询与勘察设计和工程监理进行融合，有利于建设方案的提前稳定和项目的顺利推进，减少设计变更，提高工作和沟通效率。从市场准入条件看，充分发挥技术咨询的行业资源整合优势，加强与勘察设计单位、工程监理单位、造价咨询单位的联合，有利于统一思路和步调、加快项目推进，更好地促进全过程工程咨询项目的落地和推广。

(2)以全过程投资咨询为主线，纵向能够统筹预可行性研究、可行性研究、初步设计、施工图设计阶段投资的合理确定以及工程实施阶段投资支出的有效把控，改变传统意义上工程审价、征拆审价的单一服务模式，能够打通项目规划建设投资管控全链条，构建全过程投资咨询的服务理念；横向能够整合设计文件技术咨询、勘察设计、造价咨询等单位的技术资源，立项决策和勘察设计阶段通过设计文件技术咨询和造价咨询的介入把关，落实《关于进一步做好铁路规划建设工作意见》(国办函〔2021〕27 号)的相关要求，做深做细前期工作，强化技术经济比选，能够提高项目前提投资规模确定的合理性；工程实施阶段通过设计文件技术咨询和勘察设计的过程介入，实现投资数据、财务支出数据、验工计价数据的全链条有效传导，协助项目公司建立工程实施阶段的变更设计、材料调差、索赔等内部控制制度，提高征拆审价、工程审价等的合规性和合理性，实现有效控制投资支出水平的目的。

以全过程技术咨询和投资咨询两条主线引领铁路建设项目全过程工程咨询的实施，能够有效破解单一工程咨询单位的技术、资源局限性，调动不同工程咨询单位构建联动机制加强业务合作。对铁路建设项目来说，全过程工程咨询模式可以将进度、质量、投资等管理目标进行一体化融合管理，促进建设目标的系统性实现；对铁路工程咨询行业来说，咨询服务内容的创新符合全过程工程咨询发展的目标要求，有利于破除传统工程咨询碎片化的制度性缺陷，推动铁路工程咨询行业的高质量发展。

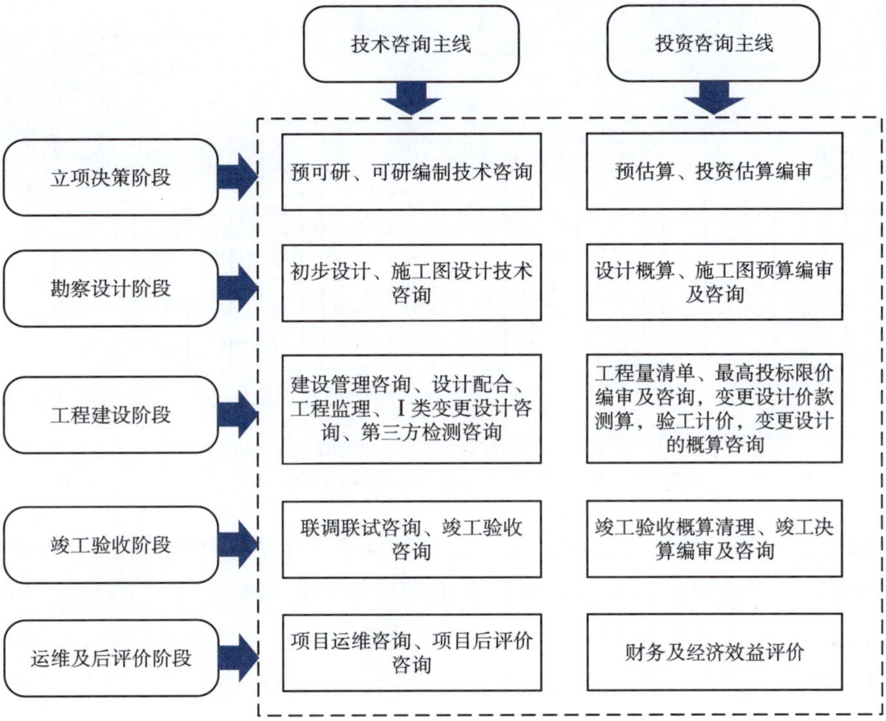

图 4-3　铁路全过程工程咨询协同工作机制

4.1.3　咨询服务工作机制创新

跨组织、跨阶段协同工作，化解“传统工程咨询工作机制松散”难题。

全过程工程咨询区别于传统工程咨询最重要的一个特点是集成性。传统工程咨询模式下，勘察设计、工程监理、造价咨询、招标代理、设备监理等虽属于工程咨询范畴，但却由多头主管；存在目标不统一、利益矛盾以及管理内容重复交叉等问题，造成组织管理松散化和碎片化。铁路建设管理具有整体性、持续性、动态性的特点，工程咨询的改革发展要适应建设管理的需求，由松散性向整体性、局部向全局转变，通过有机组织和系统整合，为项目和项目公司提供系统性、整体性的咨询服务。

铁路建设项目全过程工程咨询，通过项目咨询统筹管理，集约化统筹勘察设计、设计文件技术咨询、工程监理、造价咨询等关键咨询环节，优化项目组织结构、简化合同关系，如图 4-4 所示。同时，全咨方站在全局视角，可以更加清晰地识别项目和项目公司的需求，基于内部多方协同的工作机制快速调动资源协调内外部关系，整合各专业各阶段咨询工作，提升项目的推进效率。

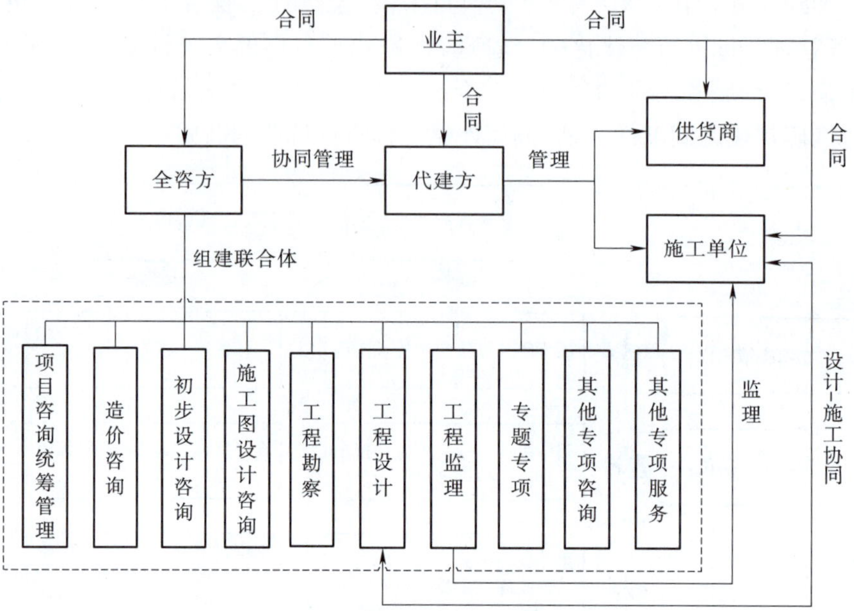

图4-4　铁路全过程工程咨询服务协同工作机制

铁路建设项目全过程工程咨询，通过合同控制和关系控制两种方式来保障铁路项目的顺利实施。合同控制和关系控制的合理配置可以减少机会主义行为，促进满意度与关系绩效。相比于传统的工程咨询模式，铁路建设项目全过程工程咨询的合同关系更加简单，减少了行政干预的机会，同时合同设计更加精细，对事项的规定和划分清晰，便于合同执行，从而为严格管控铁路建设项目的实施创造条件。关系控制主要体现为全咨方的沟通和协调工作方式，可及时组织召开“委托方-代建方-全咨方-承包商”之间的协商会议，及时给予项目提供综合协调、专业技术指导以及重要实施措施和方案的建议。

4.1.4　咨询服务流程创新

外部流程内部化实现咨询服务流程创新和再造，显著提升铁路项目前期工作效率。

铁路建设项目全过程工程咨询模式，将传统工程咨询模式下需要项目公司负责的专项咨询单位间的组织协调、外部协同和工作组织，转变为全过程工程咨询联合体的内部工作组织和协同配合，实现外部流程内部化，并基于全过程工程咨询联合体的职责分工开展工作流程优化和创新，有效提升前期工作推进节奏。

针对全过程工程咨询内容，可优化预可行性研究、可行性研究、初步设计、施工图设计与相应阶段设计文件技术咨询、造价咨询、工程监理的工作流程，在开展勘察设计工作的同时，及时协调技术专家组、造价咨询单位、工程监理单位提前介入、过程介入，重大技术方案问题及时组织专家现场指导和技术把关，实现了设计与技术咨询的融合，动态优化设计方案，提高前期工作效率和质量；针对专题报批报审，通过协调组织专题报告编制与设计文件编制同步开展，加强过程对接提高方案一致性；通过加强与政府审批部门的沟通对接，采取“批前辅导”“模拟审批”“并联推进”“容缺审批”等综合措施，提高专题审批效率。

全过程工程咨询致力于传统工程咨询服务模式的守正创新。建立对咨询服务标准的统一认识，咨询成果的产出能够实现将无形的全过程工程咨询服务转化为直观的质量效益，是委托方最关注最重视的内容；全咨方前期引导参建方共同建立咨询成果标准，建设过程中及时组织完善质量、进度、安全、投资、环境等方面的管理效果与咨询成果等，形成健全的评价反馈机制，统一对咨询服务标准的认识。探索平行推进、联合审批的工作方法，全咨方系统梳理铁路建设项目前置性专题工作流程，明确工作要素及时间要求；主动对接各级行政审批部门，压茬推进设计文件编制和专题报告编制，探索并联审批、容缺审批，压缩专题审批流转时间，为项目报批打造一条“高速路”。针对特殊问题采取积极应对措施，铁路建设项目不同阶段的问题不尽相同，面对突发或罕见问题，全咨方发挥专业技术优势和综合协调优势，及时组建专题专班开展专题研究，有针对性地提出应对措施。

4.1.5 咨询服务方式创新

以信息化、数字化为支撑，创新铁路工程咨询服务方式和手段。

全过程工程咨询的本质是满足委托方的个性化、多样化咨询需求，提供高质量的咨询成果，更好实现建设目标和项目价值。全咨方采取信息化、数字化措施加强对项目及咨询成果的统筹管理能力，基于信息技术和手段加强对项目全要素信息的梳理和分析，提高项目决策的效率和科学化水平。同时，基于信息化、数字化技术对项目信息数据进行精细化、规范化、日常化管理，统一由全过程工程咨询单位进行全局性先导性的统筹策划，保证信息的有效传递和系统整合，实现数据的产生、优化、反馈和应用，有利于促进工程咨询从单一、碎片化向全方位、集成化发展。

铁路建设项目全过程工程咨询的信息化、数字化手段主要集中在 BIM + GIS、移动互联、办公自动化等方面，以铁路建设项目全过程工程咨询信息化平台为核心，为全过程工程咨询的实施提供综合信息、协同办公、专项咨询、进度质量安全管控等的支撑。

铁路建设项目全过程工程咨询信息化平台包括项目咨询统筹管理和项目部管理两大功能版块。项目咨询统筹管理版块主要在技术质量、进度计划、投资控制等方面实现对专项咨询服务的系统化管理，同时将技术资料和过程信息进行归集、共享，通过管理人员动态数据录入，实现项目信息与 3D 电子沙盘互联，形象化展示项目全貌。项目部管理版块主要实现综合办公、内部宣传、即时通信等方面的信息化集成，包括 OA 办公、财务管理、合同管理、考勤管理、科研管理、项目信息、全咨讲堂等模块。铁路建设项目全过程工程咨询信息化平台能够实现对全过程工程咨询信息化管理的创新，为设计文件编制与设计文件技术咨询协同办公提供支撑手段。全过程工程咨询项目信息化平台系统框架如图4-5所示。

铁路建设项目全过程工程咨询信息化平台的研发和应用，有利于专项咨询服务的集成和统筹，将咨询统筹管理团队、专项咨询服务团队、委托方等相关方在系统中的角色化，做到权限划分清晰、工作职责明确，提高多方协同办公工作效率，确保咨询服务过程的规范化、流程化，项目数据资料的集中、透明化管理。

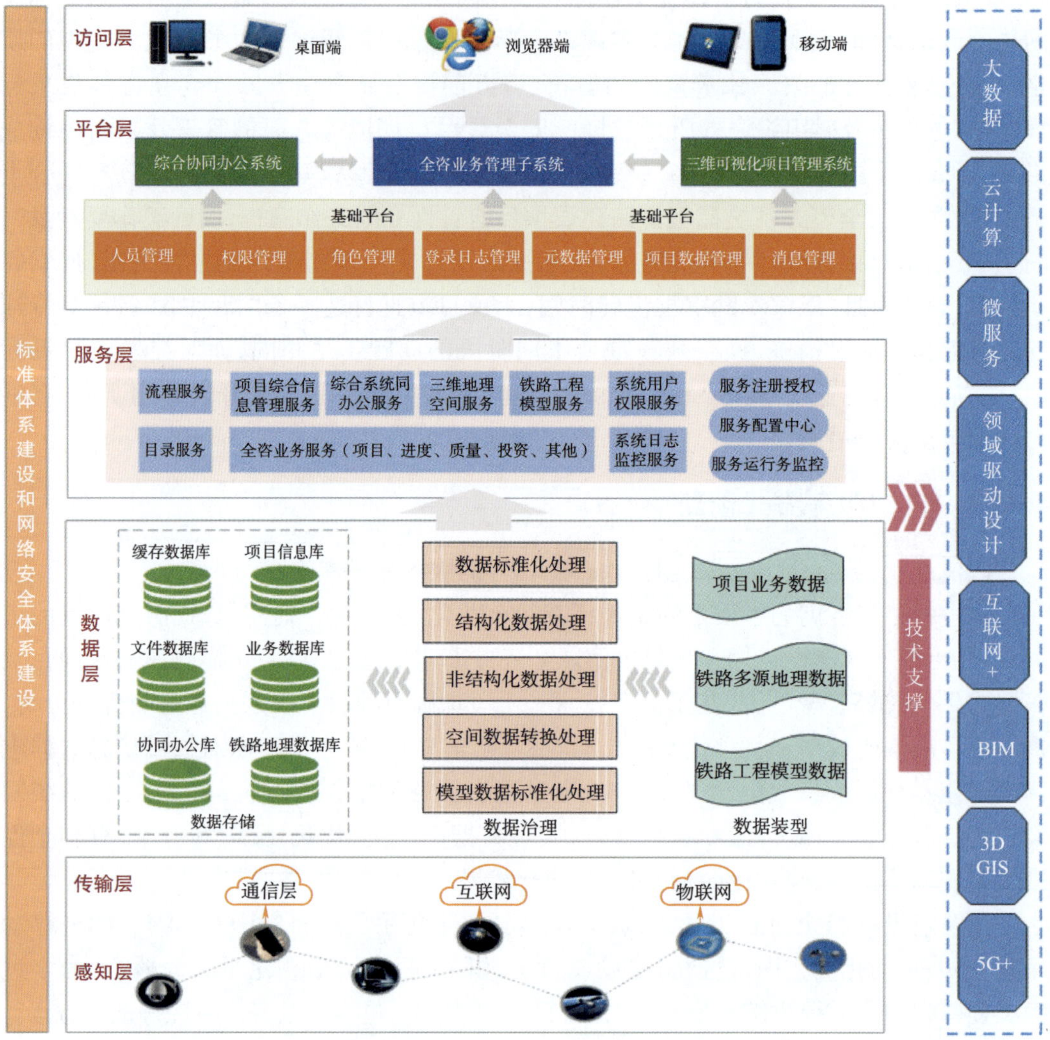

图4-5 铁路全过程工程咨询项目信息化平台系统框架

4.2 铁路建设项目全过程工程咨询的模式分析

铁路建设项目全过程工程咨询，是由委托方将项目咨询统筹管理服务以及规划咨询、勘察设计、招标采购、造价咨询、工程监理、运营维护咨询、项目后评价等专项咨询服务内容系统组合、一次发包，由一家单位牵头、多家单位按“1+N”模式组成联合体，开展铁路建设项目全过程的策划、管理、咨询和协调工作。

对于铁路建设项目，全过程工程咨询具有“服务周期长、关联方多、技术复杂度高”的特点，高质效的项目咨询统筹管理服务，是确保全过程工程咨询顺利开展、保证全过程工程咨询服务质量的关键。尽管全过程工程咨询服务内容具有定制化、灵活性特点，但要发挥全过程工程咨询的实质性作用，要突出项目咨询统筹管理的核心统筹协调作用，要重点关注专项咨询内容组合的阶段衔接性和咨询内容连贯性。

全过程工程咨询服务模式的确定，要结合铁路建设项目尤其是地方铁路建设项目的特点和咨询需求。其中，项目前期策划、勘察设计、设计文件技术咨询及方案优化工作，对项目前期推进具有先导性、全局性影响；专项咨询内容的组合要充分考虑彼此间的衔接关系，要尽量将能够彼此发挥支撑作用、能够提高咨询成果质量的专项咨询内容组合在一起，纵向上要发挥全过程的整体优势，横向上要提高咨询成果的完整性一致性；专项咨询内容的简单叠加和跨阶段不连续组合，专项咨询工作存在脱节、衔接性较差，不利于发挥全过程工程咨询的整体质量和效果；运营维护阶段专项咨询在项目开通运营后实施，可根据项目实际要求选择。

为体现全过程工程咨询“跨阶段、一体化、综合性”的服务优势，发挥好项目咨询统筹管理的统筹协调作用，保证专项咨询服务内容的连贯性和延续性。结合地方铁路规划建设特点，按照咨询内容的覆盖程度，重点分析提出四种铁路建设项目全过程工程咨询模式（图4-6）：以实现铁路建设项目立项批复为目标的咨询模式，以实现铁路建设项目开工建设为目标的咨询模式，以实现铁路建设项目开通运营为目标的咨询模式，以实现铁路建设项目或委托方需求为目标的咨询模式。

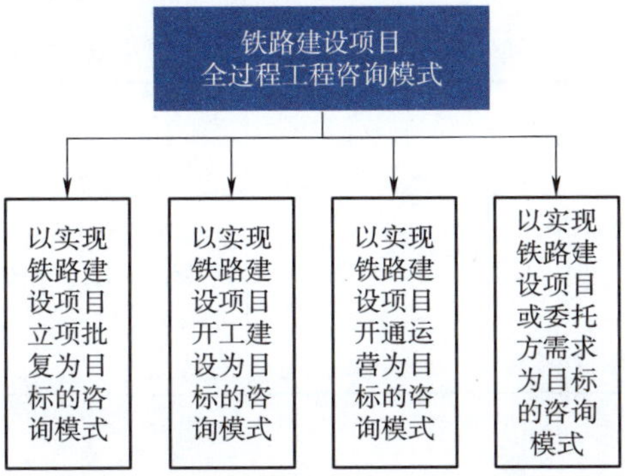

图4-6　铁路建设项目全过程工程咨询模式

4.2.1　以实现铁路建设项目立项批复为目标的咨询模式

以实现铁路建设项目立项批复为目标，主要是项目咨询统筹管理与立项决策阶段专项咨询内容的组合，包括以项目咨询统筹管理为核心，专项咨询涵盖铁路建设项目规划研究、立项决策阶段全部内容。

4.2.1.1 服务内容

依托项目咨询统筹管理服务，将铁路建设项目立项决策阶段的专项咨询内容进行整合，构建"项目咨询统筹管理＋立项决策阶段专项咨询"的服务模式，主要咨询内容包括项目咨询统筹管理服务、项目规划研究、预可行性研究报告编制和可行性研究报告编制以及相应的技术咨询、接轨专题报告编制、投融资专题报告编制以及其他专题报告编制，如图4-7所示。

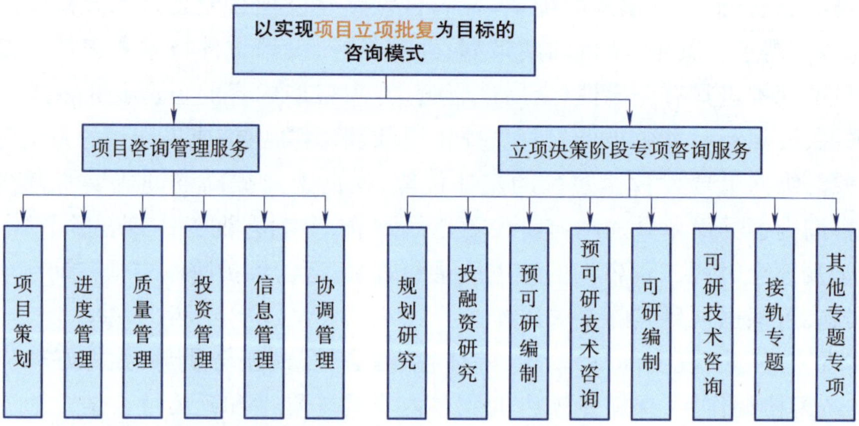

图4-7 "项目咨询统筹管理＋立项决策阶段专项咨询"的服务内容

4.2.1.2 组合形式

以实现铁路建设项目立项批复为目标的咨询模式的服务组合形式为：咨询管理服务＋立项决策阶段的专项咨询，具体组合模式见表4-1。

表4-1 "项目咨询统筹管理＋立项决策阶段专项咨询"服务组合

服务类型	项目阶段	服务组合
咨询管理服务	立项决策	全方位统筹立项决策阶段的专项咨询内容
专项咨询		规划研究，预可行性研究报告编制、预可行性研究技术咨询、工程地质勘察(初测)、可行性研究报告编制、可行性研究技术咨询、接轨专题、投融资专题以及其他专题

4.2.1.3 服务特点

"项目咨询统筹管理＋立项决策阶段专项咨询"的服务模式，重点是通过项目咨询统筹管理将立项决策阶段的预可行性研究文件编制、可行性研究文件编制、预可行性研究技术咨询、可行性研究技术咨询、前置性专题研究报告编制等咨询内容进行深度融合，以满足项目从规划方案到建设方案研究再到可行性论证等的咨询需求。通过全咨方内部的优化工作组织，有效提高前期工作推进效率和缩短工作周期。通过全咨方的外部沟通协调，能够尽早就项目功能定位与国家路网及区域路网的匹配性达成一致意见，助力项目前期工作的有序推进。

"项目咨询统筹管理＋立项决策阶段专项咨询"的服务模式，通过全咨方加强项目前期策划,组织预可行性研究、可行性研究报告编制及技术咨询,对项目功能定位的确立、建设方案的完善具有重要的先导作用,有助于提高地方项目立项决策的可行性和科学性。

"项目咨询统筹管理+立项决策阶段专项咨询"的服务模式,主要是由具有前期项目策划、规划研究、预可行性研究和可行性研究报告编制、设计文件技术咨询等资质(资信)条件和综合协调能力的工程咨询单位来承担。

4.2.2 以实现铁路建设项目开工建设为目标的咨询模式

以实现铁路建设项目开工建设为目标,主要是项目咨询统筹管理、立项决策和勘察设计阶段专项咨询内容的组合,包括以项目咨询统筹管理为核心,专项咨询涵盖铁路建设项目规划研究、立项决策阶段和勘察设计阶段全部内容。重点以全过程投资咨询为主线,专项咨询内容可延伸至工程实施阶段的造价咨询。

4.2.2.1 服务内容

依托项目咨询统筹管理服务,将铁路建设项目立项决策和勘察设计阶段的专项咨询内容进行整合,构建"项目咨询统筹管理+立项决策阶段专项咨询+勘察设计阶段专项咨询"的服务模式,主要咨询内容包括项目咨询统筹管理服务、项目规划研究、预可行性研究报告编制、可行性研究报告编制、初步设计、施工图设计、预可行性研究报告至施工图设计的技术咨询、项目开工前的前置性专题和专项设计、造价咨询等,如图4-8所示。咨询服务内容尤其是造价咨询,可根据实际需要延伸到实施阶段,突出体现从投资估算、设计概预算、工程结算、竣工决算等全过程投资的把控、分析和咨询,发挥全过程投资咨询的主线作用。

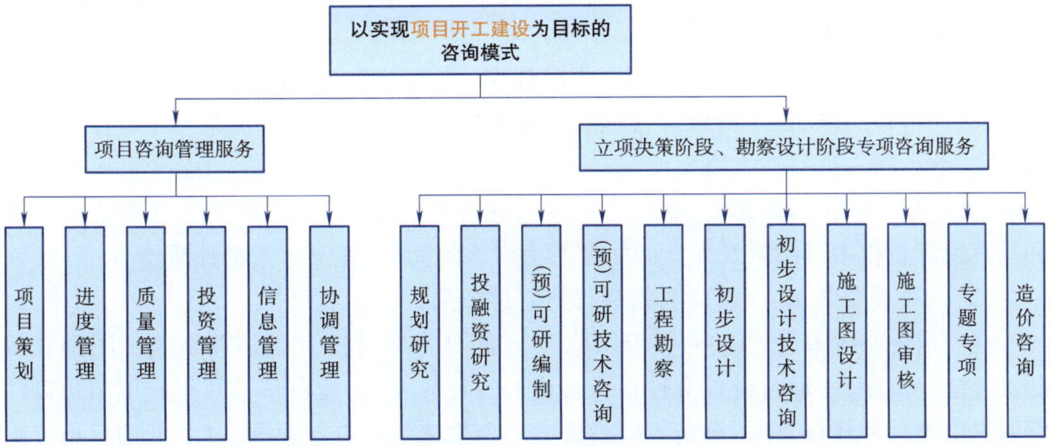

图4-8 "项目咨询统筹管理+立项决策及勘察设计阶段专项咨询"的服务内容

4.2.2.2 组合形式

以实现铁路建设项目开工建设为目标的咨询模式的服务组合形式为:项目咨询统筹管理+立项决策阶段专项咨询+勘察设计阶段专项咨询,具体组合模式见表4-2。

表 4-2 “项目咨询统筹管理＋立项决策阶段专项咨询＋勘察设计阶段专项咨询”服务组合

服务类型	项目阶段	服务组合
项目咨询统筹管理服务	全程	全方位统筹管理各阶段专项咨询工作
专项咨询	立项决策	规划研究，预可行性研究编制、预可行性研究技术咨询、工程地质勘察（初测）、可行性研究编制、可行性研究技术咨询
	初步设计、施工图设计	工程地质勘察（定测），初步设计文件编制、初步设计文件技术咨询、补充定测、施工图设计文件编制，施工图设计文件技术咨询
	造价咨询	投资决策和勘察设计阶段（投资估算审核、项目经济评价、征地拆迁审核、概预算审核）；工程实施阶段（工程量清单及招标控制价编制或审核、验工计价审核、材料价差审核、变更设计审核、变更签证审核、索赔处理）；工程竣工阶段（竣工结算审核、竣工决算审核）等

4.2.2.3 模式特点

“项目咨询统筹管理＋立项决策阶段专项咨询＋勘察设计阶段专项咨询”的服务模式，是通过项目咨询统筹管理将项目开工前的专项咨询内容进行系统整合。

（1）突出技术咨询主线作用，提高项目规划和设计质量

依托项目咨询统筹管理实现设计文件编制和设计文件技术咨询的动态结合，通过设计文件技术咨询团队过程介入、与勘察设计团队协同办公等方式，有助于优化深化细化方案设计，采用价值工程、多方案比选、限额设计、设计优化等方法，提升前期设计文件的成果质量，减少后续变更设计，为项目前期高效推进和建设顺利实施提供重要保障；将项目的前期策划和勘察设计工作作为统一整体看待，前期策划提前考虑后期勘察设计的技术要求，提高项目建设方案、建设规模、技术标准、运输组织等方面的可行性、合理性、经济性；在项目咨询统筹管理的统筹协调下确保设计动态调整与专题报批工作的联动配合，确保项目技术方案满足自然资源、生态环境、经济效益、社会效益等方面的要求，支撑项目依法合规建设；在全咨项目部的组织、管理和协调下，减少传统投资决策和勘察设计过程中因团队及专业间协调不力带来的问题，确保方案设计质量。

（2）发挥投资咨询主线作用，提高投资管控效果

在项目咨询统筹管理的统筹组织下，一方面是将项目投资预估算至施工图预算编制进行统一策划，并通过设计文件技术咨询的过程介入，为投资预估算至施工图预算的编制提供意见和建议，详细分析不同设计方案所带来的投资效益，提高前期项目投资确定的质量；另一方面提前引入造价咨询，利用其工程实施阶段投资管控经验，为项目前期投资尤其是设计概算和施工图预算的编制进行过程审核把关，减少项目前期投资确定存在的差错漏碰，使项目公司更早更清晰的了解项目投资情况，保障项目投资确定的合理性和科学性；第三方面是通过工程实施阶段设计文件技术咨询、设计配合和造价咨询的三重审核把关，从根本上解决项目投资控制“碎片化”问题，严控工程实施阶段的投

资支出，提高项目投资的管控水平。

(3)多咨询主体跨界融合，提升咨询成果的整体性和系统性

通过勘察设计、设计咨询、造价咨询等工程咨询单位的系统整合，构建全过程工程咨询模式下的“图(设计图纸)、材(材料说明书)、量(工程量清单)、价(最高投标限价)、模(BIM 模型)一体化的咨询成果文件”，是对项目的规划建设意图和需求的全面描述，提升咨询成果的整体性和完整性。

4.2.3 以实现铁路建设项目开通运营为目标的咨询模式

以实现铁路建设项目开通运营为目标，主要是项目咨询统筹管理以及立项决策、勘察设计、工程实施阶段专项咨询内容的组合，包括以项目咨询统筹管理为核心，以全过程的技术咨询和投资咨询为主线，专项咨询涵盖铁路建设项目规划研究、立项决策、勘察设计、工程实施、竣工验收各阶段咨询内容，可延伸至运营维护阶段咨询内容。

4.2.3.1 服务内容

以实现铁路建设项目开通运营为目标的全过程工程咨询模式，依托项目咨询统筹管理服务，将铁路建设项目立项决策、勘察设计、工程实施、运营维护各阶段条块分割的、独立实施的咨询工作进行系统整合，形成“项目咨询统筹管理 + 全过程专项咨询”的服务模式，主要咨询内容包括项目咨询统筹管理服务、项目规划研究咨询、预可行性研究报告编制、可行性研究报告编制、初步设计、施工图设计、预可行性研究报告至施工图设计的技术咨询、项目开工前的前置性专题和专项设计、工程监理、造价咨询、工程项目管理咨询、工程实施阶段第三方检测监测、竣工验收咨询等，如图 4-9 所示。

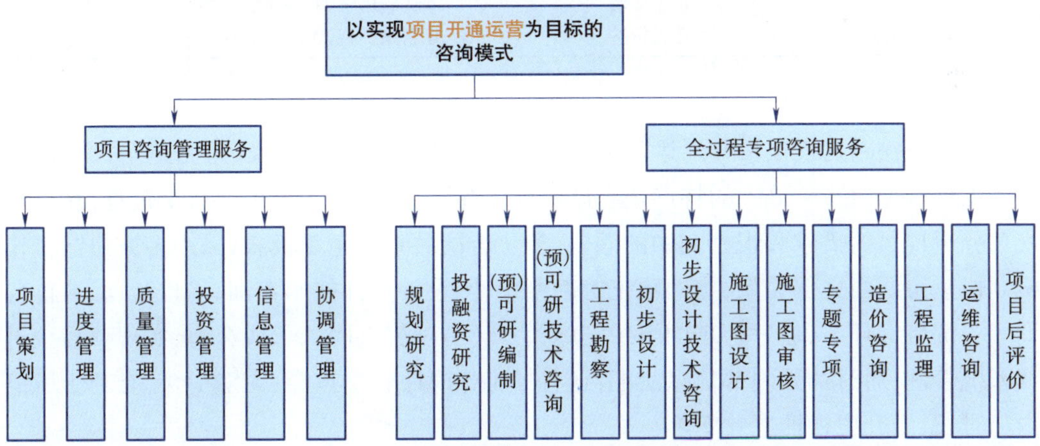

图 4-9 “项目咨询统筹管理 + 全过程专项咨询”的服务内容

项目咨询统筹管理，一般由全咨方的联合体牵头人通过开展项目策划、质量管理、进度管理、投资管理、信息管理、协调管理，运用系统理论的方法和措施，实现对铁路建设项目立项决策、勘察设计、工程实施、竣工验收阶段专项咨询内容的系统整合和集成管理，也可延伸到运营阶段的运维咨询、项目后评价，打破信息与资源壁垒，提高项目规划建设质量。

全过程专项咨询，一般是通过组建专业咨询服务团队，高质量开展预可行性研究文件编制、可行性研究文件编制、勘察设计、设计文件技术咨询、专题研究报告编制、专项设计、工程监理、造价咨询、工程项目管理咨询、联调联试咨询、竣工验收咨询等专项咨询的具体工作，也可延伸到运营维护阶段的运维咨询、项目后评价的专项咨询内容，全过程支撑项目的高质量建设和高效率运营。

4.2.3.2 组合形式

以实现铁路建设项目开通运营为目标的全过程工程咨询模式，为委托方持续提供全过程整体性的工程咨询解决方案以及管理服务，项目咨询统筹管理服务全方位统筹管理各阶段专项咨询工作，专项咨询内容覆盖铁路建设项目的各阶段全过程，具体组合内容见表4-3。

表4-3 “项目咨询统筹管理＋全过程专项咨询”的服务组合

服务类型	项目阶段	服务组合
项目咨询统筹管理	全过程	全方位统筹管理各阶段全面专项咨询
专项咨询	立项决策	规划研究、预可行性研究编制、预可行性研究技术咨询、工程地质勘察（初测）、可行性研究编制、可行性研究技术咨询、专题研究报告编制
	初步设计、施工图设计	工程地质勘察（定测）、初步设计、初步设计文件技术咨询、补充定测、施工图设计、施工图咨询、专题研究报告编制、专项设计
	工程实施	招标咨询、造价咨询、工程监理、工程项目管理咨询、第三方检测监测
	竣工验收 运营维护	联调联试咨询、竣工验收咨询 运营维护咨询、项目后评价

4.2.3.3 模式特点

以实现铁路建设项目开通运营为目标的全过程工程咨询模式，是完整意义上的全过程工程咨询模式。最大的特点是通过项目咨询统筹管理，立足于项目全过程，从全局视角分析项目的需求和识别其中的问题，简化合同关系和组织模式，采用多方协同工作机制快速协调内外部关系，集约化统筹勘察设计、设计文件技术咨询、工程监理、造价咨询等关键咨询环节，通过合理的组织实施模式让专项咨询团队形成合力，实现项目全过程系统管理；通过加强内部信息交汇，让各项工作时序相互贯穿、无缝衔接，有利于压缩内部时长，提升项目推进效率。

以实现铁路建设项目开通运营为目标的全过程工程咨询模式，能够重点把握技术咨询和投资咨询两条主线支撑铁路建设项目高质量规划建设。技术咨询主线是项目设计方案需要符合项目和委托方的设计意图，体现全咨方的整体技术能力；投资咨询主线是提高项目投资科学性和合理性的重要支撑，体现全咨方的全过程投资咨询能力。技术和投资两条主线贯穿铁路项目规划建设的全过程，并且两条主线紧密结合、相互支撑。

4.2.4 以满足铁路建设项目或委托方需求为目标的咨询模式

以满足项目或委托方需求为目标,提供咨询服务的组合为:项目咨询统筹管理+定制化专项咨询。具体服务内容包括以项目咨询统筹管理为核心,根据委托方需求,专项咨询可以是项目规划研究、立项决策、勘察设计、工程实施、竣工验收、运营维护的单阶段或跨阶段咨询内容的灵活组合。

4.2.4.1 服务内容

以满足项目或委托方需求为目标的咨询模式,为委托方提供局部解决方案以及管理咨询服务。专项咨询内容结合项目需求,通过铁路建设项目不同阶段、不同内容的组合提出定制化服务方案;咨询管理服务是基于定制化的专项咨询服务内容开展的项目策划、进度管理、协调管理等。阶段性服务模式中专项咨询服务内容的组合形式丰富多样,总体上又可划分为单一阶段咨询模式和跨阶段咨询模式两大类型,具体服务内容如图4-10所示。

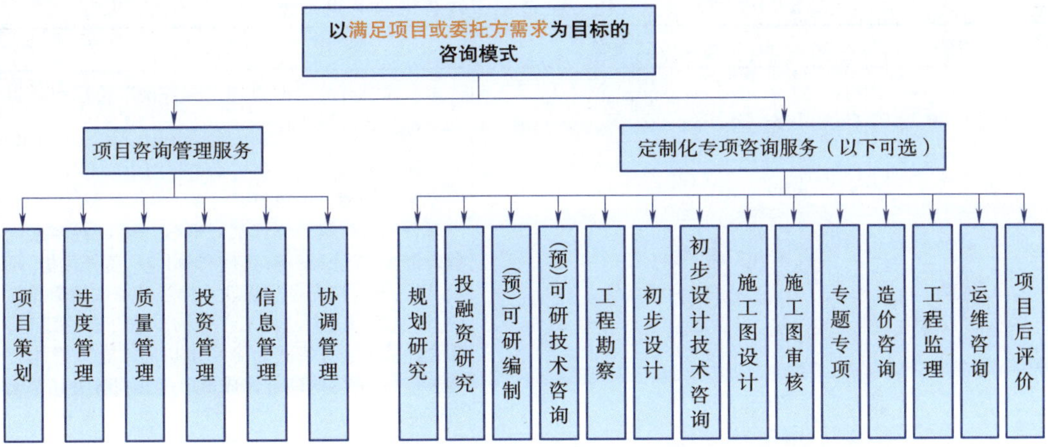

图4-10 “项目咨询统筹管理+定制化专项咨询”的服务内容

4.2.4.2 组合形式

以满足项目或委托方需求为目标的咨询模式,咨询管理服务全方位统筹管理各阶段专项咨询,专项咨询涉及铁路建设项目不同阶段的部分咨询服务内容。可以是单一阶段的咨询服务,如项目管理咨询和立项决策、勘察设计、工程实施、运营维护4种单一阶段咨询内容的组合模式;也可以是跨阶段的咨询服务,例如,项目管理咨询+勘察设计+工程实施、项目管理咨询+工程实施+竣工验收等组合模式,服务内容选择上根据项目实际需要有所侧重,并且专项咨询内容不完全覆盖铁路建设项目各个阶段,阶段内的服务内容也有所取舍。

4.2.4.3 模式特点

以满足项目或委托方需求为目标的咨询模式,最大的特点是能满足委托方的精准专业咨询需求,以及有针对性的解决项目中关键的问题。

咨询管理服务+定制化专业咨询的服务模式，要结合委托的服务内容甄选适合的咨询单位承担。针对单一阶段的定制化专业咨询，可选择此专业咨询能力突出的咨询单位承担，例如，造价咨询、监理、代建等，委托具有相应资质、经验丰富、口碑良好的专业咨询单位承担。委托跨阶段专业咨询的，在确定咨询管理单位时需要考虑该单位的统筹管理能力、技术能力，具备项目全过程或者跨阶段咨询或咨询管理的经验，可以选择设计咨询单位牵头、勘察设计单位牵头、造价咨询单位牵头、工程监理单位牵头等方式。

4.2.5 组织模式的选择

铁路行业的工程咨询单位，有的侧重于立项决策阶段、有的侧重于勘察设计阶段、有的侧重于工程实施阶段、有的侧重于竣工验收阶段、有的侧重于运营管理，具备全过程、全要素工程咨询能力的单位不多。目前，全过程工程咨询的组织实施主要有一家全能型单位承担、联合体共同承担、工程咨询单位一体承担后再分包、项目公司平行发包等模式，详见表4-4。

表4-4 国内相关行业全过程工程咨询服务组织模式

序号	组织方式类型	类型特点
1	一家全能型	由一家具有综合能力的工程咨询单位承担项目的全部工程咨询工作
2	联合经营型	由两家及以上的工程咨询单位组成联合体，其中一家为联合体牵头单位。 联合经营型服务模式通过联合体协议将多家工程咨询单位进行捆绑，实现利益共享、责任共担、风险共扛，既可以充分发挥联合体成员单位的资源优势，又能够降低全过程工程咨询工作开展的风险。联合经营型服务模式对牵头单位的综合管理能力要求较高，需协调联合体成员单位共同解决好专项咨询的接口问题
3	总分包型	由一家工程咨询单位承担主要咨询工作，其他咨询工作或不具备资质能力的咨询工作，按合同约定并经业主方同意可进行分包。工程咨询单位对分包内容承担管理和连带责任。 总分包型服务模式，有利于促进市场化分工合作，但对工程咨询总包单位要求高，需协调解决好专项咨询接口，风险相对较大
4	平行发包型	业主根据项目具体情况，将工程咨询工作平行发包，委托给不同的工程咨询单位实施。 平行发包型服务模式体现了相对全过程工程咨询的理念，全过程工程咨询服务内容组合的自由度相对较高，但在一定程度上增加了委托方的管理成本与专项咨询的协调成本

综合考虑铁路建设项目不同特点和委托方（项目法人或建设单位）多样化需求，结合铁路行业工程咨询单位的资质和能力，铁路建设项目全过程工程咨询的组织实施方式，主要有独立式和联合体式两种咨询服务模式，具体见表4-5。

表 4-5 铁路建设项目全过程工程咨询组织运作方式

序号	组织运作方式	牵头单位类型	类型特点
1	独立式咨询	一家综合型咨询单位	也可称为单一体式咨询，指通过将铁路建设项目全过程工程咨询的咨询管理服务与专项咨询进行组合，由委托方统一打包委托给一家综合性的咨询单位，独立承担全部咨询的模式
2	联合体式咨询	技术咨询单位	技术咨询单位(包括技术咨询、勘察设计等单位)牵头全过程工程咨询工作，服务周期贯穿项目投资决策、勘察设计、工程实施全过程，有利于从项目整体性、全过程的角度做好项目需求分析、功能定位、技术标准、重大方案、综合开发、投资估算、经济评价等系统性咨询工作，能够充分参与项目必要性与可行性、技术性与经济性分析论证，对于充分发挥投资效益、实现项目“全生命周期”的增值起着重要作用。且目前看铁路设计咨询单位技术能力较强，综合协调和行业影响力较高，因此技术咨询单位牵头能够有效发挥全过程工程咨询的作用
3		工程监理单位	铁路全过程工程咨询应体现质量、进度、安全、投资等在内的综合性管理，由工程监理牵头全过程工程咨询，具备项目实施时的监管主体定位，与各参建方建立了良好的关联，在控制工程投资、质量和安全，协调工程进度等作用方面具有先天的优势。但目前看工程监理单位从业人员整体素质和综合管理能力不高、行业地位和影响力较弱、服务范围仅限工程实施阶段，因此工程监理单位牵头有一定的局限性
4		造价咨询单位	评价铁路项目管理的优劣，往往最终体现在“少花钱多办事”。由造价咨询单位牵头全过程工程咨询，有利于站在业主视角为项目开展全过程的投资控制。但整体看，铁路造价咨询单位水平参差不齐，对铁路项目整体技术和投资的把控能力弱，行业影响力不高，因此造价咨询单位牵头开展铁路全过程工程咨询有一定难度

其中，铁路行业主要的技术咨询单位详见表 4-6。

表 4-6 铁路行业主要技术咨询单位

序号	类　别	单　位	业务特点
1	技术咨询单位	中国铁路经济规划研究院有限公司	投资决策、勘察设计、工程实施阶段的技术咨询和投资咨询、规划咨询、标准咨询
2		中国国际工程咨询有限公司	投资决策阶段评估咨询
3	勘察设计单位	中国铁路设计集团有限公司	综合型勘察设计单位
4		中铁第一勘察设计院集团有限公司	综合型勘察设计单位
5		中铁二院工程集团有限责任公司	综合型勘察设计单位
6		中铁第四勘察设计院集团有限公司	综合型勘察设计单位
7		中铁第五勘察设计院集团有限公司	综合型勘察设计单位
8		中铁工程设计咨询集团有限公司	综合型勘察设计单位

4.3 铁路建设项目全过程工程咨询模式的创新发展分析

全过程工程咨询服务内容组合不是固化的，需要依据项目特点、委托方需求及咨询方自身能力合理确定，既可以是跨阶段工程咨询内容的组合，也可是同一阶段内不同类型工程咨询内容的组合。铁路建设项目全过程工程咨询具有"服务周期长、关联方多、技术复杂"的特点，要突出项目咨询统筹管理的核心作用，着眼于项目的总体价值提升，以牵头方的项目咨询统筹管理能力为依托，将专项咨询服务进行系统整合、集成管理，以有效发挥全过程工程咨询实际效益效能。

对委托方来说，应基于自身需求以充分发挥全过程工程咨询的效益效能为目标，确定具体工程咨询内容的组合方式；要综合考虑工程咨询单位的技术实力、统筹协调能力，以切实发挥其整体优势为基准选择优质的工程咨询单位。

对工程咨询单位来说，铁路建设项目全过程工程咨询，无论由技术咨询单位、工程监理单位或造价咨询单位牵头，都应在加强自身既有业务能力的基础上不断扩展业务链条，提升项目咨询统筹管理能力，满足全过程工程咨询需求，实现项目价值创造。

4.3.1 铁路建设项目全过程工程咨询创新发展方向分析

4.3.1.1 提升咨询服务的信息化水平，实现成果的数字化交付

随着信息技术的发展，大数据时代的到来，人工智能、物联网、移动互联、云计算等技术逐渐落地应用。大数据背景下的信息化与智能化建设为铁路建设项目全过程工程咨询的信息化管理提供了更为先进的技术手段和选择方式。

在平台建设和业务应用构建方面，基于领域驱动设计（Domain-Driven Design，简称DDD）和微服务构建信息化平台产品已成为当今IT行业的主流趋势。领域驱动设计能够使平台快速适应需求的变化，不仅缩短软件研发周期，提升研发效率，更提高软件研发质量，提升用户满意度。微服务架构将复杂的单体应用分解为小而专、耦合度低、高度自治的服务，减少重复开发，优化系统性能，提高扩展性，具有更好的容错机制。

在协同办公和信息共享方面，以互联网+移动办公的信息化数字化管理模式成为主流。以互联网+电子签章+智能语音助手+流程审批助手+信息智能抓取等为技术支撑的协同办公，提供一站式流程审批、有效电子签章等，使组织运营更协同、高效和智能。以移动互联技术为基础的移动审批、移动业务管理，实现随身随行异地办公，让工作更高效。

在管控和可视表达方面，基于BIM+GIS的铁路建设信息化管理平台为工程管理提供了全新思路。发挥GIS的铁路长大线路海量多源异构数据管理能力和BIM局部工点构件化精细模型构建优势，构建三维可视化铁路建设项目信息化管理平台，实现可视化定量分析以及施工进度与质量的精细化、智能化管控，提高项目管理水平和效益，实现铁路建设项目管理技术和手段的创新，实现咨询成果的数字化交付。

4.3.1.2 提倡咨询企业联合经营,强强联手发挥整体优势

从现阶段委托方对铁路建设项目全过程工程咨询的需求看,服务周期一般涉及立项决策、勘察设计、工程实施三阶段中的至少两个阶段,服务内容包含预可行性研究报告编制、可行性研究报告编制、勘察设计、设计文件技术咨询、专题报告编制、工程监理、造价咨询等,并且高度重视工程咨询企业的行业影响力和项目咨询统筹管理能力,对工程咨询单位的技术能力、统筹协调能力、投资把控能力要求高。

从铁路行业工程咨询单位的整体能力看,一家工程咨询单位可以承担某一阶段的部分专项咨询内容,但难以承担各阶段全部的专项咨询工作。要求一家工程咨询单位建立一套独立、系统的全过程工程咨询服务体系,配备能够承担全过程工程咨询服务内容的专业团队和项目咨询统筹管理人员,不符合循序渐进的事物发展规律,也不符合工程咨询行业发展的客观规律。

不同工程咨询单位以优势互补的形式组建联合体,实现项目咨询统筹管理与专项咨询工作的深度融合,为委托方和铁路建设项目构建多方位、全功能、宽范围、多层次的咨询服务体系,以进一步提升服务效能,是当前铁路建设项目全过程工程咨询的主要方式,具体如图 4-11 所示。

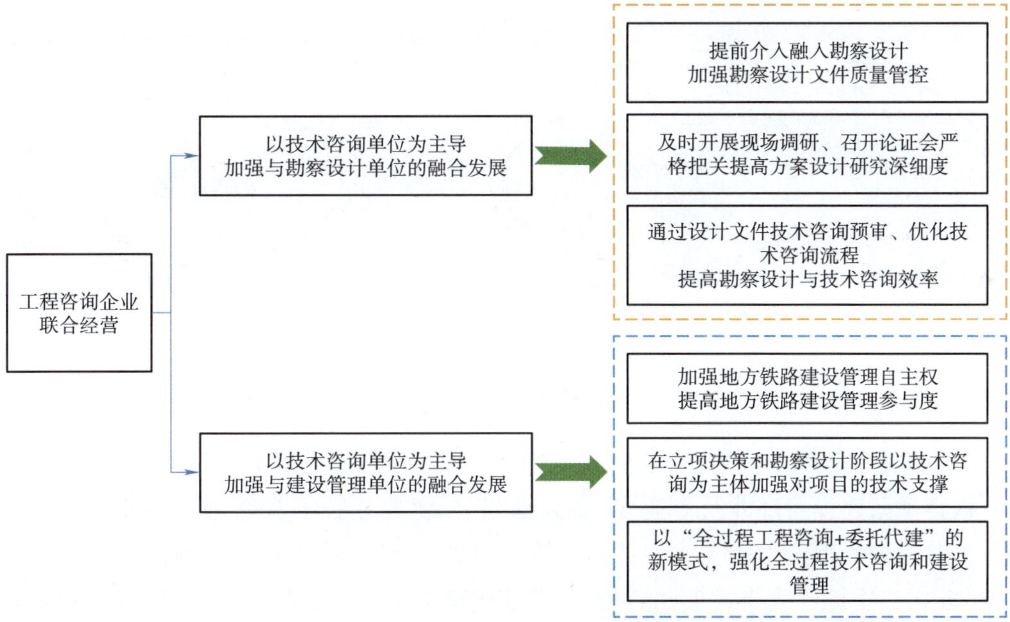

图 4-11 工程咨询企业联合经营框架图

(1)以技术咨询单位为主导,加强与勘察设计单位的协同发展

铁路建设项目全过程工程咨询模式下,立项决策和勘察设计阶段的咨询内容往往一次招标,勘察设计单位承担预可行性研究、可行性研究、初步设计、施工图设计全部四个阶段的设计文件和专题专项报告编制工作,能够综合考虑项目不同阶段涉及的不同影响因素,保证整体方案设计研究理念的一致性和成果的完整性,同时能够对成本、进

度、质量三大项目管理目标实现全过程的统一协调，以此形成合理、科学、经济的工程咨询成果对于项目规划建设目标的实现至关重要。

以设计文件技术咨询为主导，致力于实现与勘察设计单位的动态结合，能够立足委托方实际需求，设计文件技术咨询团队通过提前介入融入勘察设计，明确勘察设计原则，过程指导优化方案的设计研究，加强勘察设计文件质量管控；能够针对重大问题、特殊复杂工点及时开展现场调研、召开论证会，严格把关提高方案设计研究的深细度；能够及时制定计划安排，通过设计文件技术咨询预审、优化技术咨询流程等方式，提高勘察设计与技术咨询效率。全过程工程咨询服务模式对比如图4-12所示。

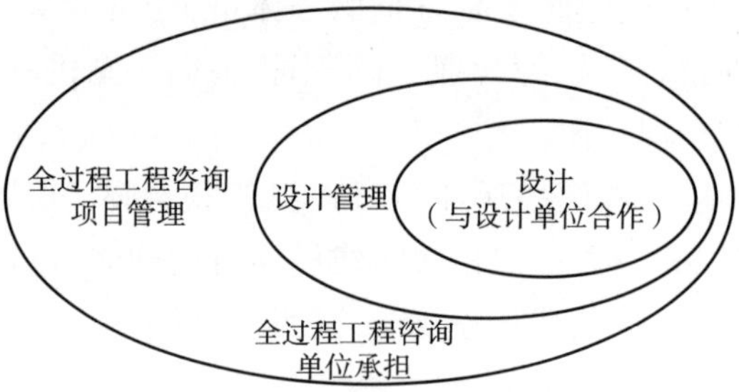

含设计工作的全过程工程咨询项目

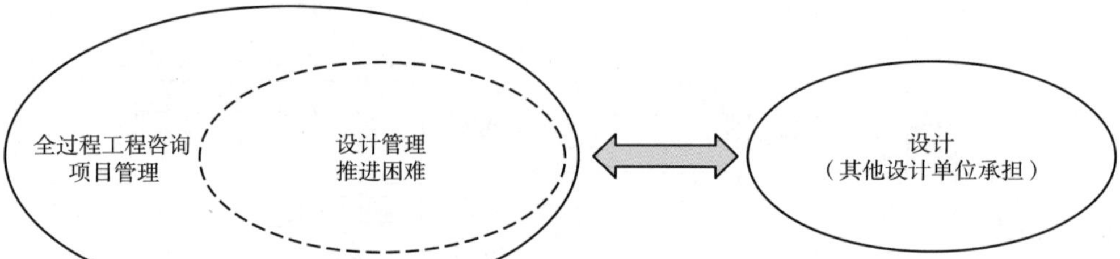

不含设计工作的全过程工程咨询项目

图4-12　含设计工作与不含设计工作的全过程工程咨询模式对比

（2）以技术咨询单位为主导，促进与建设管理单位的互信互利

铁路项目建设管理涉及专业多、协调部门多、对专业技术和管理人员要求多，考虑地方铁路建设管理能力和技术配备相对较弱的实际，地方铁路建设管理往往采用“委托代建”方式。委托代建模式下，能够充分发挥代建单位建设管理经验丰富、技术力量强、与运营单位沟通协调通畅的优势。

以技术咨询单位为主体，通过与建设管理单位（代建单位）的联合，进一步创新铁路建设管理模式（图4-13）。能够转变委托代建服务方式，以建设管理咨询新思路支撑加强地方铁路建设管理自主权，提高地方铁路建设管理参与度；能够实现从立项决策、勘察设计、工程实施全过程的技术咨询和建设管理咨询的融合，在立项决策和勘察设计阶段以技术咨询为主体加强对项目的技术支撑，在工程实施阶段以建设管理咨询为主体加强对地方建设管理的技术和经验支撑；能够以“全过程工程咨询＋委托代建”的新模式，强化对项目全过程的技术咨询和建设管理。同时技术咨询与建设管理的融合，能够更好地明确工程实施阶段造价咨询、工程监理、第三方检测等咨询服务的责任界面，提高管理和实施效率。

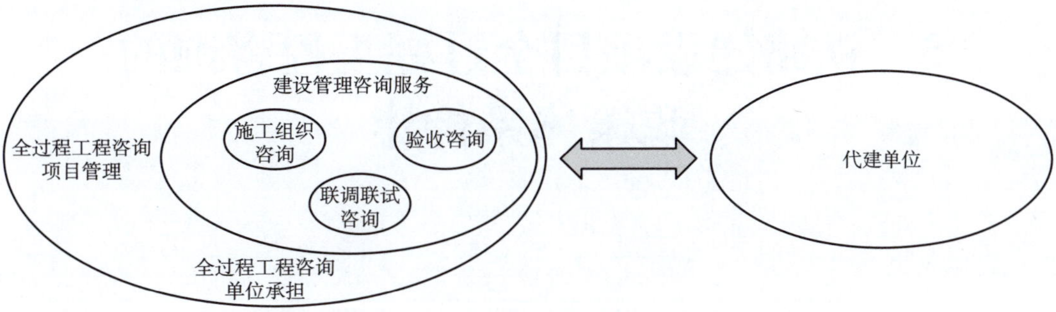

图4-13 含建设管理咨询的全过程工程咨询项目

4.3.2 铁路建设项目全过程工程咨询发展展望

铁路建设项目全过程工程咨询的创新发展，需要从市场、管理、人才等多方面发力。

铁路建设项目全过程工程咨询的市场培养，需要国家、地方和行业出台相应的政策文件加以指导，逐步建立市场的政策支撑体系。以全过程工程咨询的服务标准为支撑，逐步建立铁路建设项目的全过程工程咨询标准体系，引导市场主体规范化选择全过程工程咨询模式。以铁路建设项目全过程工程咨询试点实施为抓手，主动对接全过程工程咨询市场主体，研判政策文件适用性，有针对性地完善市场培育政策，逐步补齐政策体系短板。以招标示范文本和合同示范文本发布为契机，为规范市场主体行为提供保障，降低全过程工程咨询的实施风险。

全过程工程咨询对大部分工程咨询单位而言是新的挑战。亟需建立全过程工程咨询系统化管理体系，指导全过程工程咨询模式的有效实施。"小业主大咨询"的组织形式，需要工程咨询单位对项目的工期、质量、投资、安全、环境保护等全面负责。同样需要委托方（项目公司）加强对项目策划、工作方案、咨询成果的监督管理，确保咨询成果满足自身和项目需要。全过程工程咨询管理体系的构建，有助于在新的咨询模式下明晰各方责权利，共同服务好项目规划建设。

铁路建设项目全过程工程咨询的实施，需要工程咨询单位审时度势加强人才培养，采取内培外引等措施，培养一批懂项目管理、懂专业技术、懂投资管控、懂风险管控、懂市场经营的综合型人才。需要工程咨询单位加强经营积累，克服专业性、单一性工程咨询经验限制，加强全链条、全过程工程咨询及管理经验累积，尤其是融合投资决策综合性咨询和工程建设全过程工程咨询的能力的培育。

5 铁路建设项目全过程工程咨询的政策体系构建

铁路建设项目全过程工程咨询的模式推广,需要通过政策引领,从制度上进行规范和指导。构建适应铁路行业特点的全过程工程咨询政策体系,是铁路建设项目全过程工程咨询模式创新的重要方面。本章结合现行全国全过程工程咨询的政策发布情况,构建铁路建设项目全过程工程咨询的政策体系框架,从全过程工程咨询工作指导和市场管理两方面,提出具体政策制定的主要内容,提出完善铁路建设项目全过程工程咨询政策支撑体系的相关建议。

5.1 铁路建设项目全过程工程咨询政策体系框架

当前,我国全过程工程咨询模式的推行多采取"自上而下"的方式,即由中央政府或各省级政府通过联合发布文件来推动。出台的政策以宏观引导性为主,尚未形成统一的执行标准和具体的管理方法,在对市场的规范管理和企业的具体落实方面,缺乏相应的政策和规范指导。铁路建设项目全过程工程咨询市场的发展需要完善的政策体系,对其理念和落地措施加以指导。政策体系的组成可以分为指导性政策和支撑市场实践的政策,这两部分政策按照国家层面、地方层面、铁路行业层面、铁路团体、铁路企业层面分层分类制定,具体政策和标准体系架构如图5-1所示。

国家层面有国家发展改革委员会、住房和城乡建设部门发布的政策文件,作为全国推动全过程工程咨询的总体性方针和指导意见。对于地方铁路建设中的全过程工程咨询,也需符合国家层面的政策文件规定。同时,也要结合铁路行业自身特点,在行业层面发布指导铁路建设项目全过程工程咨询的指导意见,积极推动铁路建设项目全过程工程咨询的试点,积累和总结全过程工程咨询的经验,形成铁路行业全过程工程咨询的指南和标准,规范铁路建设项目全过程工程咨询的顺利推动。对于参与全过程工程咨询的铁路工程咨询单位,也要基于自身的实践经验,在工程咨询单位层面规范铁路建设项目全过程工程咨询的实施,在单位内部制定操作指南、技术标准、专项咨询标准等规范性文件,在应用成熟且具有代表性时,也可上升为团体或行业标准。同时,要合理制定全过程工程咨询的准入门槛,鼓励具有不同业务专长的工程咨询单位构建联合体,共同促进全过程工程咨询市场的发展。

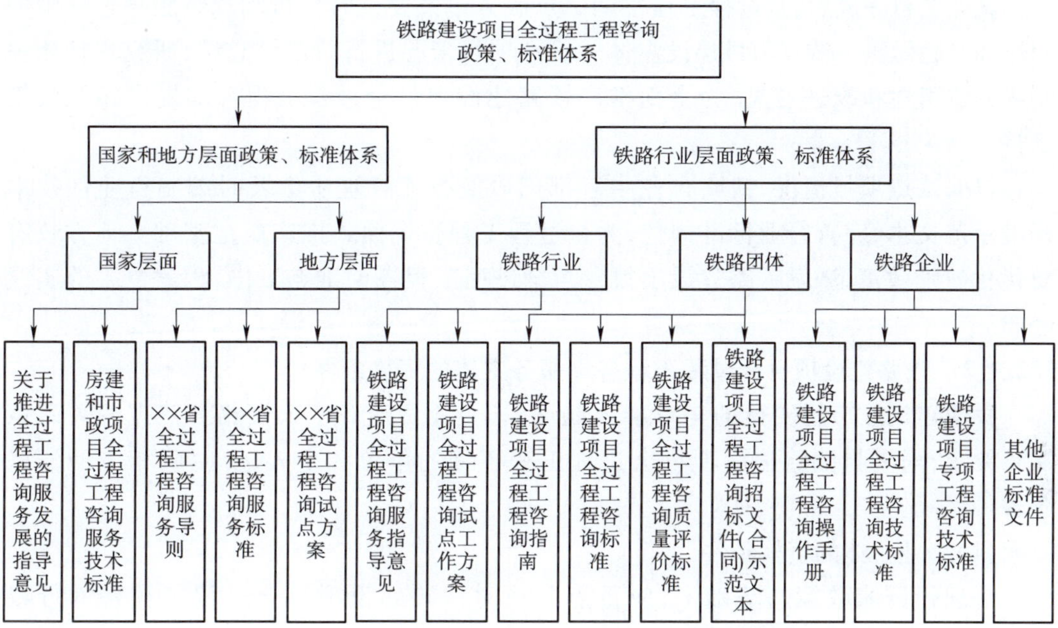

图 5-1　铁路全过程工程咨询政策体系框架

5.2　铁路建设项目全过程工程咨询政策体系内容

5.2.1　铁路建设项目全过程工程咨询指导政策

本书中关于铁路建设项目全过程工程咨询的指导政策主要针对地方铁路,根据分层分类建设的行业现状,分层级制定。主要内容应涵盖铁路建设项目全过程工程咨询试点项目管理、服务主体资格和委托方式选择等方面,解决目前铁路建设项目全过程工程咨询推广与发展的难点。

5.2.1.1　铁路建设项目全过程工程咨询的试点实施

通过开展试点推动全过程工程咨询是探索这一咨询模式的重要方式。铁路行业全过程咨询的试点开展,需要建立较为详细的试点工作方案来指导试点项目的顺利开展。对于铁路建设项目全过程工程咨询试点的相关政策,应明确试点工作的牵头方、主管单位,以及试点工作结束后成果转化的责任主体。

对于拟开展全过程工程咨询模式的铁路建设项目,建议由铁路行业主管部门做好行业监管,建设单位(项目公司)及工程咨询单位做好全过程工程咨询模式的调研、研讨,由项目建设单位组织形成全过程工程咨询试点工作实施方案。

在试点实施过程中，地方政府对开展全过程工程咨询的试点项目、试点工程咨询单位的实施情况进行跟踪、指导和监督，同步开展全过程工程咨询管理制度研究、服务标准制定，鼓励试点工程咨询单位在管理模式、业务拓展等方面大胆探索。

试点项目完成后，全过程工程咨询试点服务单位要及时分析和总结服务过程中的问题和经验做法。试点项目建设主体对试点项目情况进行阶段性总结，研究现行相关制度的适用性和改进意见，为全面推广铁路建设项目全过程工程咨询提供相关政策支持。

根据试点项目情况，铁路行业主管部门以及行业管理协会及时编制行业性技术标准示范文本，完善行业标准规范，为全过程工程咨询模式推广奠定基础。地方政府要优化鼓励政策，激励铁路建设项目参与全过程工程咨询试点工作，积累更多的实践经验。

5.2.1.2　铁路建设项目全过程工程咨询服务主体的资格条件

我国建筑业市场实行的是双准入制度，即企业资质和个人资格。依据相关政策文件要求，对参与铁路建设项目全过程工程咨询的单位和个人，要明确相应的资格条件。

(1)企业主体的资格条件

在现行国家政策的基础上，应重点关注对铁路建设项目全过程工程咨询方或联合体牵头人的资格条件认证，明确全过程工程咨询方或联合体牵头人应具备的资质(资信)条件。其中，承担项目咨询统筹管理的工程咨询单位应具备铁路工程咨询甲级资信；承担勘察设计、工程监理、造价咨询等专项咨询时，应根据国家有关部门发布的资质(资信)标准，具有与所承担的专项咨询内容相匹配的资质条件和项目业绩。

就独立工程咨询实施主体而言，可以允许全过程工程咨询实施单位根据合同规定或者经过建设单位的同意，依法依规将其自有资质证书许可范围之外的专项咨询内容，在确保整体咨询质量的基础上，择优分包给具有相应资质或能力的单位。

需要明确，承担铁路建设项目全过程工程的工程咨询单位，不得与项目的总承包单位、施工单位、构配件和设备提供商之间具有控股、参股、隶属或其他管理等利益关系，也不得具有相同的法定代表人。

(2)执业资格条件

铁路建设项目全过程工程咨询，要求全咨方根据行业管理规定，结合项目规模、咨询内容等配置具备相应执业能力的专业技术人员和项目咨询统筹管理人员。其中，项目负责人应至少具备咨询工程师(投资)、注册土木工程师(岩土)、注册结构工程师、一级注册建筑师、注册造价工程师(铁路)、一级注册建造师(铁路)和注册监理工程师(铁路)等的一项执业资格，具有铁路工程相关专业高级及以上职称和工作经验；专项咨询负责人，尤其是工程勘察、工程设计、工程监理、造价咨询的专项咨询负责人，应具有法律法规规定的执业资格。

5.2.1.3 铁路建设项目全过程工程咨询的委托方式

铁路建设项目全过程工程咨询涵盖的咨询内容多、范围广、周期长。对于包含工程勘察、工程设计、工程监理等法定必须公开招标的咨询内容的,委托方可以采用公开招标、邀请招标等方式进行委托;对于不包含必须公开招投标的咨询内容的,除公开招标、邀请招标外,委托方还可采用直接委托、竞争性谈判等方式进行委托。对于由委托方单独招标但需要全咨方统筹管理的专项咨询内容,委托方可将专项咨询的管理工作直接委托给全咨方,具体如图5-2所示。

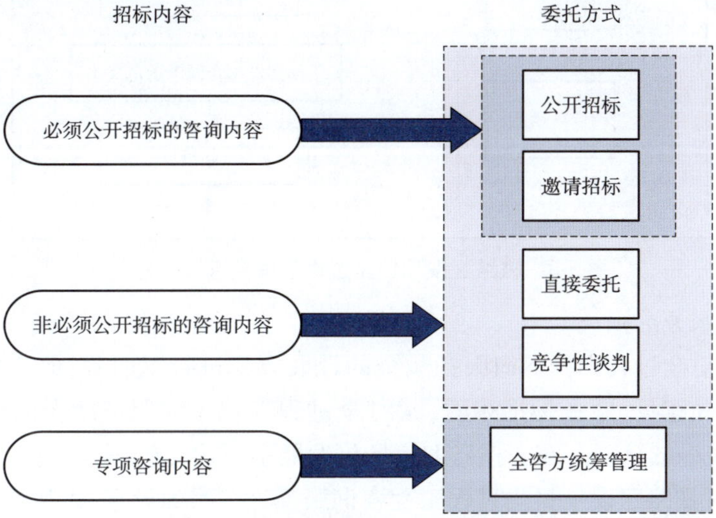

图5-2 不同类型咨询内容的委托方式

鼓励工程咨询单位以联合体形式承担铁路建设项目全过程工程咨询工作,但要求联合体成员单位应具备与所承担的咨询内容相匹配的资质(资信)条件,联合体成员单位对所负责的咨询内容承担主体责任,对其他成员单位负责的咨询内容承担连带责任。工程咨询单位应根据自身的资质(资信)条件,从事相应的咨询工作。对于资质(资信)条件之外的咨询内容,根据合同并征得委托方同意后,可通过公开招标、直接委托等方式,将其转委托给具有资质(资信)条件的其他工程咨询单位实施。转委托工程咨询单位按照转委托合同的约定对所承担的咨询内容负责,全咨方对转委托工程咨询单位的咨询工作承担连带责任。

5.2.2 铁路建设项目全过程工程咨询政策标准

铁路建设项目全过程工程咨询市场管理政策,在类型上主要包括服务标准、管理办法、指导意见三类,在内容上主要分为服务标准、市场准入、招标制度、招标文件(合同)示范文本、行政审批五项,具体如图5-3所示。

(1)服务标准

国家层面的政策文件对全过程工程咨询的共性服务要求进行明确。铁路建设项目全过程工程咨询,要结合行业特点在行业层面明确咨询服务内容,制定服务准则,规范咨询服务标准。各省市也可结合地方铁路规划建设特点,细化地方铁路建设项目全过

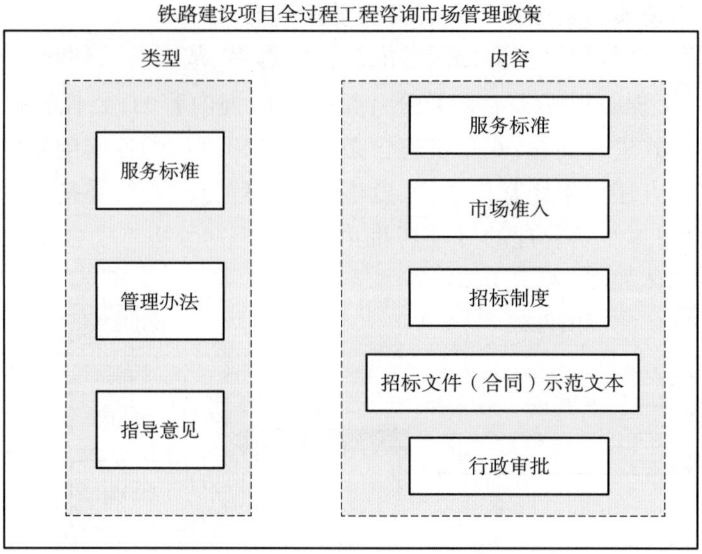

图5-3　铁路建设项目全过程工程咨询政策标准

程工程咨询的服务准则。

国家层面对全过程工程咨询服务酬金的计取方式进行了明确，但从各省市和其他行业发布的指导意见、服务标准来看，其对全过程工程咨询服务酬金的计费规则和标准，尚未形成统一的认识。在工程咨询市场化发展不断深化的情况下，在铁路行业层面及各省市，要对铁路建设项目全过程工程咨询服务进行明确界定，尤其是在铁路行业的计费规则中，要明确全过程工程咨询的费用项目和计费规则。铁路行业标准《铁路基本建设工程设计概（预）算编制办法》（TB 10801—2024）中，已明确将全过程工程咨询费纳入设计概预算计费项目。计费标准的确定要交给市场确定，同时要在行业层面加强政策引导，坚持“优质优价”“公平合理”的市场竞争规则，避免内卷式低价恶性竞争，促进工程咨询市场的良性发展。

科学的评价标准是铁路建设项目全过程工程咨询有序发展的重要促进方式。要在行业和地方层面构建科学可行的全过程工程咨询服务评价方法和标准，建立合理的量化评价指标，促进委托方、全咨方更好地履约，优化全过程工程咨询市场环境，优化提升全过程工程咨询服务质量和效果，推动铁路建设项目全过程工程咨询有序发展。

（2）市场准入

行业层面要积极培育龙头工程咨询单位，加强全过程工程咨询的示范引领。要鼓励工程咨询单位结合自身特点，延伸工程咨询服务链条，扩大工程咨询资质（资信）范围，提升综合咨询服务能力。行业和地方层面可研究制定适当的倾斜政策，给予政策支持和引导；制定全过程工程咨询服务指南，指导工程咨询单位规范全过程工程咨询服务模式、服务标准。

鼓励采用联合体模式开展铁路建设项目全过程工程咨询，加强工程咨询单位间的优势资源互补和咨询服务能力的整体提升。专项咨询的资质（资信）条件要以工程咨询单位实质性承担的咨询内容进行认定，多家工程咨询单位共同承担一项专项咨询内容的,应从低认定资质(资信)条件。沿用双准入制度,在要求工程咨询单位资质(资信)条件的同时,也要明确全过程工程咨询项目负责人和专项咨询负责人的资格要求,确定相关人员应持有的职业资格条件。建议研究制定项目咨询统筹管理服务的资质(资信)认定标准,引导工程咨询单位强化项目负责人的综合咨询管理能力。

研究建立工程咨询单位的信用评价体系,探索发挥"四库一平台"信用体系的基础上,形成工程咨询单位的服务评价标准,建立涵盖服务能力、人才建设、服务质量、行业口碑等多项指标在内的评价体系,为委托方研判其咨询能力提供参考,也正向引导工程咨询市场的有序竞争,筛选和培育优质工程咨询单位。

(3)招标制度

简化招标程序,减少招标次数,鼓励铁路建设项目全过程工程咨询采用一体化招标,一次性确定全过程工程咨询的实施主体。结合铁路建设项目尤其是地方铁路建设项目的投资主体类型和股权架构,在行业层面研究制定指导意见,明确一体化招标的实施模式和适应范围。

关于铁路建设项目全过程工程咨询的招标时机,建议能早尽早,在项目规划研究阶段、预可行性研究阶段启动均可,以有利于发挥前期与后期在技术和投资方面的全过程支撑作用。

(4)招标及合同示范文本

铁路建设项目专项咨询服务内容多,涉及专业范围广。可在行业层面发布铁路建设项目全过程工程咨询的招标和合同示范文本,并在其中明确咨询服务清单,供委托方结合项目特点和自身需求,合理确定全过程工程咨询服务内容和范围。

招标示范文本应明确形式评审、资格评审、响应性评审标准,并结合铁路行业特点细化评审要素,引导招标人细化服务要求,明确评分要点,合理确定评审分数分配方案,强化服务大纲在评审分数中的主体地位,引导招标人重点关注全过程工程咨询的统筹管理和组织实施方案的合理性。为提高铁路建设项目全过程工程咨询招投标评分的综合性、整体性,可在招标文件中推荐采用综合评标法。

在合同示范文本中,引导合同双方在合同条款中明确工作界面,厘清服务标准、服务成果质量要求等方面的主体责任。采用联合体模式实施的,应引导合同双方在合同条款明确联合体成员单位的责任界面,或将联合体协议作为合同附件。要明确全过程工程咨询内容另行委托或分包的要求和条件,禁止另行委托或分包的内容清单。

(5)项目决策审批

对于地方铁路建设项目全过程工程咨询的实施,要促进政府端审批部门间协作,积极响应国家"放管服"政策要求,探索建立省级层面的审批决策协调沟通机制,明确协调机制下各部门的职责权限、责任划分,明确审批牵头部门,协调、组织省级行政部门优化审批流程,着力消除审批流程中的堵点。

探索推进并联审批,组织跨单位、跨部门联合审批,压缩审批时间;探索推动容缺审批,对于能够开展事中事后监管、不会产生严重后果的审批事项,允许根据实际情况直接审批,或允许边补正材料、边受理审核;探索开展联合审图和联合验收,统一出具审批意见,压缩重复审批环节。

在铁路建设项目全过程工程咨询的试点实施阶段，要按照“边实施、边总结、边优化”的原则，加强全过程工程咨询实践经验的总结，优化全过程工程咨询的实施方案，提高全过程工程咨询的市场认可度。

5.3 铁路建设项目全过程工程咨询政策支撑体系的构建

(1)转变传统建设管理理念

随着我国铁路规划建设重心的转移以及地方政府在铁路规划建设中角色的增强，市场对铁路工程咨询的需求更加多样化、系统化，与传统工程咨询供给模式之间的矛盾愈发明显。尤其是地方铁路建设项目，对工程咨询“综合性、跨阶段、一体化”的需求更为迫切，对咨询服务在提升项目质量、效率和效益方面的综合支撑作用提出新要求。市场的新需求促使工程咨询行业的创新与发展。

在行业层面，要转变传统的铁路建设项目管理理念，深化铁路工程咨询市场供给侧结构性改革，适应多元一体化的咨询服务需求。在行业层面研究制定全过程工程咨询指导意见，鼓励工程咨询单位集聚国家铁路尤其是高速铁路发展的丰富经验和技术优势，支撑地方铁路的高质量规划建设，促进地方区域路网与国家铁路网的深度融合和协同发展。

(2)建立“1+1+X”政策支撑体系

结合铁路建设项目全过程工程咨询的试点实践和研究成果，构建“1+1+X”的政策支撑体系，推动全过程工程咨询模式在铁路行业的规范化发展。第一个“1”是指国家层面(含地方层面)指导全过程工程咨询模式发展的政策文件；第二个“1”是指铁路行业层面发布的全过程工程咨询的指导意见、试点实施方案等政策文件；“X”是指具体规范铁路建设项目全过程工程咨询实施的指南、管理标准、服务标准、评价标准、招投标示范文本等，具体如图 5-4 所示。

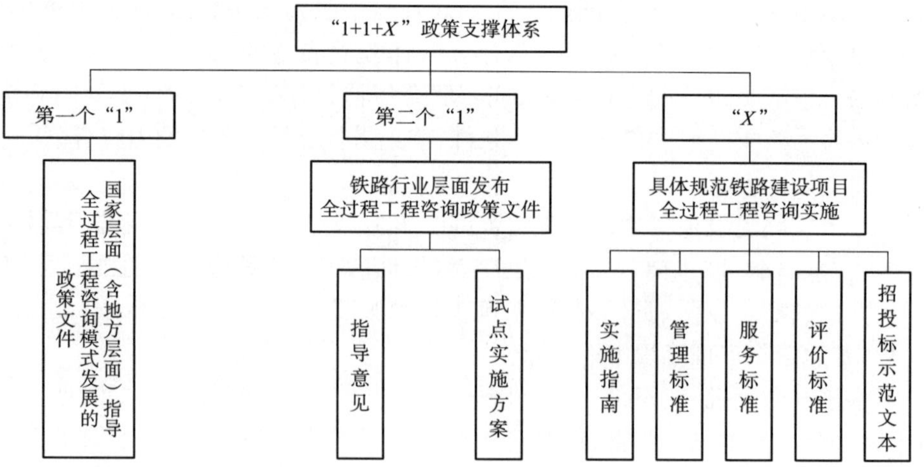

图 5-4 “1+1+X”政策支撑体系

(3)培育全过程工程咨询市场

铁路建设项目全过程工程咨询市场的培育,需要政府和行业层面的政策支持和指导,需要试点项目实施效益效果的推动,需要市场主体的逐步认同。要重点在行业层面加强对全过程工程咨询模式的引导,在计价标准、管理类标准的制修订中纳入全过程工程咨询相关的费用项目和管理规定;要鼓励推动铁路建设项目全过程工程咨询的试点,及时总结试点实施成果,做好市场推广,提高市场认可度;要推动市场规范化发展,以服务能力评价为依托,提高工程咨询单位的综合咨询服务能力,支撑全过程工程咨询模式的高质量发展。

(4)鼓励业态多元化发展

开展跨阶段咨询内容组合或同一阶段内不同类型咨询内容组合,是发展以市场为导向、满足业主多样化需求的铁路建设项目全过程工程咨询模式的必要条件。铁路行业主管部门可根据市场发展现状出台指导意见,引导市场探索不同类型咨询内容的组合模式,丰富全过程工程咨询模式,为市场注入活力;要重点关注不同类型咨询内容组合的实际效果,在行业层面引导市场主体正确认识和理解全过程工程咨询,不能将其简单的理解为不同专项咨询的叠加;要推动铁路工程咨询市场的公平竞争,引导有实力的地方工程咨询单位开展铁路工程咨询业务,促进地方工程咨询单位的发展。

(5)构建质量评价体系

构建铁路建设项目全过程工程咨询质量评价体系,对于提高全过程工程咨询服务质量、促进全过程工程咨询模式的持续改进和创新、提高客户满意度和利益相关者参与度、优化资源配置等至关重要。服务质量评价体系可以通过设立系统的评价标准和指标,立足于项目和委托方需求,提高评价体系的适用性。

6 铁路工程咨询单位的转型发展

铁路建设项目全过程工程咨询模式的推行，对于工程咨询单位而言，是一个挑战。本章概括总结现行铁路行业工程咨询单位的发展现状，提出铁路行业工程咨询单位向全过程工程咨询转型的发展方向，在夯实现有咨询业务的基础上提出业务拓展建议思路，并研究提出不同类型工程咨询单位转型升级的具体路径，为工程咨询单位的发展提供借鉴。

6.1 工程咨询单位向全过程工程咨询服务的转型

6.1.1 铁路行业工程咨询单位现状

我国铁路行业工程咨询单位根据单位特性，可分为勘察设计、综合咨询、工程监理、造价咨询、运营咨询、其他咨询等多种类型。

(1)勘察设计单位，主要从事铁路建设项目前期研究和勘察设计工作，具体包括铁路建设项目的预可行性研究报告编制、可行性研究报告编制、初步设计、施工图设计、专题报告编制、专项设计等咨询工作，现阶段也向EPC工程总承包方向延伸，一般具有工程勘察、工程设计、总承包等资质条件。

传统的铁路行业勘察设计单位主要有中铁第一勘察设计院集团有限公司、中铁二院工程集团有限责任公司、中国铁路设计集团有限公司、中铁第四勘察设计院集团有限公司、中铁第五勘察设计院集团有限公司、中铁工程设计咨询集团有限公司、中铁上海设计院集团有限公司、中铁第六勘察设计院集团公司、中铁大桥勘测设计院集团有限公司等。这些工程咨询单位具有丰富的铁路勘察设计经验和较强的技术实力。

(2)综合技术咨询单位，主要从事铁路建设项目预可行性研究报告、可行性研究报告、初步设计、施工图设计的技术咨询和评估，铁路路网、枢纽及项目的规划研究与咨询，投资咨询，竣工验收咨询，标准研究与咨询等。一般具有工程咨询的资质(资信)条件。

传统的铁路行业综合技术咨询单位主要有中国铁路经济规划研究院有限公司、中国铁道科学研究院有限公司、中国国际工程咨询有限公司、北京华协交通咨询公司等。这些工程咨询单位具有一定行业影响力，是铁路高质量发展的重要技术力量。

(3)工程监理单位，主要从事工程监理工作，具有工程监理的资质条件。铁路工程监理单位主要有铁路局集团公司成立的工程监理公司、铁路勘察设计单位成立的工程监理公司、其他工程咨询单位及地方成立的工程监理公司。

(4)造价咨询单位，主要从事施工图预算咨询、工程量清单咨询、招标控制价咨询、验工计价咨询、竣工结算咨询等咨询工作，具有造价咨询信用评价等级证书。铁路造价咨询单位主要有综合咨询单位、工程勘察设计单位、其他专业化的造价咨询单位等。

(5)运营咨询单位，主要提供竣工验收、试运行及运营维护等咨询服务，主要是指国铁集团下属的铁路局集团公司。

(6)其他咨询单位，主要提供专题研究报告编制、专项设计等咨询服务，包括招标采购、土地相关专题、第三方检测、涉铁涉路安全评估、通航防洪等。

经过数十年的发展，尤其是高速铁路的快速发展，我国已经建立了符合国情的铁路工程咨询服务体系，培养了一批专业技术过硬的工程咨询服务队伍，积累了丰富的铁路工程咨询实践经验。随着铁路建设投资主体多元化、建设管理模式的创新发展，工程咨询模式的创新成为大势所趋，铁路建设项目全过程工程咨询是工程咨询创新发展的重要方向。铁路工程咨询单位要破除合作意识不强、信息沟通不畅、综合能力不足、信息化管理水平有待提高等发展难题，在适应全过程工程咨询发展需要的管理体制机制、人才培养等方面进一步深化改革、开拓创新。

6.1.2 铁路行业工程咨询单位向全过程工程咨询转型的探索

铁路工程咨询市场需求的多元化，对铁路工程咨询行业的发展提出更高要求。要进一步深化铁路工程咨询模式的改革，提升铁路工程咨询“供给侧”服务能力，积极推动“综合性、跨阶段、一体化”的全过程工程咨询模式发展，适应新时代铁路高质量发展对工程咨询提出的新需求。

全过程工程咨询重点突出两个方面核心内涵。首先是智力性策划，工程咨询单位综合利用工程技术、经济学、管理学、法学等多领域的知识和经验，为委托方提供智力服务。其次是多项咨询内容的系统集成，工程咨询单位需要全面考虑质量、安全、环保、投资、工期等项目目标，加强合同、资源、信息、技术、风险、沟通等多要素的统筹管理，发挥多阶段多内容的集成效果，更好地为业主提供增值服务。其与传统工程咨询的差异分析见表6-1。

表6-1 全过程工程咨询与传统工程咨询的差异分析

项　目	全过程工程咨询	传统工程咨询
服务范围	从项目投资决策到运营维护的全过程	单一阶段的服务
组织结构	综合性的纵向一体化，多专业的联合体	专项技术团队

续上表

项目	全过程工程咨询	传统工程咨询
人员架构	配备服务于建设项目全过程的各专业技术型、管理型人才	专项技术人才
管理要求	全生命周期的集成化管理，以合同目标和委托方需求为导向	以合同目标为导向
服务价值	着眼全局，项目推进流程通畅，提供较高的项目附加值	单一的服务模式，上下游工作协调困难，附加值低

铁路建设项目全过程工程咨询，是指具备多元化服务及系统性整合能力的咨询方，根据委托方需求，将铁路建设项目立项决策、勘察设计、工程实施、竣工验收、运营维护等阶段的咨询服务，全部或部分的有机组合起来，为委托方提供以项目咨询统筹管理为主线、专项咨询为具体内容的综合工程咨询服务。结合现阶段全过程工程咨询在其他行业的实施情况，综合考虑铁路建设项目的行业特点，从单一体、联合体及合作体三种主要服务组织的模式，提出工程咨询单位向全过程工程咨询的转型方向。各组织模式的特点见表 6-2。

表 6-2　全过程工程咨询组织模式分析

服务组织模式	承担单位	业务组合方式	协调方式
单一体模式	一家具有综合能力的工程咨询单位	一家工程咨询单位独立负责项目咨询统筹管理和专项咨询工作	一体化咨询提供商负责全部咨询工作
联合体模式	多家工程咨询单位组成的联合体	联合体牵头方负责项目咨询统筹管理，联合体成员分别承担专项咨询工作	联合体成员单位签订联合体协议，其中牵头单位负责总体统筹协调，共同合作完成项目咨询
合作体模式	多家工程咨询单位	各单位分别承担一项或多项专项咨询工作	由业主或业主委托的一家咨询单位负责总体协调

铁路行业工程咨询单位可根据自身的规模、技术力量、业务特点，有针对性地向全过程工程咨询服务模式转型和延伸。

(1)向单一体服务模式转型

铁路行业的大型工程咨询单位，立足“做强做大”的发展理念，通过兼并重组、自身业务板块拓展等方式，延伸专项咨询服务链条，扩大咨询服务范围，提升咨询服务能力，满足铁路建设项目全过程工程咨询实施的条件和能力。但一家工程咨询单位通过业务扩展具备全过程工程咨询服务能力，需要较大的经济成本和时间成本，不利于企业和行业的高质量发展。

(2)向联合体或合作体模式转型

铁路行业的工程咨询单位，立足“做专做精”的发展理念，持续提升专项咨询能力，通过与其他工程咨询单位组建联合体或者合作体，发挥彼此专项咨询的技术优势，为铁路建设项目提供多层次、全方位、宽范围的全过程工程咨询服务。同时，工程咨询单位要加强人才培养，尤其具备专业技术和项目咨询统筹管理综合能力的人才培养，以适应全过程工程咨询的服务需求。

铁路工程咨询企业向全过程工程咨询服务模式转型的方式如图 6-1 所示。

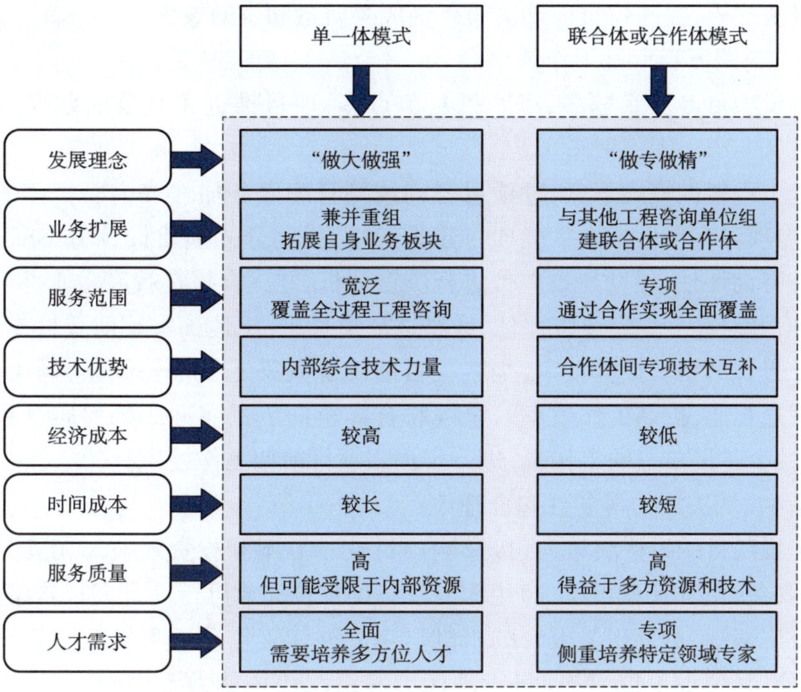

图 6-1　铁路行业工程咨询单位的转型模式

6.2　工程咨询单位的业务拓展

我国铁路行业工程咨询单位的主要优势集中在勘察设计和工程实施阶段，在规划研究、前期决策、运营管理方面涉及较少。新形势下，铁路工程咨询单位的业务拓展需要向上下游延伸，重点加强投资决策和运营维护阶段的咨询服务能力，提升全过程工程咨询服务水平。

6.2.1　投资决策阶段的业务拓展

在项目投资决策阶段，工程咨询单位主要是协助委托方开展规划研究、投资方案机会研究、运量研究、可行性研究报告等咨询工作，为项目决策提供技术支持。

(1)加强投资决策的前瞻性、系统性

立项决策阶段项目方案的研究深度，受专业技术人员工作能力和经验的影响较大。可行性研究论证涉及技术、经济、环保、节能、土地利用等全方面，项目前期信息挖掘与分析的专业性多依赖于专业技术人员的经验积累。不同专项咨询实施主体间的信息沟通与共享，也会对可行性研究成果产生影响。

全过程工程咨询模式下，基于项目咨询的统筹管理，能够加强专项咨询服务团队之间的沟通，实现项目信息和专项咨询成果的共享，降低协调成本。通过技术咨询专业工程师的提前介入和过程参与，加强对预可行性研究、可行性研究的重要信息的收集以及对投资规模、技术标准判断的准确度，综合考量项目全生命周期投资效益，合理确定建设方案和投资规模，提高项目前期决策咨询成果质量和咨询效率。

（2）提升前期流程审批工作效率

铁路建设项目涉及专题多、审查批复节点多，项目推进尤其是前期推进协调难度大、耗时长。

全过程工程咨询模式下，通过项目咨询统筹管理服务加强咨询联合体的内部统筹协调，组织专项咨询单位预先掌握项目建设需求，提前介入项目设计方案研究，系统谋划技术文件咨询评估，辅助建设单位进行决策分析，并配合报送政府主管部门开展项目批复。此外，针对社会稳定风险评估、线路选址意见书、土地预审等前置性专题，由全咨联合体主导报告编制及报批报审，全咨项目部统筹安排专题报告编制，畅通内部流程，加强内部信息互通，提高工作效率。全咨联合体全面负责咨询成果的质量和沟通协调工作，大大减少建设单位的工作量，进一步提高项目前期工作效率。

（3）提高投资决策的科学性和合理性

铁路建设项目的投资决策，直接影响项目技术方案和投资效益。尤其是可行性研究阶段，需要项目公司（建设单位）组织专项咨询单位完成可行性研究报告编制、系列前置性专题报告编制，负责相关报告的报批送审。整体工作周期不仅耗费较高的时间成本，对项目公司（建设单位）的项目管理能力和组织协调能力要求较高，需要与政府机构、运营单位等进行大量的协调沟通。

全过程工程咨询模式下，由全咨项目部统筹组织投资决策阶段各项工作。尤其是针对预可行性研究要通过前置性技术咨询，提高技术方案研究深度，为可行性研究节点工作顺利开展创造条件。全咨项目部负责同步组织开展可行性研究报告和专题研究报告的编制，确保专题研究方案与项目整体技术方案的一致性；负责统一向项目公司（建设单位）提交可行性研究阶段咨询成果，在联合体内部实现资源的协同、优化和统筹；负责沟通协调政府机构、运营单位等，并配合开展相关报告的报批报审。全过程工程咨询模式能够有效解决项目前期推进审批耗时费力、沟通协调难度大等问题，实现铁路建设项目更高效率更高质量的推进。

6.2.2 项目运营阶段的业务拓展

铁路建设项目运营维护阶段是工程咨询的重要服务环节，也是检验项目投资效益效果的重要阶段。工程咨询单位要发挥自身的技术优势，为项目运营组织的优化、项目投资效益的分析评价提供咨询服务。具体而言，要开展开通前技术支撑和运营管理服务支撑两个方面的咨询服务，业务拓展的工作流程和步骤如图 6-2 所示。

（1）开通前技术支撑

基于铁路建设项目依法开通的必备条件，要求相关各方落实铁路建设项目依法开通工作中的责任，确保开通工作全过程、各环节依法合规。

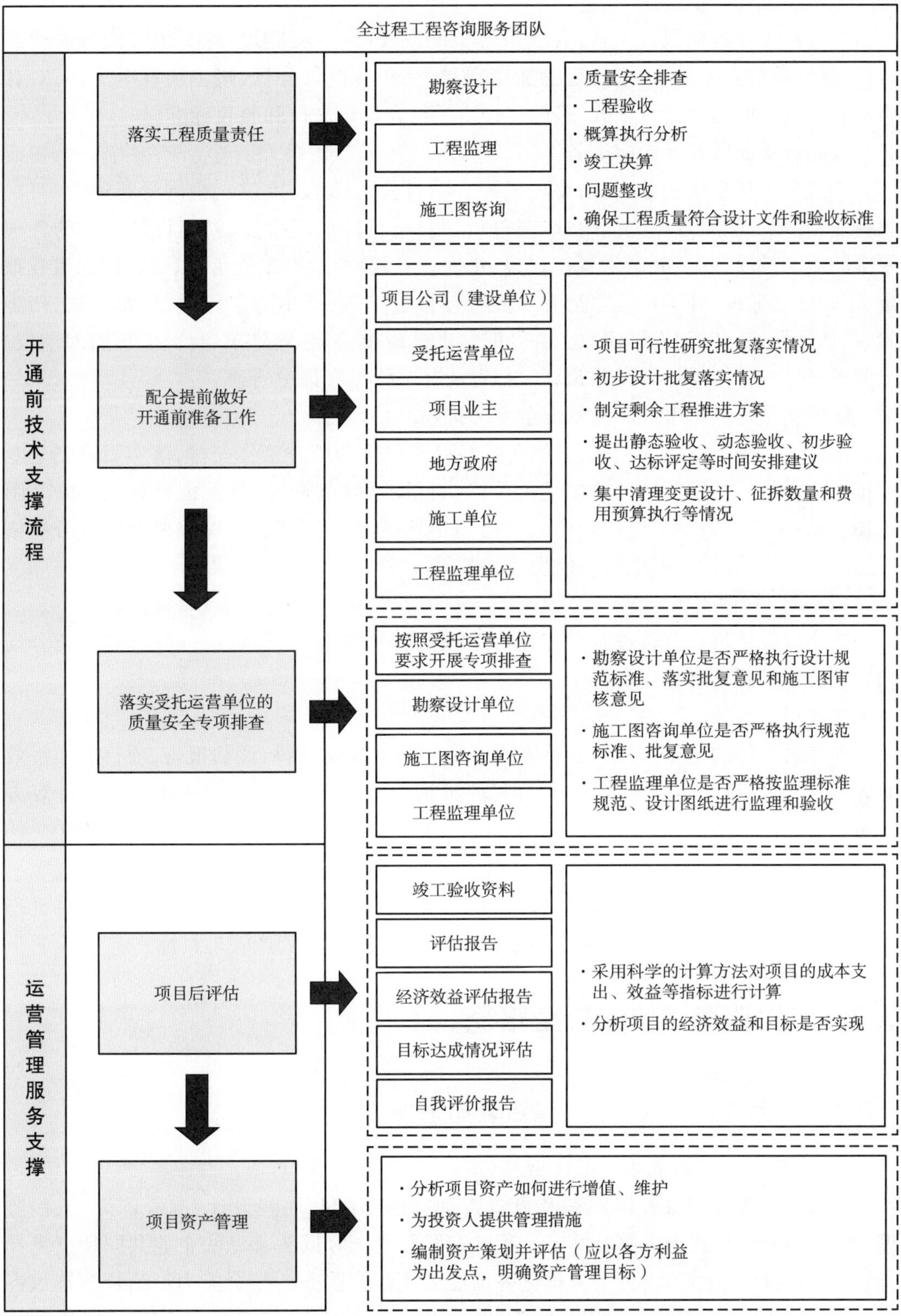

图 6-2　项目运营阶段的业务拓展工作流程和关键步骤

①落实工程质量责任

全过程工程咨询服务团队，要严格落实勘察设计、工程监理、施工图咨询等的质量责任，做好质量安全排查，按规定参加工程验收、概算执行分析、竣工决算等工作，对各类检查所发现的问题进行整改，确保工程质量符合设计文件和验收标准。

②配合提前做好开通前准备工作

全过程工程咨询服务团队，要积极配合项目公司（建设单位），会同受托运营单位、项目业主、地方政府等相关部门，研究分析项目可行性研究批复、初步设计批复的各项要求的落实情况，制定剩余工程推进、环水保设施建设、地方出资落实、建设用地组卷报批、市政配套建设、外部环境整治等重点工作推进措施，提出静态验收、动态验收、初步验收、达标评定等时间安排建议。并及时协助建设单位，会同施工单位、工程监理单位，对变更设计、征拆数量和费用、预算执行等情况进行一次集中清理。

③落实受托运营单位的质量安全专项排查

全过程工程咨询服务团队，要按照受托运营单位的排查工作安排，落实质量安全专项排查，主要包括：勘察设计单位是否严格执行设计规范标准、落实批复意见和施工图审核意见；施工图咨询单位是否严格执行规范标准、批复意见；工程监理单位是否严格按监理标准规范、设计图纸进行监理和验收等。

（2）运营管理服务支撑

铁路建设项目运营管理阶段需要评估项目综合效益，收集意见、解决问题，充分反映项目的全面绩效和社会责任。

①项目后评估

项目后评估的主要工作内容是收集项目的竣工验收资料、评估报告、项目的经济效益评估、项目的目标达成情况评估、自我评价报告等。在此基础上，采用科学的计算方法对项目的成本支出、效益等指标进行计算，分析项目的经济效益和目标是否实现。

②项目资产管理

资产管理是根据相关要求，分析项目资产如何进行增值、维护，为投资人提供管理措施，编制资产策划并评估。应以各方利益为出发点，明确资产管理目标。

6.3 工程咨询单位的转型路径

6.3.1 不同类型工程咨询单位的转型方向

（1）综合型技术咨询单位的转型

全过程工程咨询服务体系涉及投资咨询、设计咨询、勘察设计、造价咨询、工程监理、项目管理、招标代理等多环节。工程咨询服务的国际巨头和龙头企业共同特点是具备对多行业投资、融资、设计等一体化咨询能力或咨询服务的整合能力。综合型技术咨询单位的特点是具有更强的前期研究、投资咨询、技术咨询能力和项目咨询统筹管理能力，能从全局性视野分析和统筹项目规划建设各阶段各环节。综合型技术咨询单位向全过程工程咨询的转型需要把握好以下两个着力点。

①整合资源，提升统筹管理能力。在工程咨询服务“碎片化”的现状下，综合型咨询单位要发挥其综合分析研究和项目咨询统筹管理能力，向实施综合性、全局性咨询管理方向发展，提供更优质的系统性解决方案。为此，综合型技术咨询单位可通过联合经营、兼并重组、机构调整、人才引进和培养等方式更好地整合内外部资源，实现资源的最优配置，提升综合咨询服务能力。另外，要强化工程咨询的统筹管理能力，降低工程咨询各环节间的衔接损耗，形成全过程工程咨询的核心竞争力。

②补齐业务短板，加强外部合作。综合型技术咨询单位围绕全过程工程咨询的技术和投资两条咨询主线，加强统筹决策、咨询管理团队建设，通过联合经营补齐业务短板，形成全过程工程咨询的核心力量。对于部分非关键工程咨询业务，可依法委托其他工程咨询单位实施，但要通过咨询工作的统筹管理，加强对全过程工程咨询“主导”的权威性。

(2)勘察设计单位的转型

相对于其他工程咨询单位，铁路行业勘察设计单位处于产业链中上游。他们对项目的建设意图、功能要求的理解更加深入，具备较强的技术咨询能力。勘察设计单位发展全过程工程咨询业务需要把握以下两个着力点。

①延伸咨询服务内容，向涵盖全过程发展

铁路行业勘察设计单位具有较强的勘察设计能力及部分专项咨询能力，可结合自身基础和条件，审时度势，明确要由平行式专项服务向集成式咨询服务转型，形成全过程、全方位、多元化的咨询服务能力。在勘察设计的基础上向前延伸到规划研究、前期策划，向后延续到工程实施、运维管理咨询，能够涵盖多阶段、全过程，打破“条块分割”现象，从单一技术服务的主营业态向“技术+管理+资本”多领域多业态扩展，提升推进全过程工程咨询的核心竞争力。

②拓宽经营范围，向咨询宽泛化发展

勘察设计单位可以通过联合经营的方式开展全过程工程咨询业务，也可以通过企业并购、重组、合作、参股等方式扩展产业链构建全过程工程咨询服务能力。将勘察设计专项咨询范围向勘察设计、专题研究、招标代理、造价咨询、工程监理、项目建设管理咨询等经营范围扩展，构建覆盖项目的前期论证、勘察设计、工程实施、运营咨询等的系统咨询服务能力。

(3)其他专项咨询单位的转型

工程监理、造价咨询、招标代理等咨询单位的优势在专项咨询的专业性。在铁路行业层面，专项咨询单位整合开展全过程工程咨询，尚有较大难度。专项咨询单位更适合在专长的业务范围内进行前后延伸，在特定专业领域范围内做精做专。

造价咨询单位可以围绕铁路建设项目工程实施的全过程，开展前期施工图预算咨询、工程量清单咨询、招标控制价咨询、验工计价咨询、竣工决算咨询等全过程造价咨询工作，从投资价值管理、合同价格管理及施工成本管理等方面提供多线条咨询服务。

工程监理单位可以在施工监理的基础上进行延伸，开展招标采购、工程施工、竣工验收等阶段的质量、安全、进度、风险管理以及各参与方的协调等，同时可将工程监理延伸到保修阶段,对传统的监理工作进行创新和丰富。

其他类型的专项咨询单位也可通过类似的方式和思路,提升专业领域范围内的咨询服务能力。

(4)运营咨询单位的转型

铁路运营咨询单位主要是指国铁集团下属的铁路局集团公司及地方的铁路运营单位,其核心优势在工程建设管理和运营管理方面。运营咨询单位可围绕如何促进铁路建设项目更适合国家和地方需求、更有利于长期运营等方面,提供建设管理咨询、竣工验收咨询、建设质量和标准化咨询等咨询服务。另外,运营咨询单位也可发挥运营管理专长,将咨询服务的重点放到漫长运维期,实施资产管理,提升资产价值。例如,开展设施管理咨询、资产管理咨询、项目绩效管理咨询等,促进铁路建设项目全生命周期的价值提升。

综上所示,不同类型的工程咨询单位的转型方向如图 6-3 所示。

6.3.2 工程咨询单位转型路径

(1)以经营理念的转变助推企业主动转型

当前铁路建设项目全过程工程咨询模式尚处于发展和应用的初期,支撑模式发展的政策文件和标准规范尚未构建。工程咨询单位要转变理念、主动作为,抓住行业创新发展的重要机遇期,实现转型升级。

目前,全过程工程咨询的试点企业和项目主要集中在东部发达地区,以公路、市政和房建为主,铁路行业工程咨询单位提前做好转型升级准备工作,可以借鉴试点工程咨询单位的先进技术和管理模式,吸纳试点项目的实践经验,转变经营理念,拓展业务范围。

自主转型升级适用于发展较好、处于初期转型阶段的工程咨询单位。在这一过程中,工程咨询单位的经营理念转变是推动选择自主转型路径的主要因素。当前,政府正在大力推进“放管服”改革,良好的营商环境有助于企业调整经营范围和提升专业资质。铁路行业工程咨询单位要抓住全过程工程咨询发展的机遇,及时调整经营理念,拓展业务范围,提升资质水平,为转型升级做好准备。全过程工程咨询模式下,工程咨询单位要树立全生命周期咨询服务理念,重视项目咨询统筹管理的整体性和系统性,以实现咨询服务“一加一大于二”的效果。工程咨询单位要以实现项目的质量、环保、进度、投资、合同、安全、信息、协调等的多目标协同与统一为导向,提高项目建设质量,提升项目的综合效益。

(2)以价值链的延展实现渐进平稳的资源整合转型

通过延伸产业链价值链来逐步实现稳健的合并转型成为当前工程咨询单位转型升级的主要趋势。

工程咨询单位要结合自身实力和市场需求,拓展业务、整合优势、弥补不足,主动实现转型升级。在铁路改革的政策指导下,工程咨询单位可通过兼并重组等手段,延伸产业链以提供“一站式”服务,更有利于向全过程工程咨询单位转型升级。合并过程中形成的“联合势力”使各个环节的技术实力得以加强,在市场拓展方面更具竞争优势。在市场转型的过渡时期,工程咨询单位既可以开展全过程工程咨询业务,也能够继续原有工程咨询业务,确保了企业在转型期内的业务量,保障了企业的平稳转型。

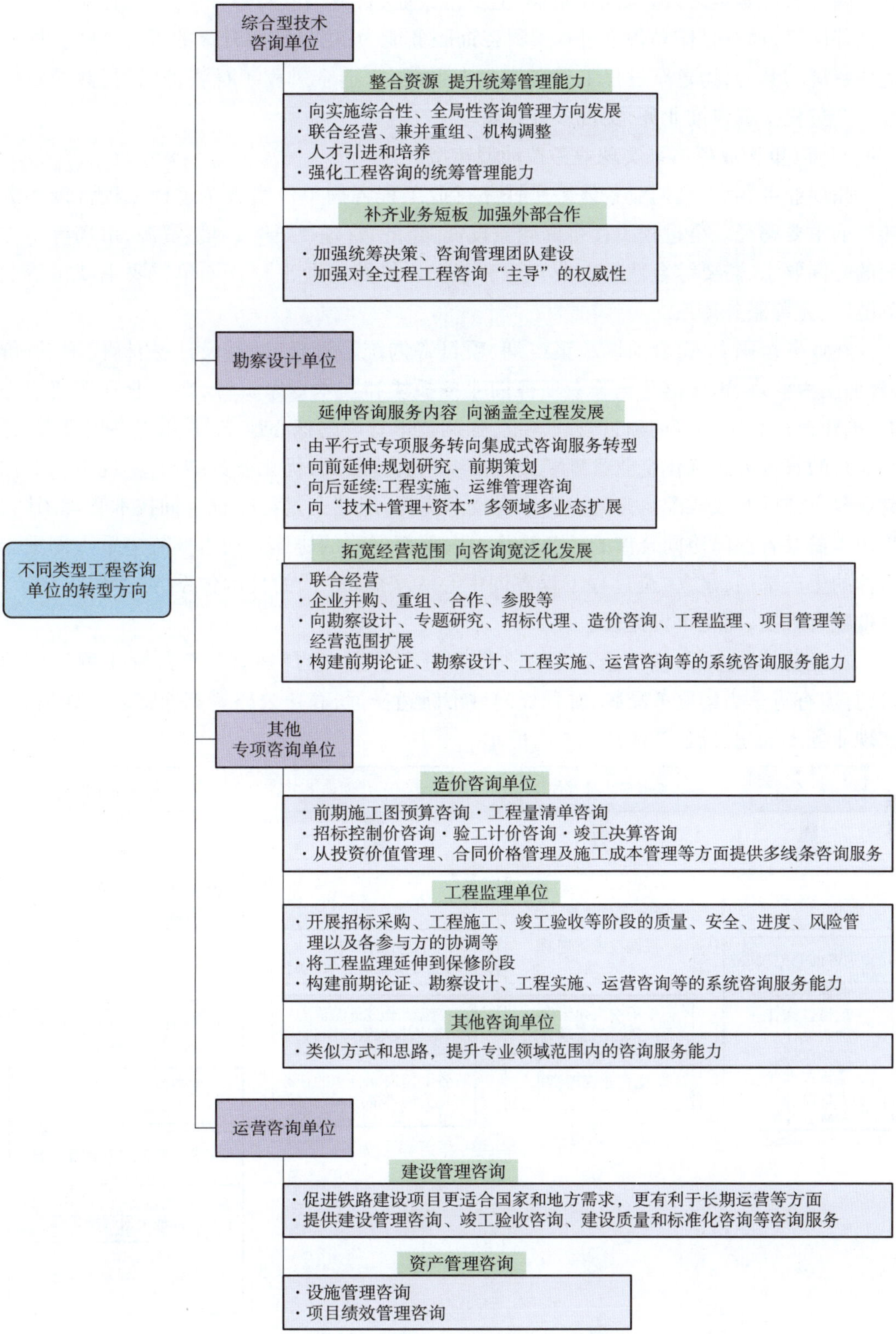

图6-3 不同类型工程咨询单位的转型方向

除了兼并重组之外，与同业企业、上下游企业、材料供应商等开展合作，逐步建立合作伙伴网络，通过合作具备全过程工程咨询服务能力，也是转型升级的可行路径。通过优质资源的整合，构建全过程工程咨询生态系统，打造全过程工程咨询联盟，共同宣传推广全过程工程咨询业务，实现多方共赢。

（3）以重构业务体系实现业务拉动型转型

拓展业务领域，重构业务体系是铁路行业工程咨询单位实现全过程工程咨询业务转型的重要路径。全过程工程咨询涵盖投资、经济、管理、法律、环境、资源、市场等多方面的咨询要求，需要综合性的专业知识和经验。铁路行业工程咨询单位要主动拓展业务范围、完善服务体系。

在业务范围上，整合前期决策咨询、项目咨询统筹管理、勘察设计、招标代理、造价咨询、工程监理、BIM 信息化等专项咨询业务板块和技术专家资源；在企业管理模式方面，构建全过程工程咨询项目管理规范，强调技术管理的核心地位，采用中央化管理、分散执行的管理方式优化企业管理模式。在组织实施层面，优化业务结构，实现组织结构与业务实施的有效匹配。充分发挥综合技术优势，组建全过程工程咨询技术管理团队，将原本需要各部门协同合作的任务转化为内部部门间的协作。技术实施应重点侧重于具体的生产部门，建立“全过程工程咨询中心 + 实施部门”的技术体系，减少协作环节、降低配合难度、简化审批流程。

在经营体系方面，基于企业现有业绩和资源扩展，选择适宜的全过程工程咨询项目，打造有竞争力的服务品牌，并积极向城市轨道交通、高速公路等其他交通领域拓展，实现业务多元化发展，具体如图 6-4 所示。

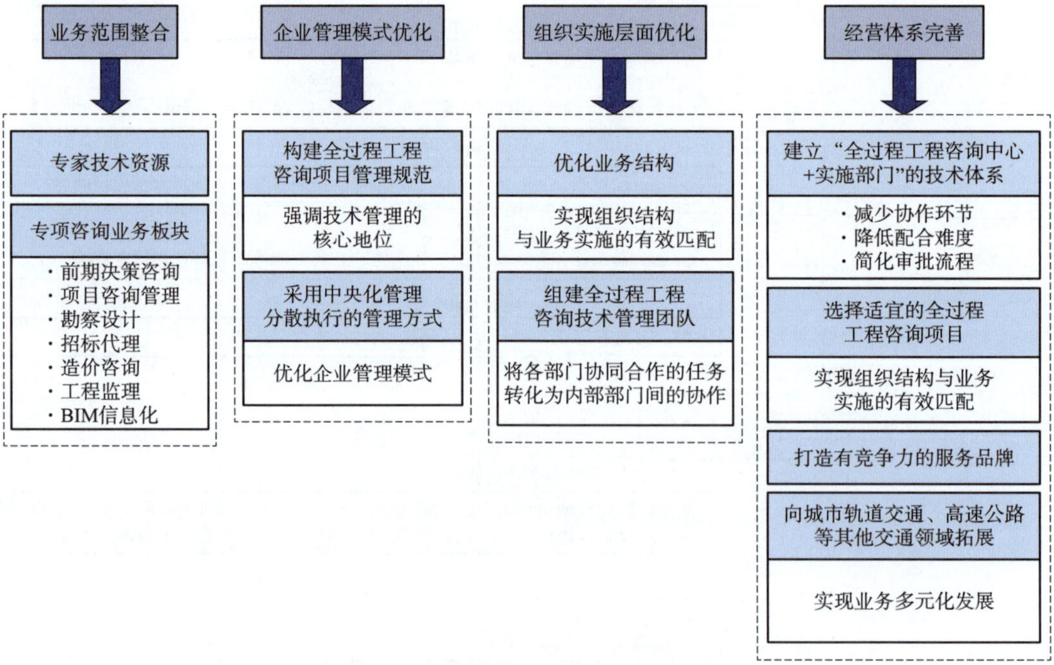

图 6-4　铁路行业工程咨询单位业务拓展与服务体系完善

(4)以人才培养和创新能力提升实现人才拉动型转型

以创新能力的提升实现人才拉动型转型是一种较为特殊的转型路径。自我转型和合并转型主要是从市场需求及企业自身决策角度,推动铁路行业工程咨询单位转型升级。人才拉动型转型是企业通过强化人才队伍建设以及员工通过自身不断学习和成长,提高团队的整体素质和业务能力,从基层咨询技术人员角度自下而上推动企业转型升级的路径。

开展全过程工程咨询服务,需要培养一批懂项目管理、懂工程技术、懂投资管控、懂项目信息技术管理、懂风险管控的综合性管理人才。工程咨询单位要建立人才培养的长效机制,采取内培外引等措施,通过定期培训、建立学习型组织,建立知识交流和共享机制、激励机制等方式,扩展员工视野,提高员工跨专业咨询服务能力,成为一专多能的复合型人才。

鼓励专业技术人员通过自主学习与全过程工程咨询有关的业务及管理知识,帮助企业拓展业务范围和提升服务质量,自下而上推动企业转型。通过组建德才兼备的管理队伍,将人才资源转化为市场资源,将人才优势转化为发展优势,全面提升企业竞争能力。

(5)以信息技术的推广实现数字化转型

全过程工程咨询覆盖铁路建设项目全生命周期,涉及不同建设主体、不同工程咨询单位、不同专业技术人员,需要创新铁路建设管理和咨询管理方式方法。全过程工程咨询模式下,项目咨询统筹管理贯穿全过程工程咨询的各个阶段,实现不同专项咨询服务的系统集成,实现全过程工程咨询服务团队、专项咨询技术人员在系统中的角色化,达到权限划分定义清晰、系统安全可靠、工作职责明确、内容模块全面的目的,实现项目参与方信息共享、高效协同,确保业务处理操作过程的规范化、程序化和流程化,实现项目数据资料管理的集中化和透明化。

铁路建设项目全过程工程咨询,要借助 BIM 技术、云技术、大数据、泛在物联网、绿色建筑、智慧工地等新技术新理念,增强数字化、信息化工具和技术的应用,提高工程咨询管理和实施的信息化水平,提升工程咨询单位的服务能力和质量。工程咨询单位要加大 BIM 等新技术在咨询服务中的投入和研究,提供软件、硬件和资金支持,鼓励技术创新;可以利用高新技术建立知识管理和项目管理数字化平台,通过内部数据库进行知识管理,并持续探索和总结高新技术在咨询服务中的应用,为咨询决策提供经验借鉴。数字化管理平台可提供一体化、数字化、集成化的解决方案,保障高质量咨询成果的实现,并通过横向比较、数据分析、经验总结等手段不断提升全过程工程咨询的数字化管理水平和服务质量。

(6)以完善风险管控体系实现安全经营转型

全过程工程咨询业务范围广泛,风险管控至关重要。铁路行业工程咨询单位要建立全面的风险管控体系,加强内部监管确保咨询服务的合规性;持续进行监督评价,实施风险隔离和转移,以应对潜在的系统性风险;重视咨询成果的全过程把关与追溯。

7 衢丽铁路全过程工程咨询的探索与实践

作为全国首个铁路全过程工程咨询项目，新建衢丽铁路衢州至松阳段（以下简称"衢丽铁路"）为铁路规划建设提供了一套"全咨＋代建"建设管理的新样板，项目管理成效显著，也总结形成了一系列可复制可推广的实践经验。本章以衢丽铁路全过程工程咨询项目为例，从方案策划、组织实施、项目咨询统筹管理和专项咨询等方面进行系统总结，提炼衢丽铁路全过程工程咨询项目的实践成效，为铁路建设项目全过程工程咨询的推广应用提供参考经验。

7.1 衢丽铁路全过程工程咨询方案策划

7.1.1 项目概况

衢丽铁路位于浙江省西南部，地处括苍山脉，西起衢州市，途经衢州市及其所辖衢江区、龙游县，丽水市及其所辖遂昌县，东至丽水市松阳县。项目西连在建杭衢铁路衢江站，东接衢丽一期松阳至丽水段松阳站，正线全长 94.822 km，杭衢铁路联络线长 10.948 km，设车站 4 座（衢江、龙游、遂昌西、松阳），线路所 2 座（方村线路所、上西线路所），预留线路所 1 座（烟山线路所），线路方案如图 7-1 所示。特大桥 9 座/23 008 m、大中桥 33 座/7 003 m；隧道：4 km＜长度≤10 km 为 6 座/38 913 m，1 km＜长度≤4 km 为 5 座/13 611 m，长度≤1 km 为 7 座/2 687 m；桥隧比 89.66%。路基土石方 376.30 万 m^3。铁路红线用地 2 906.944 亩、拆迁房屋 20.866 万 m^2。主要技术标准为 200 km/h，预留进一步提速条件。项目初步设计批复总投资 176.325 4 亿元，建设工期 3.5 年。

衢丽铁路是长三角多层次轨道交通中城际铁路网的重要组成；是打造浙江省衢丽大花园"两核三轴多连"铁路网的关键性工程。衢丽铁路的建设有助于全面提升沿线交通基础设施，改善交通出行条件，提升沿线与长三角的深度融合、共同繁荣发展，是助力浙闽皖赣四省边界旅游一体化发展的牵引性工程，也是实现旅游、国土开发，兼顾城际功能的城际铁路。

图 7-1　衢丽铁路项目线路方案示意

衢丽铁路作为全国首个铁路全过程工程咨询项目，全过程工程咨询内容涉及项目立项决策、勘察设计、工程实施、运营维护全过程，采用“项目咨询统筹管理 + 专项咨询服务”的“1 + N”的全过程工程咨询模式，为铁路项目建设提供了一套“全咨 + 代建”建设管理的新样板。

衢丽铁路全过程工程咨询项目，是贯彻落实国家投融资体制改革、促进建筑业持续健康发展、推进全过程工程咨询服务发展要求的具体举措，是全过程工程咨询服务模式在铁路行业的重要探索和实践；是落实浙江省“最多跑一次”改革要求，促进浙江省全过程工程咨询产业发展，提升铁路建设项目固定资产投资决策科学化水平，形成并输出“浙江特色”铁路建设管理新经验的“重要窗口”；是铁路行业首个全过程工程咨询试点项目，对推动铁路工程咨询和建设管理模式改革、提高铁路建设投资效益、工程建设质量和运营效率具有重要意义。

7.1.2　项目招标

(1)招标范围及方式

衢丽铁路全过程工程咨询项目采取招标的方式，招标范围包括项目咨询统筹管理以及预可行性研究、可行性研究、初步设计、施工图设计等阶段所涉及的咨询工作，工程实施阶段的造价咨询、工程监理以及运营阶段的运营维护咨询和项目后评价，共计 56 项咨询内容。

(2)资格条件要求

工程咨询单位的资质条件。招标文件要求投标人具有工程咨询资质、工程设计、工程勘察、工程监理等资质(资信)条件。本次招标接受联合体投标,联合体投标的,要求联合体牵头人需具有工程咨询的相应资信条件。

项目负责人资格要求。拟派项目负责人须具有注册于所在工程咨询单位的咨询工程师(投资)执业资格或注册岩土工程师执业资格或铁路工程专业注册监理工程师执业资格,须具有高级及以上技术职称,须具有相应的工作经验和工作业绩;勘察分项负责人须具有注册在所在工程咨询单位的岩土工程师执业资格证书;设计分项负责人须具有高级工程师及以上技术职称;设计咨询分项负责人须具有高级工程师及以上技术职称;总监理工程师须具有高级工程师及以上技术职称,且须具有注册在所在工程咨询单位的注册监理工程师执业资格证书。

(3)报价要求

招标文件明确,投标报价以项目总投资为基数,以综合费率的方式进行报价。报价是按照“项目咨询统筹管理费 + 专项咨询服务费”的方式,由投标人结合服务内容和综合成本,以项目总投资为基数测算综合费率。在项目概算编制中,以全过程工程咨询服务费的方式单独计列,不再重复计列所涉及的专项咨询服务费用。

7.1.3 联合体组建及合同签订

经过招投标程序后,中国铁路经济规划研究院有限公司(以下简称经规院)、中铁第四勘察设计际集团有限公司(以下简称铁四院)、中国铁路设计集团有限公司(以下简称中国铁设)、浙江数智交院科技股份有限公司(以下简称数智交院)、天津新亚太工程建设监理有限公司(以下简称天津新亚太)组建“1 +4”的联合体,中标衢丽铁路全过程工程咨询项目,并与业主签订全过程工程咨询合同。其中,经规院作为联合体的牵头单位,负责组织并协调联合体成员单位的咨询工作。本项目涉及的咨询内容多、联合体成员多,在联合体协议中明确联合体成员单位对所承担的咨询工作负主体责任,具体如图 7-2 所示。

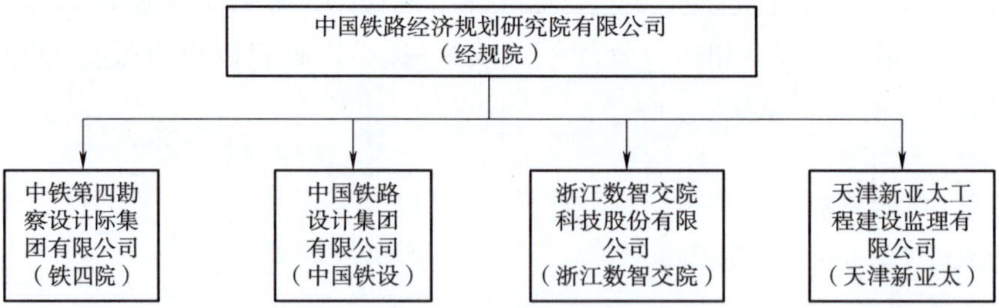

图 7-2 “1 +4”联合体架构图

7.1.4 咨询目标及咨询内容

(1)咨询目标

衢丽铁路全过程工程咨询项目,是以铁路全过程工程咨询的试点实施创新铁路工程咨询模式和建设管理模式,以铁路全过程工程咨询的高质量开展提高项目的规划建设质量,进而促进沿线地方的经济社会发展。从进度、质量、投资三大管理目标角度分析:进度方面以投资决策、勘察设计阶段创造浙江铁路推进新速度为目标;质量方面以达到国家及行业有关规范要求,争创质量全优为目标;投资方面坚持合理、经济、科学、有效的原则,严格控制投资。项目咨询统筹管理工作以上述整体目标为基础,按项目的不同阶段、咨询工作的不同实施主体、不同咨询服务内容进行目标分解,确保全咨服务整体目标的实现。

(2)咨询内容

衢丽铁路全过程工程咨询项目,咨询内容覆盖立项决策、勘察设计、工程实施、运营维护全过程,采用"项目咨询统筹管理 + 专项咨询服务"的"1 + N"服务模式,如图 7-3 所示。

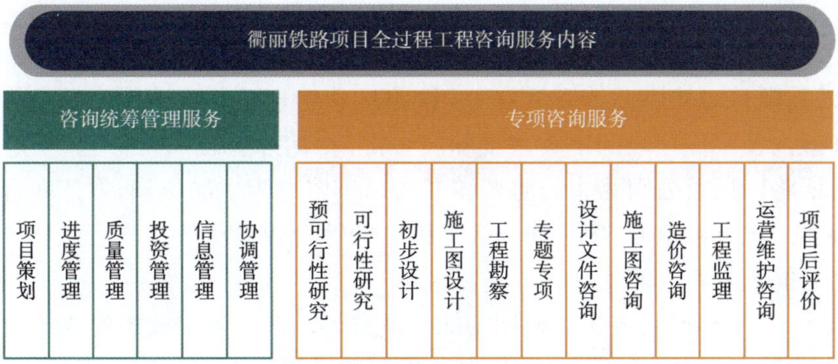

图 7-3　衢丽铁路全过程工程咨询服务内容

项目咨询统筹管理是全过程工程咨询服务的主线,是对衢丽铁路项目预可研和可研文件编制、工程勘察、工程设计、设计文件技术咨询、专题专项、工程监理、造价咨询、运维咨询、项目后评价等专项咨询工作的系统整合和集成管理。

专项咨询服务是通过组建专业的咨询服务团队,具体负责开展预可研和可研文件编制、工程勘察、工程设计、设计文件技术咨询、专题专项、工程监理、造价咨询、运维咨询、项目后评价等 55 项专项咨询内容。

为更好地发挥联合体各方的整体优势,牵头方经规院依托行业技术龙头作用承担项目咨询统筹管理,以更好地将铁四院、中国铁设、浙江数智交院、天津新亚太等联合体单位凝聚起来,充分发挥好联合体成员单位的技术优势,开展好项目的专项咨询工作。其中,铁四院主要承担工程勘察、工程设计、部分专题专项;中国铁设主要承担施工图设计文件技术咨询;浙江数智交院主要承担工程地质勘察及部分专题专项;天津新亚太主要承担工程监理。

7.1.5 工作重难点和工作思路

7.1.5.1 工作重难点

(1)咨询主体多,要统筹协调发挥整体优势

联合体成员单位所承担的专项咨询内容有分工、有重叠、有配合、有交叉,要转变既有的传统工程咨询理念,打破不同咨询主体和不同专项咨询内容之间的隔阂,在联合体牵头方的统筹协调下,统一咨询目标,理顺服务思路,畅通信息交流,各负其责、互相配合,有效发挥联合体各方的整体优势。

(2)咨询内容多,要系统优化工作流程提高工程咨询效率

联合体共同承担55项专项咨询内容,不同单位承担的专项咨询内容互为前置,要突破传统既有的咨询工作流程,将传统意义上的外部流程在联合体内部实现重置与优化,采取双向介入加强配合、串并联相结合等手段,实现流程再造,提高工程咨询效率。

(3)对外协调多,要把握关键环节提前谋划,加强沟通协调提升咨询效果

地方铁路项目对外协调涉及铁路方(铁路运营管理单位)、省方(审查审批部门)、沿线地方(政府及不同层级的审查审批和配合部门)等多方面、多部门。全过程工程咨询模式下,要将以项目公司为主的协调转变为以全咨方为主的协调,发挥联合体各成员单位在铁路方、省方及地方、项目现场等多维度的综合协调优势,把握重点事项、关键部门,提前谋划提升协调效果。

(4)技术方案难确定,要协调路网功能与地方诉求确保咨询成果的技术经济性

发挥联合体牵头方在路网规划、运量分析和技术咨询方面的行业引领优势,从国家路网、区域路网到项目线站位方案不同层次,过程介入指导勘察设计单位开展深入系统研究,从有效发挥本项目在路网中的效益效果出发,从有效带动浙西南社会经济发展角度出发,科学合理地确定本项目的功能定位和技术方案。

7.1.5.2 整体工作思路

针对衢丽铁路全过程工程咨询项目的工作重难点,全过程工程咨询团队研究提出要从根源处把握关键问题,力求做到"三个及时"。及时把脉项目前期推进的重难点问题,及时摸清项目跨阶段工程咨询需求,及时找准项目推进过程中的关键环节。

具体来说,就是要准确把握功能定位,合理确定路网分工;科学预测项目运量,增强通道综合效益;技术标准深入比选,符合功能定位需求;充分考虑敏感因素,保护沿线生态环境;枢纽地区接轨复杂,满足功能便捷需求;综合前沿勘察手段,探明复杂地质情况;工程建设条件困难,加强重难工程研究;统筹协调建设工序,合理安排建设工期;深入开展精细设计,最大程度节约投资。整体工作思路如图7-4所示。

7.1.5.3 整体工作安排

为保证项目的顺利推进,全过程工程咨询团队分解细化项目的进度计划,按照工作时序统筹推进各专项咨询服务,从组织、技术和管理方面采取相应措施,确保进度可控,服务周期满足相关要求。

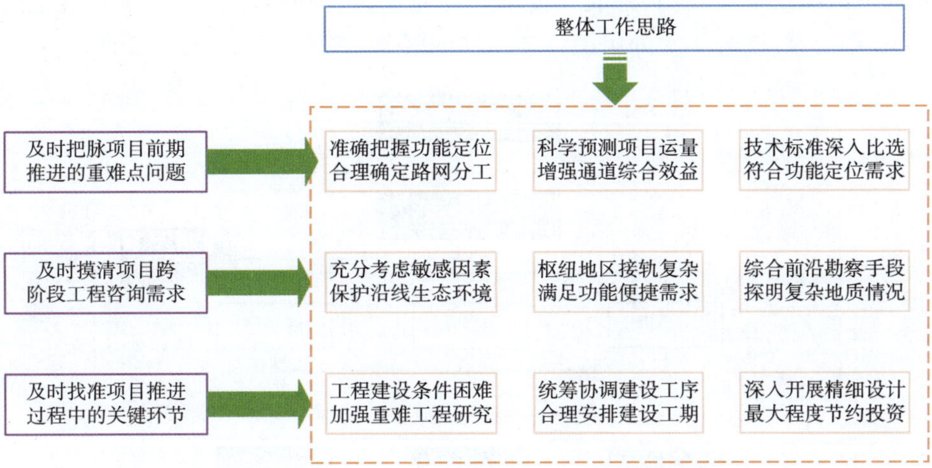

图 7-4　整体工作思路图

(1)组织措施

基于不同阶段项目咨询统筹管理工作需要,灵活设置全过程工程咨询项目部驻地,实现响应及时、沟通便捷的效果。在基于合同约定的管理框架与人员基础上,全过程工程咨询团队适时动态调整与业务相匹配的工作人员,配齐配强专业技术人员和项目咨询统筹管理人员。

(2)技术措施

配备侧重技术管理的项目部副经理,协调管理专项咨询团队,督促联合体各方配备技术实力强、经验丰富、结构稳定的专项咨询团队,负责项目推进过程中遇到的各类技术问题的分析、协调和处置,涉及重大技术问题的提交技术专家组论证和决策。

(3)管理措施

严格按照全过程工程咨询联合体内部的管理机制,监督和激励联合体成员单位提高各专项咨询服务质量,以制度为保障促进合同的全面履约;分解细化全过程工程咨询各阶段的进度计划,明确各专项咨询工作的进度安排,在对各专项咨询工作的分计划有效控制的基础上,实现对总体进度计划的把控;利用全过程工程咨询信息化管理平台收集、处理和上报进度信息,实现进度的动态管理,对进度出现偏差的情况进行警示,确保及时发现、及时预警、及时纠正,确保总体进度计划的有效控制。

7.2　衢丽铁路全过程工程咨询组织实施

7.2.1　组织架构

7.2.1.1　整体组织架构

为保证衢丽铁路全过程工程咨询项目的优质高效完成,联合体按照"职责明确、高效互通"的原则,构建由全过程工程咨询领导小组、全过程工程咨询项目部、专项服务团队构成的三级组织实施架构，并成立技术咨询专家组作为核心技术力量开展全过程技术支持，实现分系统、分层次的组织管理和咨询服务。组织架构如图 7-5 所示。

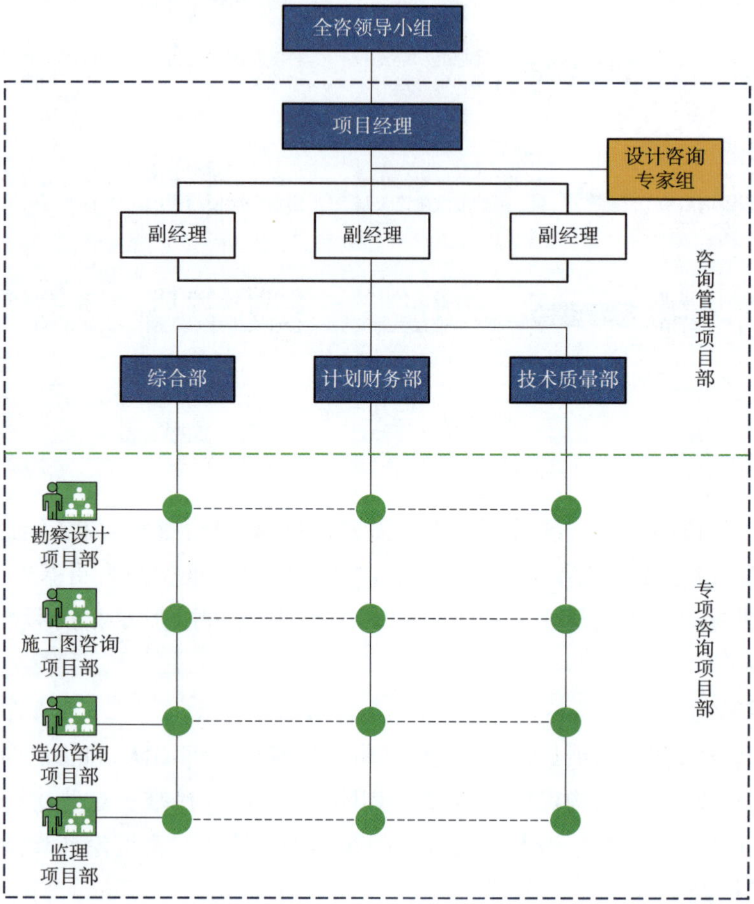

图 7-5　衢丽铁路全过程工程咨询项目组织架构

其中，全过程工程咨询领导小组负责重大事项的决策、协调等；全过程工程咨询项目部负责基于专项咨询内容的项目咨询统筹管理，具体包括项目策划、进度、质量、投资、信息、协调等的统筹管理工作；专项咨询服务团队负责具体专项咨询工作的开展，包括勘察设计、施工图咨询、造价咨询、工程监理等专项咨询团队，分别由承担相应工作的联合体成员单位负责组建。

7.2.1.2　实施机构与职责

(1)全过程工程咨询项目部

结合衢丽铁路全过程工程咨询项目工作实际需要，由联合体牵头方选派具有丰富管理和技术经验的人员组建全过程工程咨询项目部，并根据项目推进情况，在不同阶段设置适应项目需要的服务基地。全过程工程咨询项目部组织架构如图 7-6 所示。

全过程工程咨询项目部是衢丽铁路全过程工程咨询的项目咨询统筹管理机构，负责项目咨询统筹管理工作和专项咨询工作的组织开展，主要职责是组织联合体成员单位落实合同约定的咨询工作内容,实现对委托方的直接对接和现场服务,统筹调动联合体成员单位技术、人力等相关资源,有序高效推进全过程工程咨询工作。

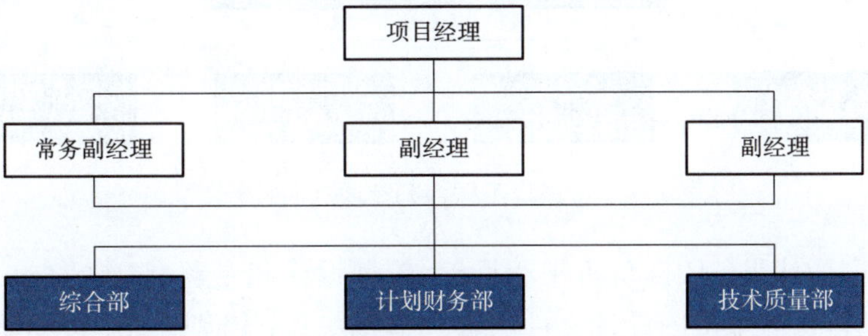

图7-6 全过程工程咨询项目部组织架构

①经理层

经理层作为全过程工程咨询项目部的领导与决策机构,全面负责全过程工程咨询的管理、组织、协调、控制、指挥等工作,负责对全过程工程咨询实施的项目咨询统筹管理工作。

全过程工程咨询项目部设项目经理(项目负责人)1 名,由联合体牵头方派人担任,在授权范围内对项目部进行全面管理,负责项目部计划编制、组织指挥与决策等工作;副经理 3 名,由联合体牵头方和联合体主要成员单位派人担任,实现联合体的融合管理,负责协助项目经理开展项目部的日常管理工作,调动联合体成员单位的技术力量和综合资源开展专项咨询工作。

②工作部门

全过程工程咨询项目部下设综合部、计划财务部、技术质量部三个工作部门。

综合部。负责起草项目部综合管理类办法;负责项目部安全管理;负责项目部日常管理、综合协调和后勤事务;负责项目部日常接待及会议筹备;负责项目部收发文和技术资料管理;负责项目部报表及工作简讯编制及报送;负责全咨信息化平台管理。综合部是信息管理的归口管理部门。

计划财务部。负责起草项目部生产计划及财务类管理办法;负责项目部全过程工程咨询计划的策划、编制及管理;负责联合体专项咨询计划的统筹协调和考核;负责项目部运行期间的财务、合同等相关工作;负责造价咨询相关工作组织。计划财务部是进度管理、考核管理及投资控制咨询的归口管理部门。

技术质量部。负责起草项目部技术质量管理类办法;协调专项咨询的重要技术事项,组织报送项目部审议,并督促落实;负责对接委托方的技术服务需求,组织研究提出解决方案;负责勘察设计、专题专项、技术文件咨询、工程监理等相关工作组织;组织参与项目涉及的工程质量问题应急处理。技术质量部是质量管理的归口管理部门。

(2)专项咨询服务团队

衢丽铁路全过程工程咨询项目联合体成员单位,根据咨询工作分工,配齐配强专项咨询服务团队技术力量,组建了勘察设计服务团队、施工图咨询服务团队、工程监理服务团队、造价咨询服务团队,负责具体专项咨询工作的开展。专项咨询服务团队组织架构如图 7-7 所示。

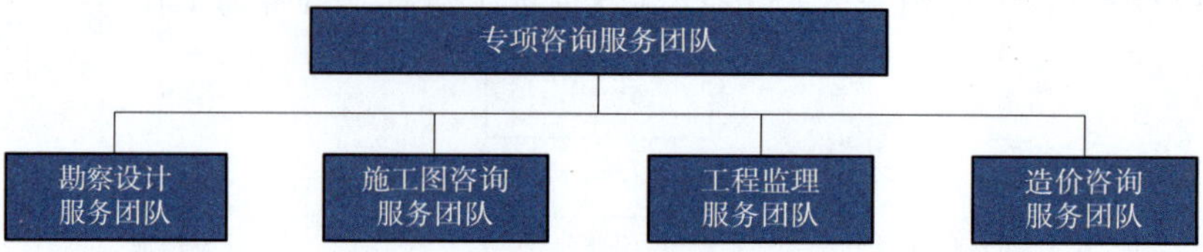

图 7-7　全过程工程咨询专项咨询服务团队

其中,勘察设计服务团队负责工程勘察、工程设计和专题专项等咨询工作;施工图咨询服务团队负责对施工图设计文件的咨询审核工作;工程监理服务团队负责工程监理专项咨询工作;造价咨询服务团队负责开展征拆审价、工程审价、招标控制价等的审核咨询。另外,还设立了设计文件技术咨询服务团队负责预可研、可研、初设文件的技术咨询;运营维护和后评价咨询服务团队负责运维和后评价咨询工作的开展。专项咨询服务团队在工作中接受联合体成员单位和全过程工程咨询项目部的双重管理。

7.2.2　界面划分

7.2.2.1　咨询方与委托方的职责划分

衢丽铁路全过程工程咨询项目中,委托方是项目投资人、建设单位。考虑到建设项目的规模和复杂程度以及政府、铁路运营单位等的监管及审批要求,委托方和咨询方有着不同的职责划分。咨询方本着“当家不做主”的原则,积极主动当好项目和委托方的智囊、参谋。

以衢丽铁路全过程工程咨询项目合同约定为基准,履行各方主体责任,相互协调、紧密配合,加强工作接口衔接,加快项目的顺利推进。委托方主要负责专项咨询成果的报审报批,负责协调地方政府相关部门;咨询方负责专项咨询工作的开展,对咨询成果的质量负责,并负责就专项咨询工作的开展加强与铁路运营管理单位、沿线地方政府的沟通协调。

7.2.2.2　咨询方与其他参建方的职责划分

衢丽铁路全过程工程咨询项目中,其他参建方还包括代建方、施工方、其他咨询方等。

其中,委托方与代建方就项目的建设管理签订委托代建合同,代建方依据委托代建合同负责项目现场的建设管理,负责项目工程实施阶段的质量、安全、进度、投资等的管理。代建方依据委托代建合同,通过招投标程序确定施工方,施工方具体负责项目的工程建设。代建方在工程实施阶段会委托其他咨询方开展环水保监理、沉降观测等咨询工作。

咨询方与代建方共同为委托方提供工程咨询和项目管理服务。咨询方以勘设设计配合、工程监理、造价咨询等专项咨询内容为依托,有效促进与代建方的协同配合,加强委托方、代建方、咨询方的三方合作和信息交流,共同推进项目的工程建设。

咨询方通过勘察设计、工程监理、造价咨询等专项咨询工作,就项目整体规划建设目标的实现,对施工方及其他咨询方的工作提供技术支持。

7.3 项目咨询统筹管理服务

7.3.1 组织实施

项目咨询统筹管理是指基于衢丽铁路全过程工程项目所涵盖的专项咨询内容，开展相应的项目策划、进度管理、质量管理、投资管理、信息管理、协调管理、考核管理等统筹管理工作，工作内容如图7-8所示。项目咨询统筹管理贯穿于全过程工程咨询项目的始终，是全过程工程咨询的主线，是对项目的预可行性研究、可行性研究、勘察设计、设计文件技术咨询、造价咨询、工程监理、运维咨询、项目后评价等专项咨询进行系统整合和集成管理，是体现和发挥全过程工程咨询效益效果的核心。全过程工程咨询项目部是项目咨询统筹管理的实施主体。

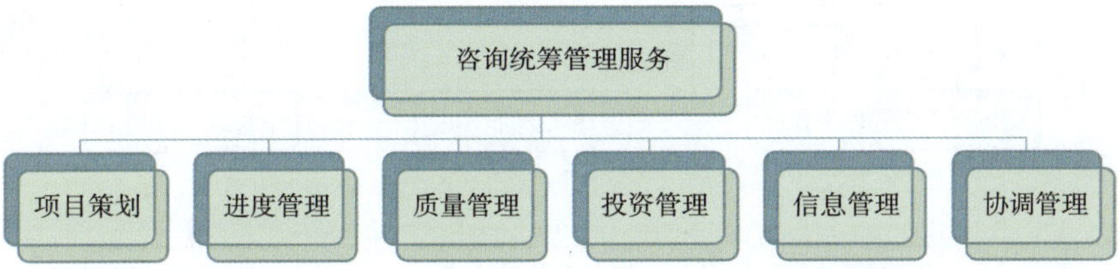

图7-8 铁路建设项目咨询统筹管理服务内容

7.3.1.1 项目策划

结合衢丽铁路的实际情况，全过程工程咨询项目部与专项咨询服务团队就全过程工程咨询工作的开展，明确工作目标、工作思路和工作路径，编制全过程工程咨询的实施大纲和专项咨询实施大纲，构建全过程工程咨询的统筹管理制度体系，保障全过程工程咨询的有序推进，策划工作流程如图7-9所示。

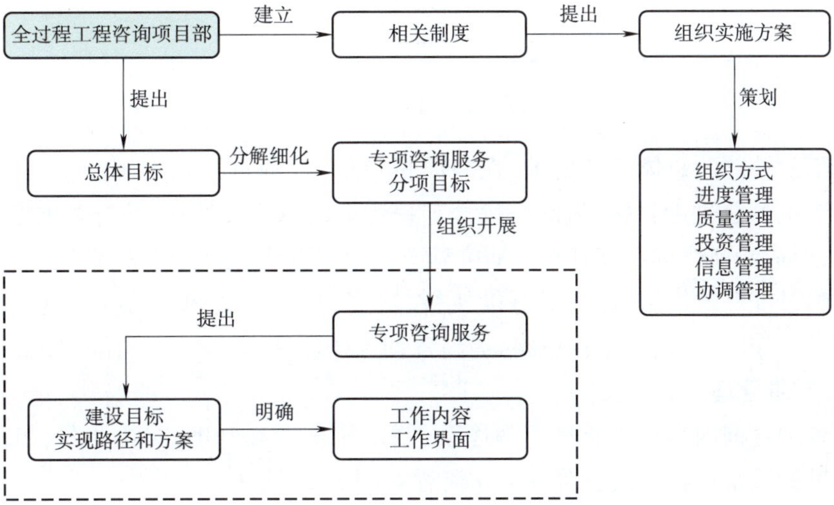

图7-9 项目策划流程

通过对衢丽铁路的统筹研究,明确建设项目全过程工程咨询总体目标,并通过对总体目标进行细化分解,研究提出各专项咨询的分项目标。针对衢丽铁路的特点及要求,建立项目咨询统筹管理服务的相关制度,研究提出组织实施方案。对项目组织方式、投资管理、质量管理、进度管理、协调管理以及信息管理等进行策划。通过专项咨询工作的组织实施,研究提出咨询工作目标的实现路径和方案,明确专项咨询的工作内容、工作界面。

7.3.1.2 进度管理

建立全过程工程咨询的进度管理体系,制定进度计划执行的保障措施,对所负责的专项咨询工作进行进度控制。对进度偏离计划的情况,应及时分析原因,并提出纠偏建议。进度管理工作流程如图 7-10 所示。

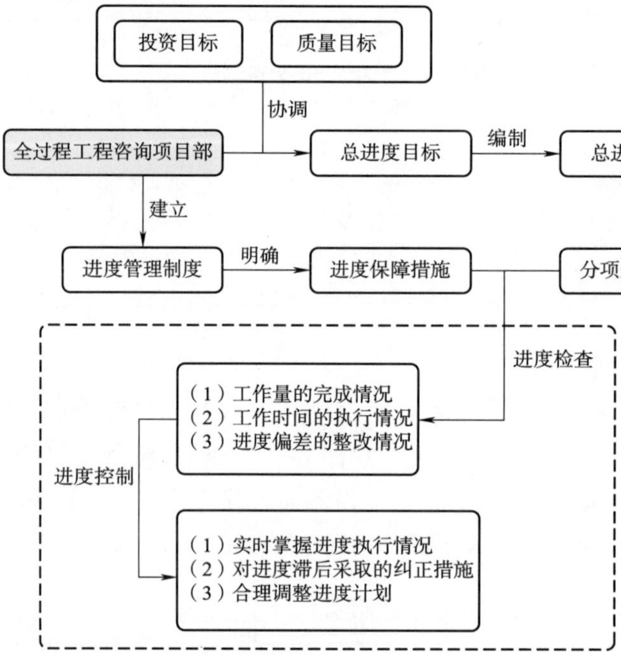

图 7-10　进度管理流程

根据衢丽铁路的总体工期要求,在与质量目标、投资目标相协调的基础上,提出全过程工程咨询的总进度目标,编制全过程工程咨询的总进度计划,并对总进度计划进行分解细化,形成专项咨询进度计划。研究建立进度管理制度,在质量、费用、目标协调的基础上明确进度保障措施,加强对进度执行、进度纠偏、进度调整的统筹管理。研究优化专项咨询工作流程,创新工作思路,提高咨询工作效率。

7.3.1.3 质量管理

基于专项咨询内容建立质量管理体系,制定质量管理制度,提出质量保证措施,实现咨询成果的质量目标。质量管理工作流程如图 7-11 所示。

针对衢丽铁路实际情况,提出全过程工程咨询项目的质量管理总目标,并分解细化为专项咨询的质量目标。配置质量管理人员，对全过程工程咨询项目的质量进行检查、监督和控制。建立基于专项咨询内容的质量管理制度，明确质量管理权责、主要措施等。建立“以事前、事中控制为主”的质量管理理念，加强对质量控制重难点的前期分析与预判，制定预防措施，做好检查与监督。针对质量问题及时分析原因，研究提出改进措施，持续跟踪、督促落实。

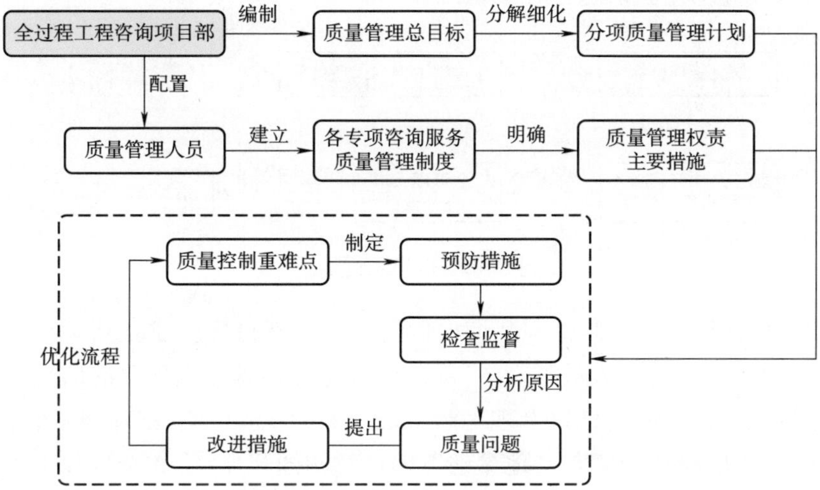

图 7-11　质量管理流程

7.3.1.4　投资管理

研究建立投资管理的目标体系，制定投资管理制度，提出投资管理保证措施，实现投资管理目标。投资管理工作流程如图 7-12 所示。

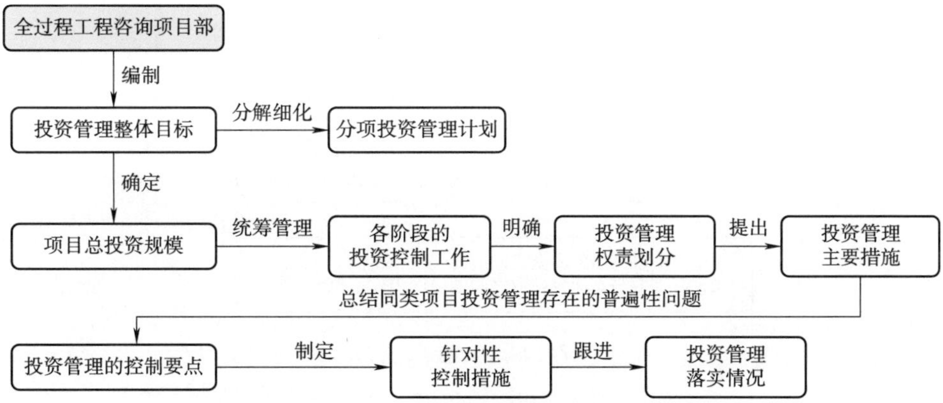

图 7-12　投资管理流程

提出项目投资管理的整体目标，并分解细化为专项咨询的投资管理目标。合理确定衢丽铁路的总投资规模，并统筹管理建设项目投资预估算、估算、设计概算等各阶段的投资控制工作。明确专项咨询投资管理的权责划分，提出投资管理的主要措施。梳理总结同类项目投资管理存在的普遍性问题，汲取有价值的相关经验，明确专项咨询的投资管控要点，以制定有针对性的管控措施。持续跟进专项咨询的投资管控情况，及时优化投资管控行为。

7.3.1.5 信息管理

研究制定信息管理制度，建立项目信息沟通渠道，组织开展专项咨询信息的收集、整理、归档、移交等工作。信息管理工作流程如图 7-13 所示。

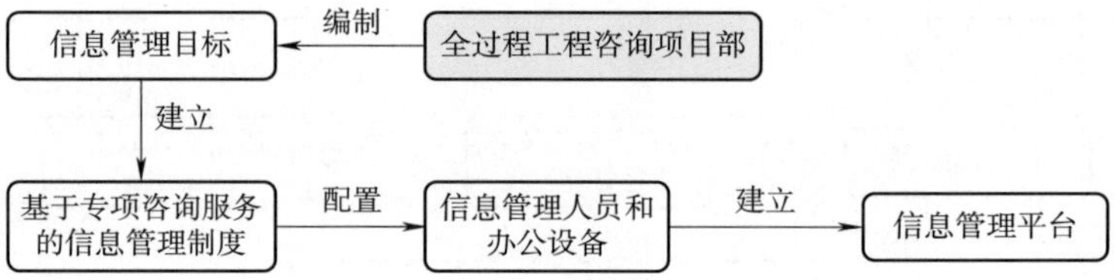

图 7-13 信息管理流程

研究提出衢丽铁路全过程工程咨询项目的信息管理目标。建立基于专项咨询的信息管理制度，配置信息管理人员和设备，满足对全过程工程咨询项目的信息管理工作要求。研发全过程工程咨询信息化管理平台，以此做好信息收集、整理、归档、存储、移交和反馈工作，形成联合体内部与其他参建方的信息沟通机制，支撑全过程工程咨询成果的数字化交付。

7.3.1.6 协调管理

建立科学合理的协调工作机制，确保咨询方与委托方、咨询方与其他参建方沟通顺畅、协同推进项目规划建设工作。构建沟通协调制度，配置沟通能力强、经验丰富的项目咨询统筹管理人员。协调管理工作流程如图 7-14 所示。

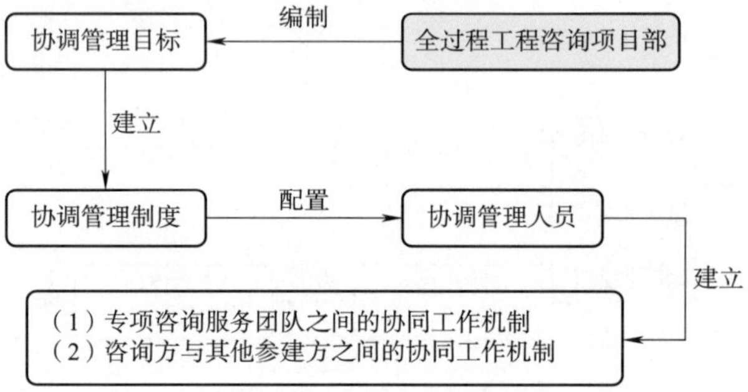

图 7-14 协调管理流程

研究提出全过程工程咨询项目的协调管理目标，建立协调管理制度，配置协调管理人员。构建专项咨询服务团队间的协同工作机制，统一咨询服务目标，发挥整体优势，确保服务的高效与精准，以提升服务质量与效率；构建咨询方与其他参建方之间的协同工作机制，减少沟通障碍，提高沟通效率，保障项目的有序推进。

7.3.2　工作方案

为更好地开展衢丽铁路全过程工程咨询项目，咨询方研究提出了“1 + 2 + 1”的工作方案，即：1 个协同工作平台、2 套工作机制、1 个现场服务基地。

7.3.2.1　协同工作平台

衢丽铁路全过程工程咨询信息化平台（以下简称全咨信息化平台），采用 BIM、GIS、互联网 + 等技术，以项目进度管理、质量管理、投资控制管理为主线，突出项目咨询统筹管理的统筹协调作用，从项目立项决策、勘察设计、工程实施到运营维护全过程，围绕项目进度、质量、投资、安全等关键目标，关联勘察设计、进度计划、概预算及招标控制价、投资完成与工程款项拨付、重要技术事项等信息，有效掌控实时进度，推送项目重要技术信息，统计项目投资完成情况。通过数字化、信息化手段，满足联合体成员方协同办公和业务处理需求，构建高效、畅通的协同工作平台；对全过程工程咨询所涉及的信息进行存储、共享，适应各参建方对信息沟通交流的需要，实现全过程工程咨询成果的数字化交付。全咨信息化平台界面如图 7-15 所示。

图 7-15　全咨信息化平台工作界面

（1）系统架构

全咨信息化平台采用基于中台和微服务的架构建设。中台是一个基础的理念和架构，用中台的思想建设、联通所有的基础服务，共同支持上端的业务。微服务架构（Micro-service Architecture）是一种设计理念，它将复杂的业务功能拆分成多个独立的服务单元，从而实现业务功能的灵活解耦，提高了系统的可维护性、可扩展性和可重用性。微服务架构设计围绕业务领域来创建微服务，这些微服务可独立地进行开发、管理和迭代，使用功能比较明确、业务比较精练的服务解决更大、更实际的问题。

全咨信息化平台的数据中台包括数据采集、公共数据中心、数据治理、数据服务以及智能提取、大数据分析等技术应用；基于分布式微服务技术体现完成服务建设，形成项目级解决方案，面向前台应用提供可复用的业务能力。全咨信息化平台的系统架构如图 7-16 所示。

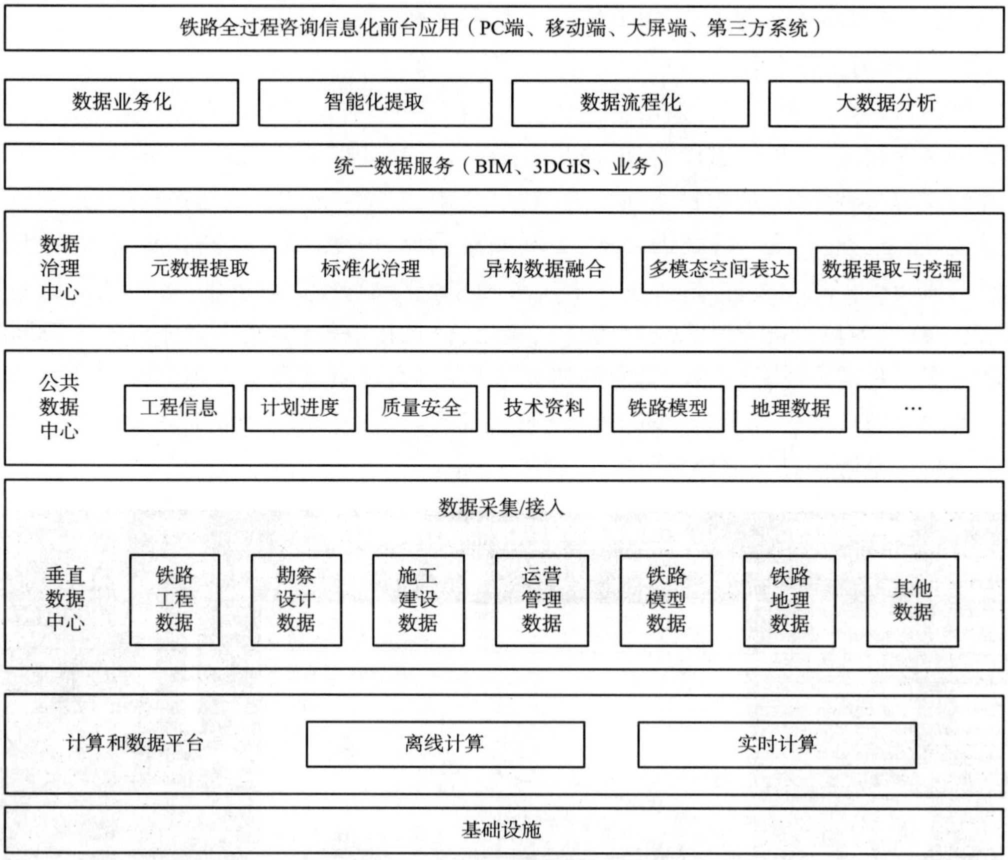

图 7-16　全咨信息化平台系统架构

(2) 主要功能模块

全咨信息化平台基于全过程工程咨询项目的工作需要，以项目咨询统筹管理为主要作业流程，建立贯穿立项决策、勘察设计、工程实施和运营维护全过程的信息化协同工作平台，满足项目咨询统筹管理的工作需求，主要包含咨询管理、项目部管理、系统管理三大板块内容，如图 7-17 所示。

(3) 电子沙盘

电子沙盘是基于 BIM + GIS 技术搭建的，具有实时交互功能，集成设计方案、地形地貌、环境敏感点、重要工点等关键信息的全线三维模型，直观展现工程样貌，实时展示工程进度，辅助实现项目的全过程管理。电子沙盘将数据与轻量化的三维演示模型相关联，以极强的互动性实现项目三维可视化的数据分析，对项目概况、施工过程、周边环境等因素展现更立体直观的虚拟仿真演示效果。全咨信息化平台的电子沙盘示意图如图 7-18 所示。

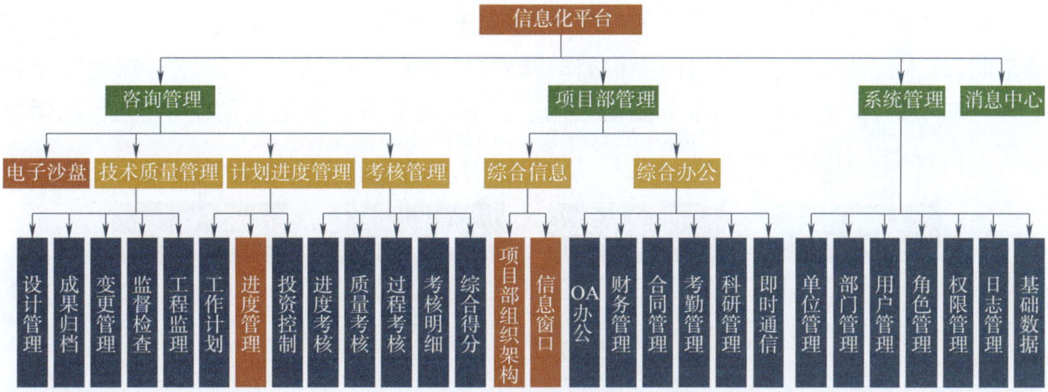

图 7-17　全咨信息化平台主要功能模块

图 7-18　全咨信息化电子沙盘

信息技术应用是支撑铁路建设项目高质量规划建设的重要手段。全咨信息化平台将全过程工程咨询项目部、专项咨询服务团队、委托方等参建方角色化，明确权责划分和工作界面；将专项咨询服务的实施和管理流程化，提供协同工作平台以提高咨询工作效率和质量。全咨信息化平台发挥 GIS 的铁路长大线路海量多源异构数据管理能力以及 BIM 局部工点构件化精细模型构建优势，实现铁路建设管理可视化定量分析、施工进度与质量的精细化智能化管控，提高建设管理水平和效益，实现铁路工程咨询领域信息化的创新。

7.3.2.2 内部工作机制

全过程工程咨询项目部结合项目推进过程中的具体工作，建立以工作会议制度、决策机制、技术协调机制、考核机制等构成的联合体内部协调机制（图7-19），强化全过程工程咨询项目部与专项咨询服务团队之间、专项咨询服务团队之间的协调沟通，确保全过程工程咨询工作的顺利推进。

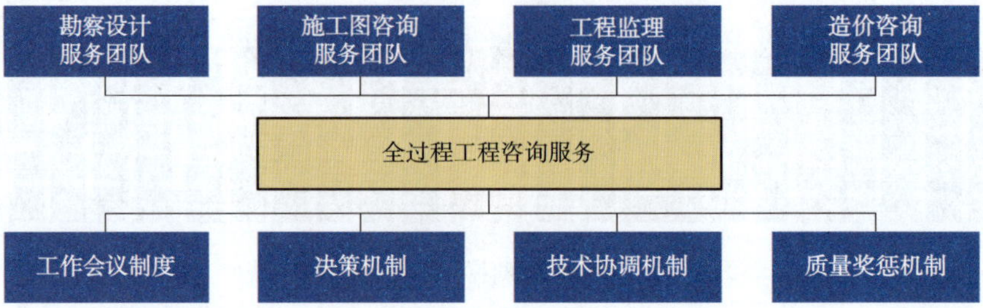

图7-19 全过程工程咨询服务团队内部工作机制

（1）工作会议制度

在联合体内部，采用周例会、月度例会、专题会议等方式加强沟通协作。全过程工程咨询项目部组织专项咨询服务团队定期召开周例会和月度例会，研究项目日常推进过程中的相关事项。对于重大技术及协调事项，由全过程工程咨询项目部组织召开专题会议研究。

（2）决策机制

决策机制分为日常事项决策和重大事项决策两类。对于项目进度、质量、投资、专项咨询团队等日常管理事项，由全过程工程咨询项目部组织研究决策。对于项目功能定位、技术标准、重大技术方案等重大事项，由全过程工程咨询项目部提报全过程工程咨询领导小组决策。

（3）技术协调机制

全过程工程咨询项目部建立了两级技术协调机制，以更为高效地解决全过程工程咨询项目推进过程中所涉及的技术问题。对于一般性的技术问题，由全过程工程咨询项目部协调专项咨询服务团队、委托方、代建方、施工方等，共同研究提出解决方案。对于重大技术问题，由全过程工程咨询项目部组织技术专家组研究提出解决方案。

（4）考核机制

全过程工程咨询项目部针对咨询服务的进度、质量、投资、外部评价等，建立全过程工程咨询的考核制度。基于全过程工程咨询服务费设置考核基金，按照全过程工程咨询服务成效定期开展考核评价，依据考核评价结果按合同结算节点进行考核基金发放，以更好地激励专项咨询服务团队提高咨询服务质量与成效。

7.3.2.3 外部工作机制

为进一步强化全咨方与委托方、代建方等的沟通联系，强化业务协同，全过程工程咨询项目部基于全过程工程咨询模式的特点，结合铁路建设管理实际，构建了全咨方与委托方、代建方的三方协同工作机制,如图 7-20、图 7-21 所示。以此发挥咨询方与代建方整体优势,强化应急联动,加强信息与资源共享,共同为委托方和项目建设提供服务。

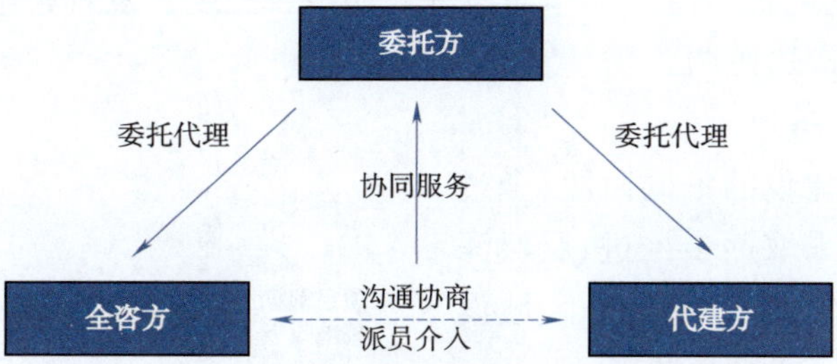

图 7-20　全过程工程咨询模式下三方逻辑关系

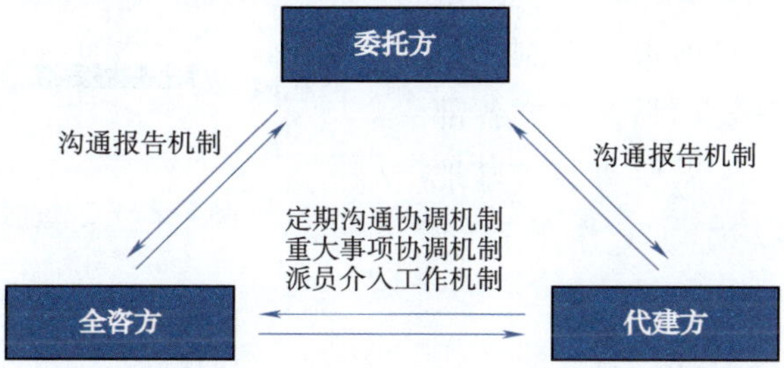

图 7-21　咨询方与业主方协同工作机制的构建

全咨方通过协调代建方在项目前期提前介入,确保项目前期设计方案在工程建设阶段的适应性和稳定性;全咨方在工程实施阶段,基于工程监理、造价咨询等专项咨询内容,为委托方和代建方提供技术支撑,确保项目前期设计方案有效落地。针对委托方的相关诉求和需求,涉及全咨方和代建方的,全咨方主动与代建方加强协商统筹,共同研究提出解决方案。

(1)定期沟通协调机制

建立全咨方与代建方的定期沟通协调机制是确保项目技术方案、进度、投资等落地实施的有效手段。建立会议协调机制,在项目推进中的重要阶段和重要节点,通过组织召开协调会议的方式,研究重难点问题;建立定期信息沟通机制,在项目前期由全咨方就项目进展情况及设计方案相关问题,与代建方加强信息交流;在工程建设阶段,由代建方就项目施工组织、设计变更、进度计划等相关事项,与全咨方加强信息交流。

(2)重大事项协商机制

对于涉及项目设计、施工、运营等的重大技术问题,属于项目前期的,由全咨方组织召开重大技术问题协商会,代建方积极参与,研究提出解决方案;属于工程实施阶段的,由代建方组织召开重大技术问题协商会,全咨方积极参与,研究提出技术解决方案。

(3)派员介入工作机制

在全咨方与代建方之间建立互相派员介入的工作机制,使双方彼此及时掌握项目推进动态,确保双方之间的信息畅通和交流,实现工作质量和工作效率的提升。

(4)与委托方的沟通报告机制

全咨方通过与委托方定期召开月度会议、专题会议等方式,统一项目推进目标和思路;全咨方通过建立周报、月报、工作简报等定期报告制度以及日常电话、函件等形式加强与委托方的日常沟通协调。

7.3.2.4 现场服务基地

针对项目规划建设的不同阶段,全过程工程咨询项目部采取逐步推进、层层深入的方式,有针对性地分阶段、分区域设置服务基地,如图7-22所示。

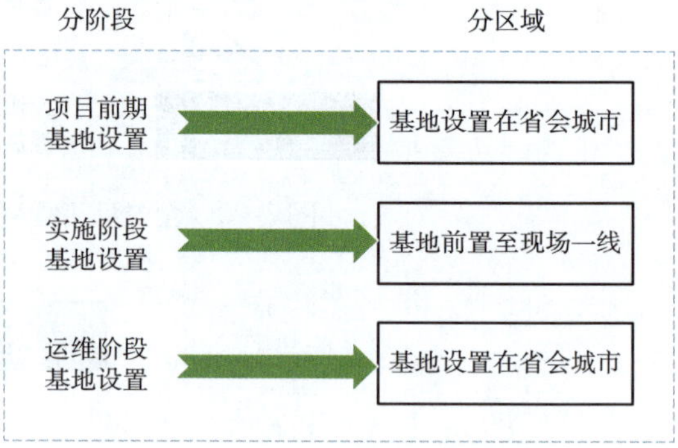

图7-22 现场服务基地设置

(1)项目前期基地设置

立项决策和勘察设计阶段涉及的重大方案研究决策、专题专项报告编制和报批报审,全咨方更多是要加强与省方各部门的沟通联系,根据实际需要将服务基地设置在省会城市,以助力工作的高效推进。

(2)工程实施阶段基地设置

工程实施阶段,全咨方主要负责设计配合、造价咨询、工程监理等工作,与施工现场关系密切。为更好地支撑项目的有序推进,将根据实际需要适时将服务基地前置至现场一线。

(3)运维阶段基地设置

运营维护阶段,为与委托方、运营方建立有效的沟通协作机制,持续跟进项目运营情况,及时获取运营维护相关技术资料,全咨方根据咨询工作需要将服务基地设置在省会城市,促进运营维护咨询工作的高效有序开展。

7.3.3 保障机制

全过程工程咨询项目部采取组织、技术、管理等多方面的保障措施,保障咨询服务按计划有序实施。

(1)组织措施

明确职责,分工负责。以联合体牵头方为主体,选派管理能力突出、业务能力强的人员组建全过程工程咨询项目部,统筹开展项目咨询统筹管理。联合体成员单位选派经验丰富、业务能力突出的专业技术人员组建专项咨询服务团队,开展专项咨询工作。优化专项咨询工作流程。针对预可研文件、可研文件、初步设计文件、施工图文件、变更设计文件的编制,通过技术专家组在设计文件编制时的提前介入、过程技术把关,提前稳定设计方案、减少设计文件修改次数,提高咨询效率和质量。

(2)技术措施

分解细化全过程工程咨询的总体进度计划,明确各专项咨询的进度安排,以专项咨询进度计划的有效控制,实现对总体进度计划的把控。研究梳理专项咨询的控制要素,把握进度控制的关键环节,制定进度控制措施。依托铁路全咨信息化管理平台加强对项目进度计划的动态管理,定期检查网络计划执行情况,及时分析偏差原因,并采取相应措施保障项目总体进度计划。

(3)管理措施

全过程工程咨询项目部通过制定总进度计划、年进度计划、季度进度计划、月进度计划、周进度计划及专项咨询工作进度计划等,构建完整的进度计划体系,实现从整体—局部—整体的进度控制管理。开展进度预警工作,对进度出现偏差的情况进行警示,确保及时发现、及时预警、及时纠正。制定进度考核管理办法,严格执行奖惩措施,激励进度管理工作。

7.4 专项咨询服务

衢州铁路全过程工程咨询项目,专项咨询包括预可行性研究文件编制、可行性研究文件编制、初步设计、施工图设计、前置性专题、专项设计、设计文件技术咨询、工程监理、造价咨询、运维咨询、后评价等55项内容,服务内容及阶段如图7-23所示。

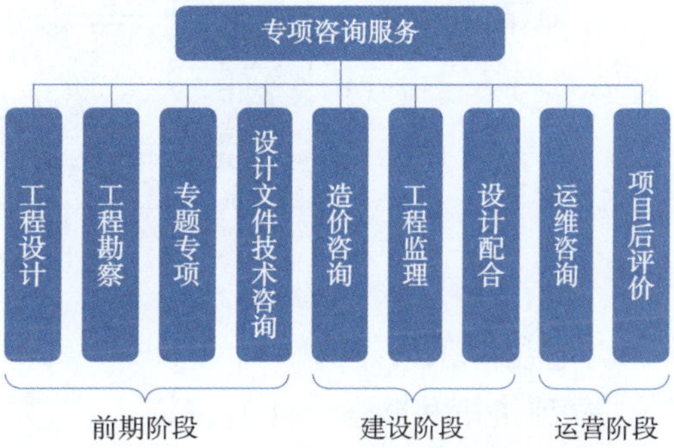

图7-23 主要专项咨询服务内容

7.4.1 工程勘察和工程设计

立项决策和勘察设计阶段的专项咨询主要涉及工程勘察和工程设计两大类。工程勘察主要涉及工程地质勘察、测量和物探工作,了解掌握地质条件、地形地貌、地下管线等信息,为设计和施工提供基础数据;工程设计基于标准和规范,综合考虑项目的技术要求、功能定位、客流需求等因素,保障设计方案的可行性和经济性。

(1)组织实施

工程勘察的组织实施。在各阶段勘察工作实施前,要提交具有可实施性的勘察工作大纲及进度计划,并经过审查合格后,才能基于新技术、新方法、新设备开展现场工程勘察,完成最终勘察报告。

工程设计的组织实施。预可行性研究,深入研究并收集资料,开展社会经济调查,完成预可行性研究文件编制,包括项目功能定位、客流需求预测、主要技术标准研究等。可行性研究,包括落实客运量、确定技术标准和设计原则、提出工程量和材料概数等,以及论证项目可行性,完成可行性研究报告。初步设计,开展控制网测设、地形图修测等定测工作,并结合勘测结果开展初步设计,完成初步设计文件编制。施工图设计,基于批复的初步设计开展施工图设计,编制施工图预算,完成施工图的编制。

(2)咨询范围

咨询范围包括预可行性研究、可行性研究、初步设计、施工图设计、工程实施阶段的施工配合、竣工验收等全过程。

咨询内容包括开展踏勘、初测、定测、补充定测、钻探、物探、遥感、航飞、精测网等勘察工作；完成预可行性研究报告、可行性研究报告、勘察报告、初步设计、施工图设计等的勘察设计文件，协助委托方开展项目全过程报批、评估、招标工作，组织勘察设计技术交底、派驻现场设计代表配合施工，参加设备系统联合调试、试运营配合、竣工验收、质保期的服务等，如图 7-24 所示。

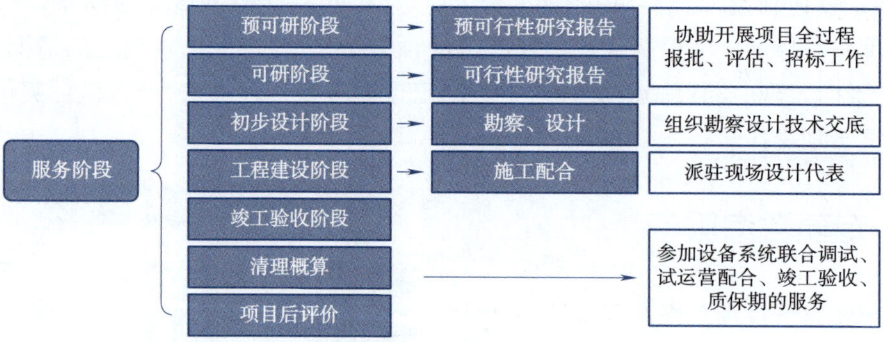

图 7-24　工程勘察、工程设计的咨询范围

(3)组织架构与协作

立项决策和勘察设计的咨询工作，要突出技术管理、资源保障和过程控制的重要性。组建技术、管理等综合能力强的咨询服务团队，以通过精细的规划和管理确保项目勘察设计质量和建设实施的有序推进。具体的组织架构如图 7-25 所示。

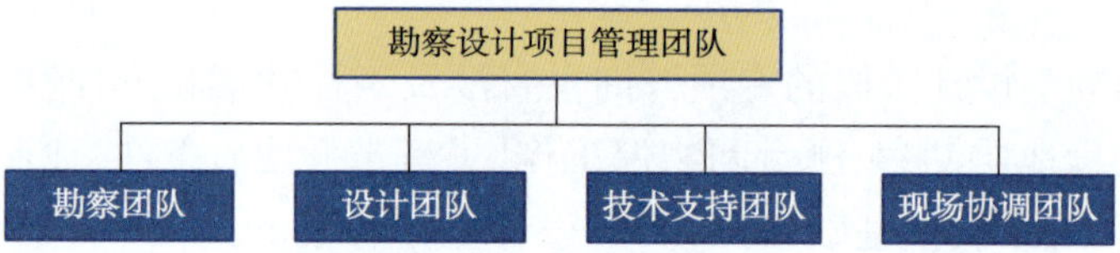

图 7-25　勘察设计服务组织架构

勘察设计项目管理团队负责整体项目勘察设计的规划、监督和管理，确保各阶段目标的达成；工程勘察团队专责进行地质勘察、数据收集和分析，编制勘察报告；工程设计团队负责预可行性研究、可行性研究、初步设计、施工图等设计文件的编制；技术支持团队负责提供必要的技术支持，包括高新技术应用、数据分析工具等；现场协调团队负责确保工程勘察和工程设计的顺利进行，包括现场人员和设备的安排、施工现场的配合服务。

7.4.2　设计文件技术咨询

设计文件技术咨询，按照“过程介入、平行推进、同频共振、协同联动、动态跟进”的原则，坚持从宏观到微观，针对项目难点，抓住阶段特点，突出咨询重点，突出技术创新；坚持与工程勘察和工程设计的相互支持、相互促进，发挥好专家智库作用。

(1)组织实施

预可行性研究阶段,提供立项依据、运量预测、社会经济效益等方面的咨询服务,确保项目的合理性和可行性。

可行性研究阶段,深入分析项目的技术标准、建设方案、财务和经济效益,确保技术方案的科学性和经济合理性。

初步设计阶段,提供关于工程设计原则、方案优化、施工组织设计等方面的专业咨询,提升设计方案的可行性和优化程度。

施工图设计阶段,深度参与施工图的审核和优化,确保设计方案的实施可行性,以及施工安全和质量。

Ⅰ类变更及概算调整咨询,对项目变更提供技术咨询,保证变更的合理性和项目成本的控制。

(2)咨询范围

咨询范围和内容包括项目预可行性研究报告、可行性研究报告、初步设计文件、施工图设计文件、Ⅰ类变更设计及调整概算文件的设计文件,涉及自立项决策至竣工验收全过程。

(3)组织架构

设计文件技术咨询服务的组织架构如图7-26所示。

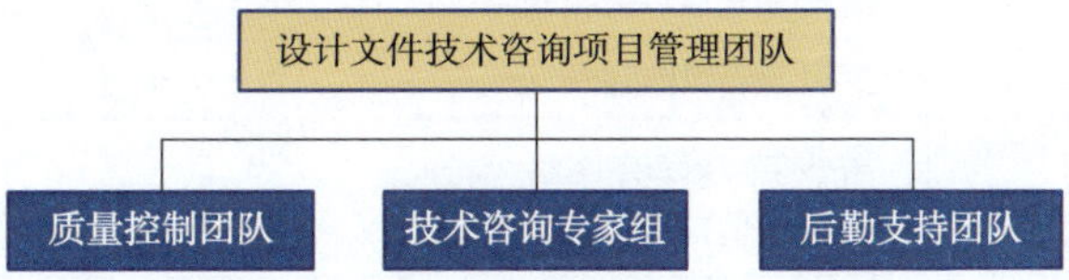

图7-26 设计文件技术咨询服务组织架构

设计文件技术咨询项目管理团队,负责项目设计文件技术咨询的组织管理和协调,确保项目按照计划顺利进行。技术咨询专家组,由各专业领域的技术专家组成,负责提供专业的技术咨询服务。质量控制团队,负责监控服务质量,确保咨询意见的准确性和实用性。后勤支持团队,提供必要的行政、物资和技术支持,确保咨询团队能够高效工作。

技术方案、设计质量和投资是前期设计文件技术咨询把控的重点,咨询方组建设计文件技术咨询专项服务团队,通过专业化的分工、高效的管理体制,为项目的设计文件技术咨询工作提供强有力的组织机构保障;通过进一步优化调整设计文件技术咨询服务流程,加强设计文件技术咨询专业工程师的过程介入,充分发挥勘察设计服务团队和设计文件技术咨询服务团队的整体技术优势;通过优化设计文件技术咨询的时间安排,过程咨询、提前预咨询与最终咨询等方式相结合,有效提高咨询效率。

7.4.3 专题报告和专项设计

专题报告和专项设计是项目报批报审的重要支撑性要素,按照各阶段工作要求合理安排进度计划,确保专题报告编制和专项设计满足项目整体要求,具体服务计划见表7-1。

表7-1　专题专项作业安排和进场计划

序号	项　目	实施周期（不含批复）	完成的主要专业	开展阶段
一	专题研究			
1	土地综合开发机会研究	20天	建筑	预可研
2	用地预审	2个月	线路	可研
3	社会稳定风险分析报告	1~2个月	线路	可研
4	线路选址意见书	1~2个月	线路	可研
5	土地综合开发方案研究	1~2个月	建筑	可研
6	生态保护红线专题分析报告	1个月	环保	可研
7	可研阶段客流预测专题报告	1个月	经调	可研
8	通航论证报告书	1~2个月	桥梁	可研~初步设计
9	防洪影响评估报告书	1~2个月	桥梁	可研~初步设计
10	林地使用报告	1~2个月	线路	初步设计
11	地质灾害危险性评估报告	1~2个月	地路	初步设计
12	压覆矿产资源评估报告	2~3个月	地路	初步设计
13	地震安全性评价报告书	1个月	地路	初步设计
14	危岩落石风险评估	1个月	地路	初步设计
15	跨（穿）越既有铁路、高速公路安全评估报告	1个月	桥梁	初步设计
16	环境影响评价及环境敏感区专题论证报告	2~3个月	环保	初步设计
17	水土保持方案编制	2~3个月	环保	初步设计
18	文物保护调查及影响评估报告	1个月	环保	初步设计
19	水源保护区影响分析专题报告	1~2个月	环保	初步设计
20	职业病危害预评价报告	1个月	线路	施工图
21	外部电源接入方案、评估及电源前期配合测试	1~2个月	供变电	施工图
22	土地勘界	2个月	线路	施工图
23	表土剥离方案编制	1~2个月	环保	开工前期
24	林地组件编制	1~2个月	线路	开工前期
25	土地组件编制	1~2个月	线路	开工前期
26	弃渣场稳定性评估	2个月	地路	施工阶段
27	水土保持监测	施工期全过程	环保	施工阶段
28	环境保护和水土保持设施验收报告编制	6个月	环保	施工阶段
29	用地竣工复测	3~5个月	线路	竣工阶段

续上表

序号	项　目	实施周期 (不含批复)	完成的主要 专业	开展阶段
30	建设用地执行报告编制及不动产证书办理技术服务 6～9 个月	线路	竣工阶段	
二	专题研究			
31	通航桥墩防撞、助航标志设计	1～2 个月	桥梁	初步设计～施工图
32	防洪评估后补救措施工程设计	1～2 个月	桥梁	初步设计～施工图
33	土地复垦方案编制	1～2 个月	环保	开工前

(1)组织实施

专题研究和专项设计均与工程勘察和工程设计密切相关,主要是在勘察设计咨询服务团队的基础上,分专题研究和专项设计内容组建相应的专题专项咨询工作团队,负责完成专题研究报告和专项设计文件。通过加强与勘察设计咨询服务团队的密切配合,确保专题研究报告与项目总体研究思路和技术方案的一致性,保障专项设计文件与项目总体设计文件接口的匹配性。

(2)咨询范围

专题研究和专项设计咨询内容,主要包括报批报审的行业性前置要件以及结合项目特点需要开展的支撑性要件,本项目共包括土地综合开发机会研究,用地预审,社会稳定风险分析报告,线路选址意见书,土地综合开发方案研究,生态保护红线专题分析报告,可研阶段客流预测专题报告,通航论证报告书,防洪影响评估报告书、林地使用报告,地质灾害危险性评估报告,压覆矿产资源评估报告,地震安全性评价报告书,危岩落石风险评估,跨(穿)越既有铁路、高速公路安全评估报告,环境影响评价及环境敏感区专题论证报告,水土保持方案编制,文物保护调查及影响评估报告,水源保护区影响分析专题报告,职业病危害预评价报告,外部电源接入方案、评估及电源前期配合测试,土地勘界,表土剥离方案编制,林地组件编制,土地组件编制,弃渣场稳定性评估,水土保持监测,环境保护和水土保持设施验收报告编制,用地竣工复测,建设用地执行报告编制及不动产证书办理技术服务,通航桥墩防撞、助航标志设计,防洪评估后补救措施工程设计,土地复垦方案编制等 33 项。

7.4.4 造价咨询

造价咨询是项目投资控制的重要支撑。在全过程工程咨询模式下,造价咨询由原来的工程实施阶段介入,提前到项目可行性研究阶段介入,以更为全面系统的加强对项目投资的认识和理解;是全过程投资咨询这条主线向工程实施阶段延伸的重要依托。

(1)组织实施

造价咨询要坚持依法合规、全过程的咨询服务理念。在充分分析研究衢丽铁路项目的基础上,以现行管理规定、标准、税费取定文件以及项目各阶段批复文件等作为重要咨询依据,把握项目的重难点和关键核心问题,梳理明确造价咨询服务的工作重点,采取针对性措施提高咨询服务水平和咨询服务成果质量。

(2)咨询范围

咨询范围包括项目招标限价和工程量清单咨询、征地拆迁审价、验工计价及支付咨询、价差调整审核、变更设计审价、工程结算咨询等。

招标阶段咨询,主要是招标清单及控制价审核,确保招标文件的合理性和市场竞争性。工程实施阶段咨询,主要是征地拆迁及管线迁改、变更设计审价、材料(设备)价差调整审价等,以控制施工成本,确保项目投资效益。竣工结算阶段咨询,对项目的最终成本进行审核,包括工程竣工结算审核和清理概算等,确保结算的合理性和透明性。

(3)组织架构

造价咨询服务的组织架构如图7-27所示。

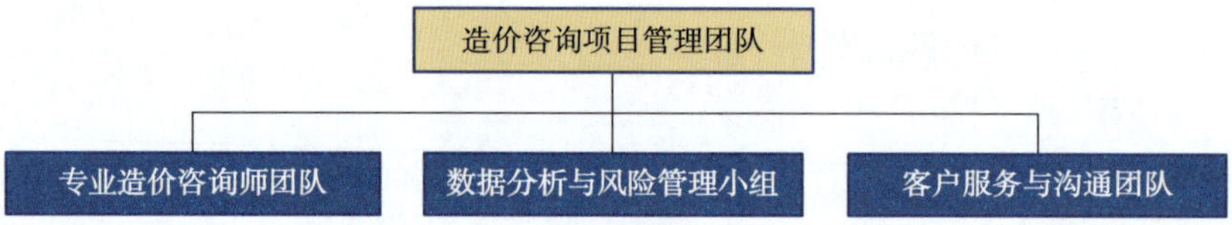

图7-27　造价咨询服务组织架构

造价咨询项目管理团队,负责整体造价咨询服务的规划、执行和监控,确保项目按照计划进行。专业造价咨询师团队,根据项目需求分为多个咨询服务小组,每组专注于特定的造价咨询服务内容,如招标审计、施工造价管理、竣工结算等。数据分析与风险管理小组,负责收集、整理和分析造价数据,识别项目风险,提供决策支持。客户服务与沟通团队,负责与委托方的沟通协调,确保服务满足委托方的需求和期望。

7.4.5　工程监理

工程监理是保障项目设计方案落地实施的质量、安全、进度、成本、环保等满足标准规范要求的重要环节,是全过程技术咨询这条主线向工程实施阶段延伸的重要支撑。

(1)组织实施

工程监理服务团队负责全面监督和管理工程建设的各个环节,编制并实施监理计划和细则,与设计文件和业主要求保持一致,参与工地会议、设计交底会议,审查施工组织设计和进度计划;定期检查工程质量、施工安全,审核材料质量和施工进度;参与工程变更、竣工验收等关键环节,确保工程符合设计和标准要求,确保工程项目按照设计文件、合同约定和国家标准顺利实施。

(2)咨询范围

工程监理的咨询服务涵盖了从工程项目启动到竣工验收的全过程,包括进度监督、质量控制、成本控制、安全监管、信息管理等。

(3)组织架构

全过程工程咨询模式下,工程监理按照"五控两管一协调",实现质量、进度、成本、安全、环保的全面控制;合同、信息的有效管理;项目参与各方的有效协调;自项目可行性研究阶段至竣工验收阶段,提前介入、全程参与,加强对前期设计方案的深入理解,保障设计方案有效落地;根据项目进度和实际情况动态调整监理策略,保障项目顺利推进。工程监理的组织架构如图 7-28 所示。

图 7-28 工程监理服务组织架构

总监理工程师,负责整个项目的监理工作,是监理团队的技术和管理领导者。专业监理工程师,按工程专业划分,负责各自领域内的监理任务。安全、质量、进度监理员,专职负责对应的监理工作,保证工程安全、质量和进度。行政与后勤支持团队,负责提供行政管理、资料整理和其他必要的后勤支持。

7.5 衢丽铁路全过程工程咨询服务亮点和成效

7.5.1 衢丽铁路全过程工程咨询的实施历程

2021 年 7 月,经规院牵头,铁四院、中国铁设、数智交院、天津新亚太组成联合体中标衢丽铁路全过程工程咨询服务项目,自此拉开了项目快速推进的序幕。8 月,召开衢丽铁路建设方案研讨会;10 月,召开项目可行性研究技术咨询会;2022 年 6 月,出具可行性研究技术咨询意见;7 月,项目可研批复,用时不到一年。

2022 年 4 月,组织项目初步设计技术咨询预审;8 月,组织召开项目初步设计技术咨询鉴修会;9 月,出具项目初步设计技术咨询意见;11 月,完成了初步设计批复。项目初步设计批复周期仅为半年。

2022 年 10 月,召开项目仙霞岭隧道群先期实施工程施工图审核咨询会议;11 月,出具施工图审核报告咨询意见;12 月,项目仙霞岭隧道群先期实施工程开工。

2023 年 2 月,召开了项目剩余工程施工图审核咨询会议;4 月,召开了项目施工图征求意见会;5 月,召开了项目施工图审核二次咨询会议;7 月,出具施工图审核报告咨询意见;9 月,项目正式启动全线剩余工程施工招标,并于 11 月完成招标。

2024 年 2 月,项目建设用地得到批复,施工单位进场,现场工程实施和全过程工程咨询工作有序推进。2024 年 8 月,完成站房施工图审查。衢丽铁路全过程工程咨询的具体实践如图 7-29 所示。

(a) 2021年8月建设方案研讨

(b) 2021年9月全咨项目部揭牌

(c) 2022年4月全咨课题研讨

(d) 2022年4月全咨工作流程优化研讨

(e) 2022年8月初步设计审查

(f) 2022年10月先期实施工程施工图审查

(g) 2022年12月先期实施工程开工

(h) 2023年2月全咨领导小组工作会议

(i) 2023年2月施工图审核咨询

(j) 2023年2月全咨项目部调研站房设计进展

(k) 2023年8月全咨阶段性总结与研讨

(l) 2024年3月全咨项目部调研施工进展

(m) 2024年7月技术专家组调研先开段现场

(n) 2024年8月站房施工图审核会

图7-29　衢丽项目全过程工程咨询工作实践

7.5.2　衢丽铁路全过程工程咨询统筹管理服务亮点

7.5.2.1　把握项目关键需求，发挥全咨服务优势，加速项目前期进展

全咨方深刻把握衢丽铁路全过程工程咨询项目的关键问题，做到“三个及时”，如图7-30所示。

及时把脉项目规划建设的重难点问题。立足区域路网格局与国家路网的协同匹配，统筹考虑沿线经济社会发展需求，重点解决项目的技术标准合理性、线站位选址及方案稳定性、沿线地方诉求协调性等问题，为项目高质量规划建设奠定基础。

及时摸清项目跨阶段咨询服务需求。规划研究阶段，重点基于地方区域路网发展规划，提出项目建设方案、必要性及建设时序的合理化建议；立项决策阶段，重点结合可行性研究实际，加强设计深度，全面考虑概算费用各细项的定额、标准适用依据。工程实施阶段，重点构建项目业主、全咨方、代建方、施工单位的高效管理架构，确保投资、进度、质量等建设目标的实现。

及时找准项目前期工作推进过程中的关键环节。聚焦项目存在的用地报批流程长、临时场站选址和房屋征拆难度大、建设资金来源渠道少等工作难点，向地方政府、行业主管部门提出倾斜性支持政策和协调推进工作机制的建议，成功获得金融工具支撑。及时协调解决了项目审查审批、专题专项报批、投融资方案等关键环节问题，大大节约了项目前期审批时间，提高项目前期推进效率。

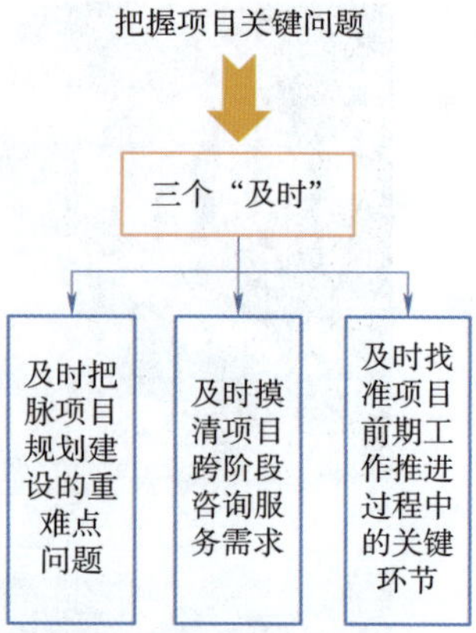

图 7-30　项目关键问题的“三个及时”

7.5.2.2　设计与技术咨询动态融合，提高设计质量及效率

组建全过程工程咨询技术专家组，发挥行业的技术引领优势，直接参与项目功能定位、路网关系研究，科学合理确定功能定位、技术标准、线站位方案、建设时序，统筹协调路地关系，提前介入、过程指导项目研究和设计文件的编制，实现设计与技术咨询的动态融合，为项目高质量推进提供了强力保障。

在立项决策阶段，通过尽早明确设计原则及思路，指导勘察设计单位系统开展项目功能定位、路网关系、建设时序研究，统筹考虑国家铁路网与地方区域路网的有效衔接，科学论证明确建设标准和线站位方案，有效响应了浙江省构建“共同富裕示范区”的整体要求。

在勘察设计阶段，加强设计文件质量把控，组织技术专家组结合路、桥、隧、工经等专业实际，过程指导设计人员明确设计原则、优化设计方案，针对重大技术问题、特殊复杂工点及时开展现场调研、召开论证会，严格把关提高设计深度、细度，切实提高设计文件质量和完整性。

在计划安排上，提前谋划、及时安排技术咨询实施计划，通过开展过程指导、提前预审、鉴修咨询等多种方式，最大程度压缩全咨方内部文件流转时间，提高项目咨询效率。

7.5.2.3　以咨询统筹管理为抓手，充分发挥牵头协调作用，以流程再造加快项目进度

突出项目咨询统筹管理的核心作用，以“项目策划、进度管理、质量管理、投资管理、信息管理、协调管理”为抓手，通过采用事前组织专项咨询服务团队会议研讨，提前预判事项重难点，统筹做好计划安排、工作方案、应对措施及风险预案；事中强化过程精细化盯控、及时反馈、集体研究，对关键节点进展情况做到细致掌握、挂图跟踪；事后加强经验教训总结及专项咨询服务考核，化解专项咨询服务进度滞后风险、质量风险等。

通过靠前指挥、深入现场，协调路地双方诉求，促使路地双方共商共研，通过协调对接会和大型项目推进会等方式，推动建立铁路运营管理单位、地方间更加扁平畅通的沟通渠道和协同工作机制，解决项目推进过程中的难点及阻点；面对情况复杂、时间紧任务重、前期疫情影响等诸多难题，通过系统梳理铁路建设各阶段前置性专题工

作流程，明确时间及要素要求，压缩审批流转时间，实现压茬和错茬推进，为项目报批打造一条“高速通道”。

(1)立项决策阶段流程创新

结合铁路建设项目立项决策阶段工作范围与工作内容，梳理铁路建设项目立项决策阶段的具体工作流程，明确流程中的实施主体，在此基础上，形成全过程工程咨询模式下立项决策阶段的优化流程，具体如图7-31所示。

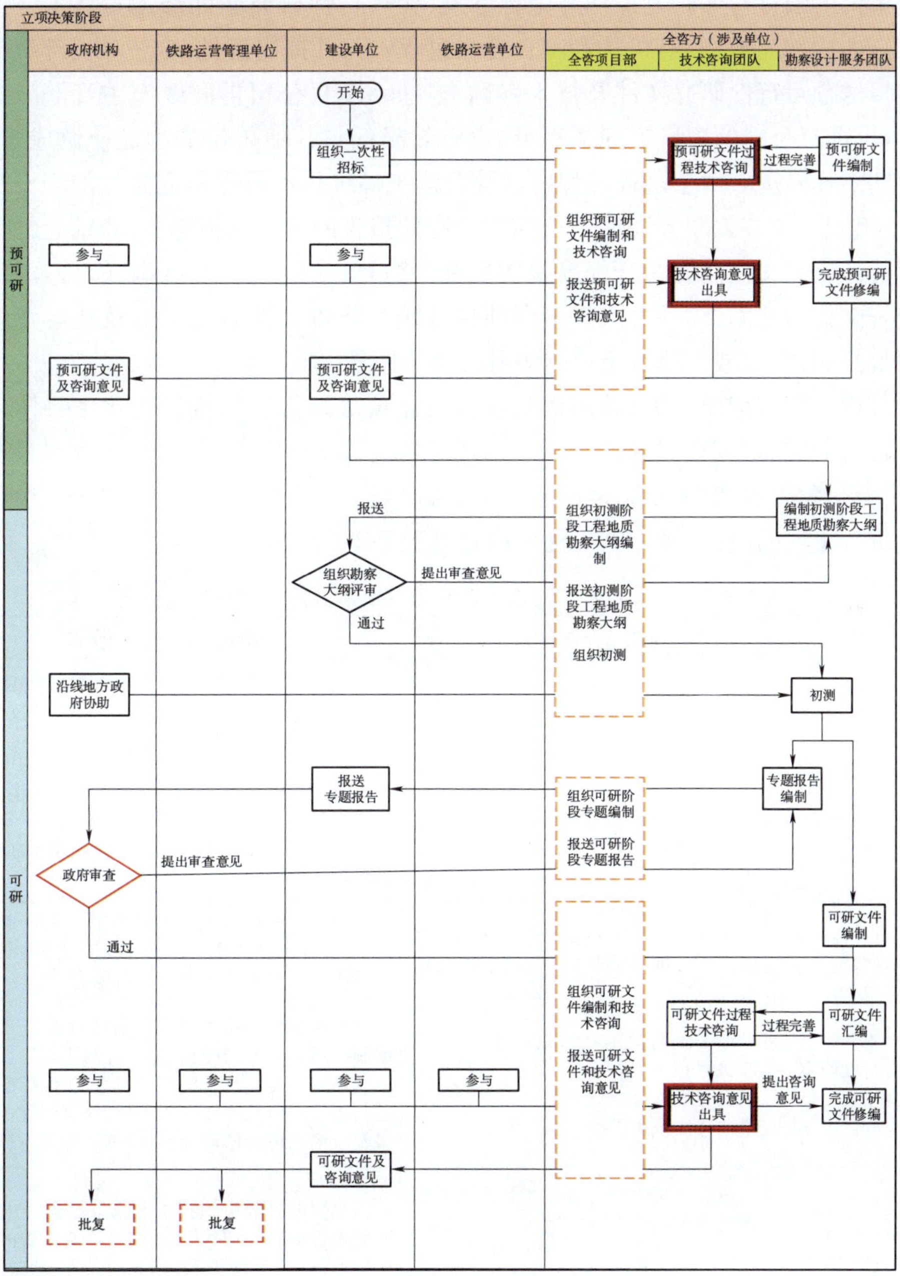

图7-31　立项决策阶段管理优化流程图

在立项决策阶段，项目公司负责组织全过程工程咨询联合体的招标，组织开展预可行性研究、可行性研究的文件编制以及技术咨询工作，配合项目可行性研究报告及前置性专题报告的报批报审。

全过程工程咨询模式下，采用一体化、一次性的发包方式，在项目预可行性研究阶段开始前对全过程工程咨询联合体进行招标，后续不再进行单独招标，减少工作量。由全咨项目部组织预可行性研究文件编制和技术咨询工作，技术咨询专家组提前介入勘察设计单位的预可行性研究工作并全程参与，预可行性研究文件修编与技术咨询意见均在联合体内部完成，政府机构和项目公司过程参与并提出意见，全咨项目部统一向项目公司报送预可行性研究文件及技术咨询意见，由项目公司再向政府主管部门报送报审，既减少项目公司的项目管理工作量，也有效降低与其他单位的沟通协调成本，促使项目前期工作推进。由全过程工程咨询联合体统筹进行可行性研究文件的编制与送审工作，并组织专项咨询服务团队进行前置性专题报告的编制与报送，并将前置性专题成果与可行性研究文件高度融合提高整体性和一致性；全过程工程咨询联合体内部组织开展报告文件的技术咨询评估，由全咨项目部统一将可行性研究报告及技术咨询意见报送项目公司，有效减少项目公司的沟通协调工作量。

全过程工程咨询模式下，衢丽铁路项目在立项决策阶段的流程优化主要体现在组织预可行性研究、可行性研究以及相应的技术咨询等工作上，尽可能减少项目公司的工作量，由全过程工程咨询联合体承担立项决策阶段的主要管理工作，项目公司全程指导并主持重大事项的决策，具体流程优化内容见表 7-2。

表 7-2　引入全过程工程咨询后立项决策阶段管理流程优化内容

工作内容	传统工程咨询模式	全过程工程咨询模式
组织立项决策阶段招标	项目公司负责组织立项决策阶段招标	采用一体化、一次性的发包方式，在项目预可行性研究阶段开始前便对全过程工程咨询联合体进行招标，后续不再进行单独招标
组织预可行性研究文件编制	项目公司组织完成预可行性研究，编制项目建议书	由全咨项目部统一与项目公司进行对接，技术咨询专家组提前介入和过程参与，加强对重要信息的收集以及对投资规模、技术标准判断的准确度，合理确定建设方案
组织预可行性研究技术咨询	项目公司组织相关部门对预可行性研究报告进行初审并出具初审意见	由全咨项目部组织技术专家组开展技术文件咨询评估，并由全咨项目部统一将预可行性研究文件及技术咨询意见报送项目公司
组织可行性研究文件编制	项目公司根据项目建议书，组织完成初测和可行性研究报告；项目公司组织完成可行性研究报告批复前的前置性文件报批工作	由全咨项目部统筹组织开展可行性研究报告的编制与送审工作，并组织专项咨询团队进行可行性研究前置性专题报告的编制与送审，保障前置性专题与可行性研究工作同步进行，并将前置性专题成果及时纳入可行性研究报告，统一报送项目公司
组织可行性研究技术咨询	项目公司协调行业技术评审单位开展项目可行性研究报告的技术咨询，并征求铁路运营管理单位意见，并负责将可行性研究报告和技术咨询意见报送项目审批部门	由全咨项目部组织技术专家组过程介入可行性研究报告编制，及时开展可行性研究报告的技术文件咨询；由全咨项目部统一将可行性研究报告及技术咨询意见报送项目公司

(2)初步设计阶段流程创新

结合铁路建设项目初步设计工作范围与工作内容，梳理铁路建设项目初步设计阶段的工作流程，明确流程中的实施主体。在此基础上，开展全过程工程咨询模式下初步设计阶段工作流程的优化设计，具体如图7-32所示。

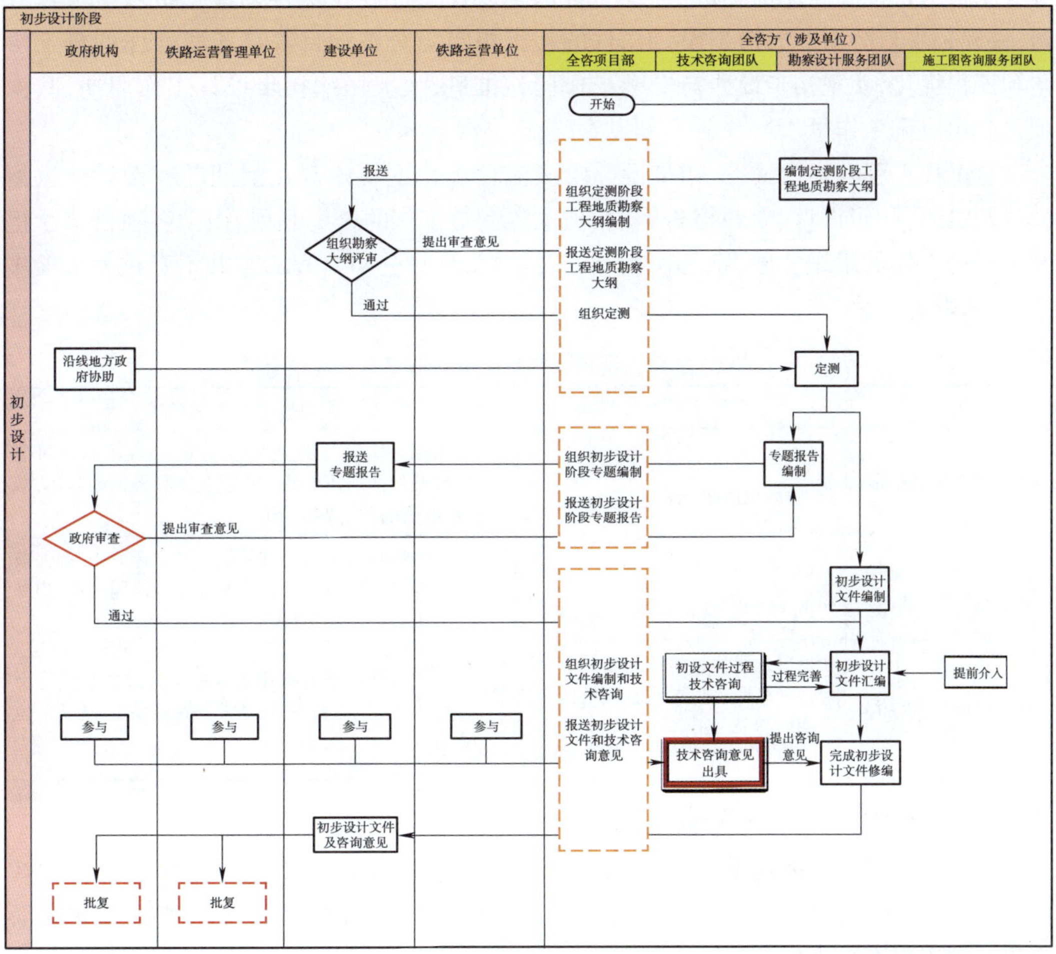

图7-32 初步设计阶段管理优化流程图

在初步设计阶段，原本由项目业主负责组织进行勘察设计单位、专题专项单位招标，全过程工程咨询模式下通过预可行性研究阶段前一次性完成招标。对于前置性专题策划与任务分解，原本是完成前置性专题方案设计后才开展初步设计文件编制；全过程工程咨询模式下，由全咨项目部对联合体进行分工协调，前置性专题方案与初步设计文件编制协同推进；关于初步设计文件的技术咨询，由项目业主负责组织协调，转变为由全咨项目部组织联合体内部各单位、铁路运营管理单位及沿线地方政府共同参与，重视组织技术专家组过程介入初步设计文件编制和前置性专题报告编制，统筹谋划提高咨询成果质量。

全咨项目部组织编制定测大纲并报送项目公司评审，依据评审后定测大纲开展定测工作；全咨项目部组织编制初步设计文件，编制初步设计阶段专题报告并报行政主管部门审批；全咨项目部组织汇编初步设计文件和专题报告、开展技术咨询，初步设计文件与技术咨询意见均在全咨联合体内部完成；全咨项目部负责协调政府部门、运营单位等参与技术咨询和意见征集，负责统一将初步设计文件和技术咨询意见报送至项目公司，并配合项目公司开展初步设计文件的报批报审。全咨项目部统筹联合体的分工协同和流程优化，实现初步设计与专题工作压茬推进，大大压缩初步设计工作周期，减少项目公司协调工作量。

全过程工程咨询模式下，初步设计阶段流程优化主要体现在前期勘察设计单位招标以及定测、初步设计、专题报告编制、技术咨询等工作的统筹开展，由全咨项目部承担专项咨询工作的组织实施、统筹协调和综合管理，项目公司全程参与并负责重大事项决策，具体内容见表7-3。

表7-3　引入全过程工程咨询初步设计阶段管理流程优化内容

工作内容	传统工程咨询模式	全过程工程咨询模式
组织初步设计招标	项目公司负责组织开展勘察设计单位、专题单位招标	采用一体化、一次性的发包方式，在项目预可研阶段开始前便招标确定全过程工程咨询联合体，减少业主招标次数和工作量
初步设计文件编制和前置性专题策划	项目公司负责前置性专题方案设计和工作开展	由全咨项目部负责统筹组合和协调分工，确保前置性专题报告与初步设计文件编制协同推进，提高文件编制的整体性和一致性
初步设计技术咨询	项目公司负责组织初步设计文件初审，并协调行业技术咨询单位开展技术咨询和意见出具，并负责征求铁路运营管理单位	由全咨项目部组织技术专家组开展初步设计文件技术咨询，并负责协调征求铁路运营管理单位意见

(3)施工图设计阶段流程创新

全过程工程咨询模式下，为进一步提高铁路建设项目的施工图设计质量，充分发挥技术专家组、施工图设计咨询、造价咨询、工程监理等的整体技术优势，对施工图设计阶段的工作流程进行优化，具体如图7-33所示。

传统工程咨询模式下，由项目公司负责组织勘察设计单位开展施工图设计和施工图预算编制，组织施工图设计咨询单位开展施工图设计咨询，并统筹协调施工图设计咨询报告的行业审核。

全过程工程咨询模式下，由全咨项目部负责组织勘察设计单位开展补充定测、施工图设计、施工图预算编制、专题报告编制和专项设计；组织施工图设计咨询单位、造价咨询单位提前介入开展设计文件技术咨询和施工图预算咨询，过程指导勘察设计单位提高施工图设计质量和效率；组织工程监理单位提前介入对施工图设计文件和施工组织安排进行把关，提高设计方案的可实施性。由全咨项目部统一将施工图设计文件、施工图设计技术咨询意见等咨询成果报送项目公司，并由全咨项目部负责组织协调施工图设计的行业审核部门开展施工图设计咨询意见的审查，大大降低项目公司的统筹管理和协调工作量。

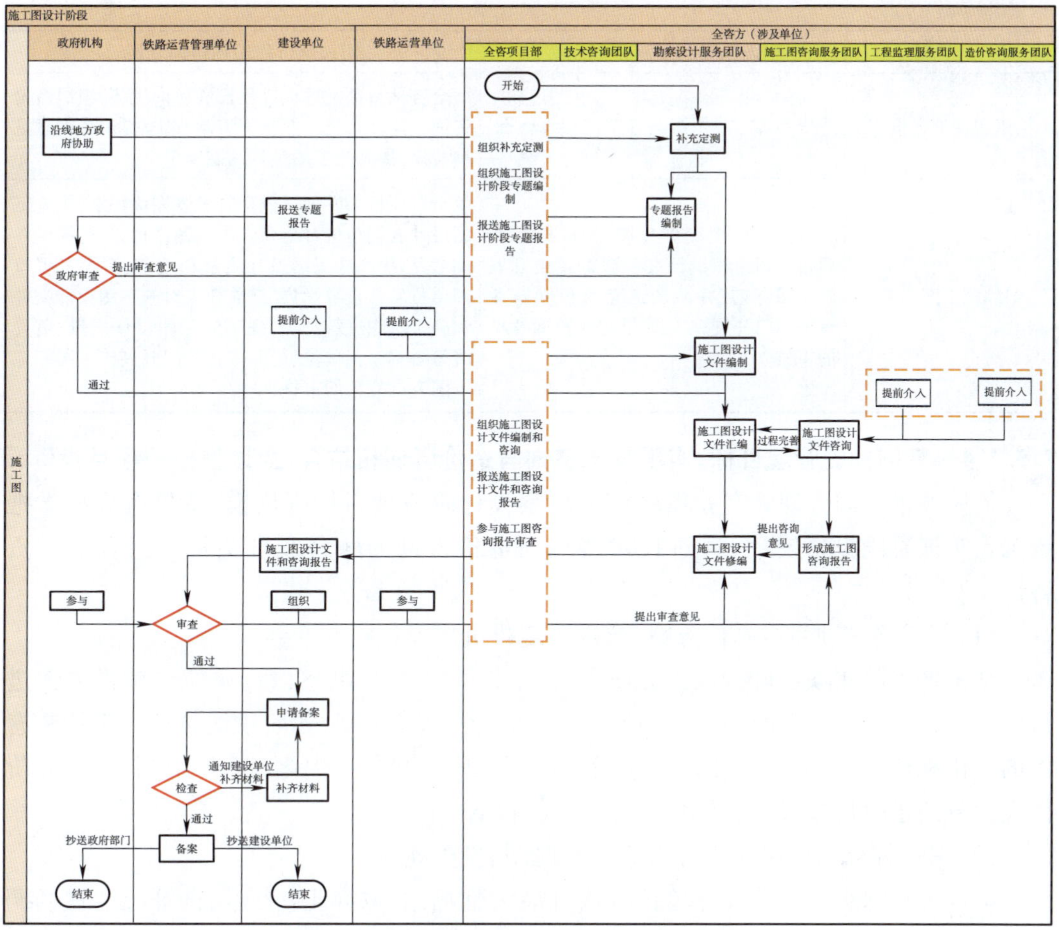

图 7-33　施工图设计阶段管理优化流程图

全过程工程咨询模式下，施工图设计阶段的流程优化主要体现在组织勘察设计单位和施工图设计文件技术咨询单位的招标、组织施工图设计文件编制及技术咨询、组织开展施工图阶段专题研究报告编制和专项设计、协调开展施工图设计技术咨询意见的行业审查等方面，尽可能减少项目公司的统筹管理和综合协调工作量，由全咨项目部承担施工图设计阶段的主要管理和协调工作，项目公司负责重大事项的决策，具体见表 7-4。

表 7-4　引入全过程工程咨询后施工图设计阶段管理流程优化内容

工作内容	引入全过程工程咨询之前	引入全过程工程咨询之后
组织施工图设计招标	项目公司负责组织开展施工图设计单位及设计咨询单位招标	采用一体化、一次性的发包方式，在项目预可研阶段开始前招投标确定全过程工程咨询联合体，减少项目公司招标工作量
组织施工图设计文件编制	项目公司负责组织开展施工图设计工作	由全咨项目部统一负责与项目公司的对接，负责组织开展施工图设计、专题报告编制、专项设计，负责协调项目公司和运营单位提前过程介入施工图设计

续上表

工作内容	引入全过程工程咨询之前	引入全过程工程咨询之后
组织造价咨询	造价咨询一般不参与施工图预算咨询	全咨项目部发挥全过程投资咨询优势，组织造价咨询提前介入施工图预算编制，过程提供咨询意见和建议，提高施工图预算编制质量
组织施工图咨询	设计单位提交施工图设计文件后，项目公司组织设计文件咨询单位开展施工图咨询，并协调运营单位和行业审查部门开展施工图和技术咨询意见的审核	全咨项目部发挥全过程技术咨询优势，组织施工图设计咨询单位过程介入施工图设计，及时提供咨询意见，提高施工图设计质量和效率；组织工程监理单位发挥自身优势，提前介入对施工图设计文件和施工组织进行把关，提高施工图设计质量；负责统筹协调运营单位、行业审查部门开展施工图和施工图咨询意见的审核

7.5.2.4 贯彻投资管理目标，实现技术咨询与造价咨询相结合，全过程把控项目投资

依托技术咨询合理确定立项决策和勘察设计阶段项目投资规模，造价咨询科学把控工程实施阶段投资支出，通过技术咨询与造价咨询的融合实现项目全过程的投资咨询。

(1)提前稳定项目线站位方案，合理确定投资规模

全咨项目部在项目可行性研究阶段组织技术专家组、勘察设计单位对建设方案进行专题研究，提前明确项目功能定位、技术标准、线站位方案，各阶段线站位方案均未有大的变化和调整，尤其是初步设计阶段通过深化研究和方案优化，相较于可行性研究阶段大大节约了项目投资，项目整体投资规模科学合理。

(2)采取综合措施优化设计方案，合理控制投资规模

全咨项目部组织勘察设计单位多次开展大临场站、取弃土(渣)场选址等的现场调研工作。在满足环水保要求的前提下优化制(存)梁场和取弃土(渣)场设置方案，与地方落实弃土弃渣综合利用方案，合理节省工程投资；深化大临便道等临时工程设计，组织相关各方通过逐一工点实地踏勘，努力解决三改工程、危岩落石及边坡稳定性费用不足问题，较大限度避免设计方案与工程实施的偏差。

(3)发挥全咨方的综合技术优势，依法合规、因地制宜计列项目投资

对于地材价格，积极与项目公司及地方政府沟通，借鉴铁路行业机制砂的相关课题研究和试点实践经验，研究提出隧道弃渣、路堑石方的综合利用满足混凝土骨料、防护圬工、级配碎石、路基填料、机制砂需求，较大程度解决了地材的来源问题，有效降低了地材外购成本，合理控制项目投资。结合当前行业管理和市场实际情况，研究提出将爆破材料电子数码雷管费用列入概算并结合实际予以结算的咨询建议；组织勘察设计单位依据营业线(邻近)、站改概算编制原则，在与运营单位充分沟通的基础上合理确定工程数量和费用计列标准。

(4)充分发挥造价咨询专项优势，全过程把控项目投资

造价咨询自项目可行性研究阶段提前介入项目前期投资确定，依托标准管理的行业技术优势，全面系统介入施工图预算编制，提高施工图预算编制精度；全面审核标段预算、招标控制价、工程量清单等，减少招投标阶段的差错漏碰，提前规避工程实施阶段

的设计变更或索赔事件；全面加强对征地拆迁、变更设计、价差调整及其他费审核把关，为项目投资的合理控制提供支撑。

7.5.2.5 联合体主动作为，精诚合作，有效提高了专项咨询服务质效

勘察设计单位克服项目推进速度要求高、各阶段工作错茬压茬、疫情等困难，通过加强资源投入、有序组织生产，保障了项目勘察设计工作按计划推进；施工图咨询单位初步设计阶段提前介入，加强与勘察设计单位过程对接，有效保障了施工图咨询质量；造价咨询通过在施工图审查前开展施工图预算审核咨询，大大提高了施工图预算编制质量。

7.5.3 衢丽铁路全过程工程咨询专项咨询服务亮点

7.5.3.1 创新投融资和综合开发样板，直面“运营补亏落地难”难题

（1）创新投融资模式，大大降低地方投资压力

衢丽铁路项目是《浙江省人民政府关于深化铁路、高速公路投融资改革的若干意见》（浙政发〔2020〕33 号）实施的第一条新建铁路。资本金出资按照省本级与地方 6:4 比例分担；项目经营亏损弥补上按照省本级与地方 4:6 比例分担。其中，市、县（市、区）之间按照境内相应投资比例分担。全咨方配合项目公司争取到政策性开发性金融工具（金融债）18 余亿元，大大降低地方投资压力。

（2）创新综合开发模式，落地见效打造新样板

全咨项目部探索“交通 +”联合开发的投融资创新模式（图 7-34），深入综合开发资源一线踏勘和调查，按照“因地制宜、一站一策”的原则，研究提出“铁路 + 土地 + 矿产 + 文旅”的开发新模式，大大提高综合开发收益。全咨项目部延伸服务链条推动项目综合开发的落地见效，组织专题编制单位提出以“市县两级框架协议”促进项目投融资责任落实和综合开发落地。目前已配合省方的铁路出资主体与沿线地方签订了矿产资源的综合开发协议，为综合开发方案落地实施提供重要支撑。

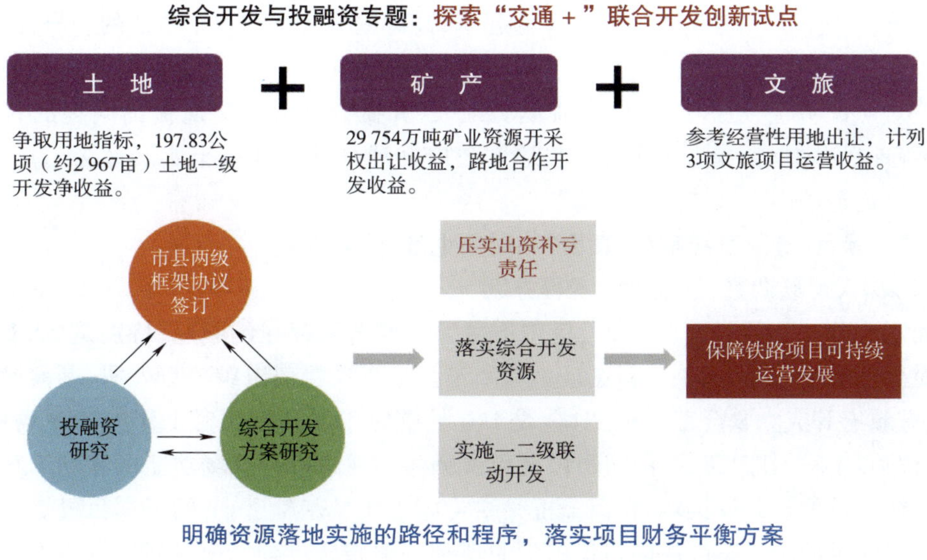

图 7-34 衢丽铁路综合开发与投融资专题样板

7.5.3.2 前端入手、分类施策，直面“地方征迁阻点多”难题

在铁路建设项目立项决策、勘察设计阶段，征地拆迁投资的合理确定是项目整体投资科学把控的重要基础。全咨项目部研究提出“框架协议 + 实施协议”“数量包干 + 单价包干”的征地拆迁投资确定工作思路，以保障项目征迁数量有统计、征迁标准有依据、征迁金额有出处。

（1）可行性研究阶段

全咨项目部研究提出“技术选线与征拆选线”相结合整体思路，指导勘察设计单位科学确定项目线站位方案，实现龙游光伏发电厂、姑蔑生态园及遂昌县妙高敬老院等征拆敏感点的提前绕避；全咨项目部组织勘察设计单位全面调查落实征地拆迁数量及道路、沟渠、管线和“三电”等建筑物改移方案，加强与衢丽铁路筹建办、沿线市县政府等的协调对接，专题研究明确征拆费用标准、房屋补偿模式等问题，支撑投资估算的合理确定。

（2）初步设计阶段

为进一步合理确定项目征地拆迁投资，全咨项目部研究提出初步设计批复前签订征地拆迁包干框架协议的建议，并在协议内容、协调机制、谈判方式等方面制定具体方案。全咨项目部专题研究提出数量包干及单价包干，厘清了建设单位与地方政府、设计单位与第三方审核单位的权利与义务，细化协议内容，压实了相关方责任；针对设计单位与地方政府测算征地拆迁费用的差异，全咨项目部与省发展改革委、地方政府、技术专家组等建立了良好的协调机制，积极化解分歧争议；采用全咨项目部组织征地拆迁数据核对 + 项目公司组织条款协商的分层谈判方式，加强与沿线地方政府的沟通协调，构建“刚性 + 柔性”相结合、“一事一议”合理处置等原则，为框架协议的顺利签订打下基础。

（3）签订落实征地拆迁包干实施协议，为征地拆迁落地实施奠定基础

为确保包干协议的顺利签订，全咨项目部与勘察设计、造价咨询团队一道，在协议起草、征地拆迁数量和费用分劈、协议谈判中发挥了重要作用。研究提出征地拆迁补偿概算分劈清单，完成征地拆迁包干实施协议的起草；针对框架协议与包干协议的差异性、征地拆迁工程量清单明细表（土地、房屋、三电及管线迁改工点等），及时提供框架协议与包干协议对照说明、征地拆迁工程量清单明细表，并做好地方政府所提出问题的答疑解释；全咨项目部主动靠前，多次赴沿线地方政府开展征地拆迁包干协议对接，为包干协议的签订创造条件。

7.5.3.3 绿色先行、节约集约，直面“临时用地选址”难题

（1）深入现场调查，做细大临工程方案

面对大临工程设计兑现率低、费用不足等行业普遍存在的问题，特别是2021年以来临时用地政策收紧，大临工程选址更为困难。全咨项目部组织项目公司、勘察设计单位、地方政府等成立联合工作组，对全线110处临时工程开展历时1年半的现场核对，形成重难点工程台账、逐一深化设计、清单式销号。通过拆分梁场功能区和利用车站的方式在衢江站增设一处梁场，在保障桥梁结构施工质量基础上，节约了项目投资。灵活应用短横洞进洞等方案解决隧道口施工便道和场地布置难题。项目开工以来大临用地变更数量相较于其他项目大幅降低。

(2)统筹谋划优化设计方案

全咨项目部组织研究优化穿越500 kV特高压工点设计方案,提出通过设置防电棚洞进行防护,提高铁路运营安全性,减少三电迁改数量、节约工程投资;组织研究提出"桥隧分离式拱形防护棚洞"的设计方案,提高结构稳定性和安全性,降低隧道进出口危岩落石整治工程量及运营安全风险,节约工程投资。

(3)开展减量设计

从可持续发展的角度出发探索源头减量设计,深入分析研究地质资料,适当调整线路纵坡,隧道围岩情况变好;优化隧道断面净空、桥梁墩台基础形式、场站布置,大大减少挖方量。系统制定弃渣骨料利用、机制砂加工、委托地方拍卖等资源化利用方案,减少弃渣场占地,实现资源节约集约利用。

7.5.3.4 做深做细投资概算,直面"项目投资合理性"难题

铁路建设项目投资大、工期长、参建单位多、不确定性因素多,投资的合理确定和有效控制支出是项目有序推进的重要保障。全咨项目部从投资的科学确定和有效控制两个方面加强项目的投资管理,综合多方需求和多种因素影响,提出"建设成本+运营成本"的全寿命期投资控制理念。

(1)合理确定征地拆迁投资

征地拆迁费用在铁路项目投资中占比高,且征地拆迁费用超概是投资控制的关键问题。全咨项目部自项目预可行性研究阶段即安排专人常驻现场深入一线调研,与项目公司、地方政府、第三方评估机构对接沟通征拆补偿测算标准,加强沟通协调,明确土地占补平衡指标、房屋拆迁补偿、拆迁工作经费等的计取标准,合理确定征地拆迁投资。

(2)提前稳定项目线站位方案

铁路建设项目的走向及线站位方案直接影响项目投资规模。全咨项目部在可行性研究阶段组织对项目线站位方案的专题研究,加强与技术专家组与地方政府的沟通协调,提前稳定线站位方案,为初步设计阶段的方案优化和投资节省创造条件,合理控制项目投资。

(3)优化设计方案合理确定投资

全咨项目部组织勘察设计单位多次前往现场进行大临场站、取弃土(渣)场选址工作,优化制(存)梁场设置方案,减少全线现浇梁孔数;优化取弃土(渣)场设置,积极与地方签订弃土弃渣综合利用协议,合理节省工程投资;按照绿色设计理念深化大临便道等临时工程设计,努力解决三改工程、危岩落石及边坡稳定性费用不足问题,较大程度避免设计与实际偏差;结合项目特点,合理计列设备(材料)采购监造费、无砟轨道铺设条件评估费、第三方检测费、计算机软件开发与购置费等其他咨询服务费。

(4)充分借鉴同类项目勘察设计经验

全咨项目部组织勘察设计单位在设计过程中充分汲取以往项目经验教训,对比同地区、同类型项目综合指标,合理确定项目投资指标和投资规模。

综上,专项咨询服务亮点如图7-35所示。

7.5.4 衢丽铁路全过程工程咨询模式服务成效

7.5.4.1 通过协同工作机制,加强各方沟通协调和实施统筹管理

传统建设管理模式下,铁路建设项目各方利益关系如图7-36所示。由于参建单位多、专业类型多、目标差异以及信息黏滞，导致各种不同信息常常滞留于信息源周围，“界面”问题较为突出，不同参建方在职责及流程之间的协调和沟通成为十分重要的问题。

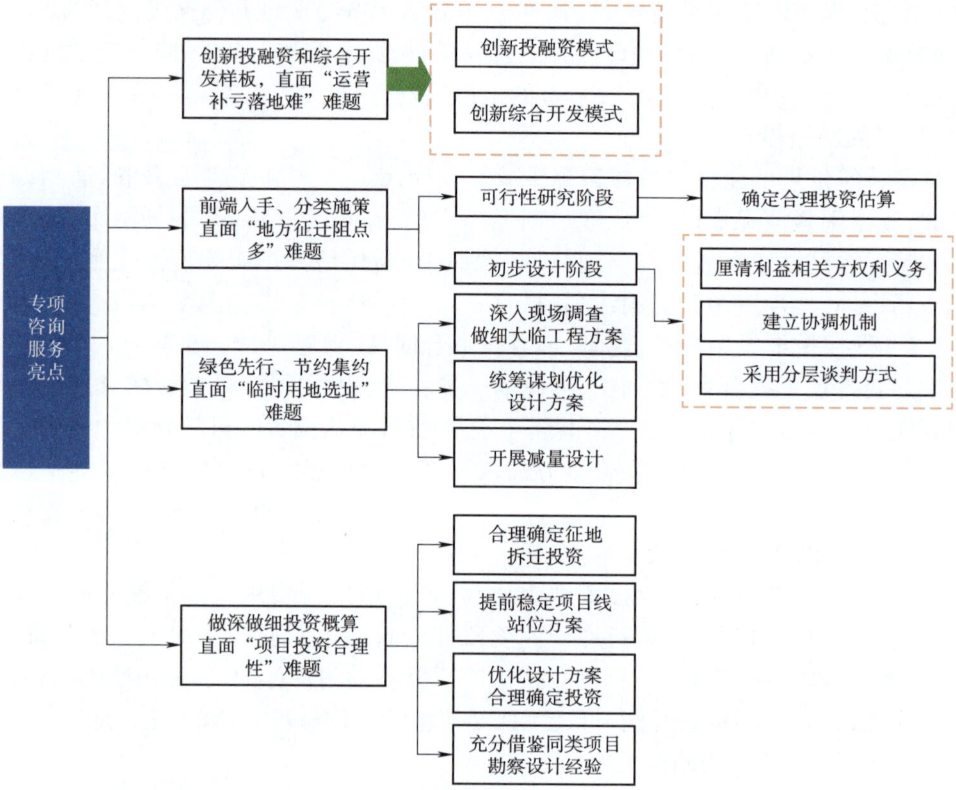

图 7-35　专项咨询服务亮点示意图

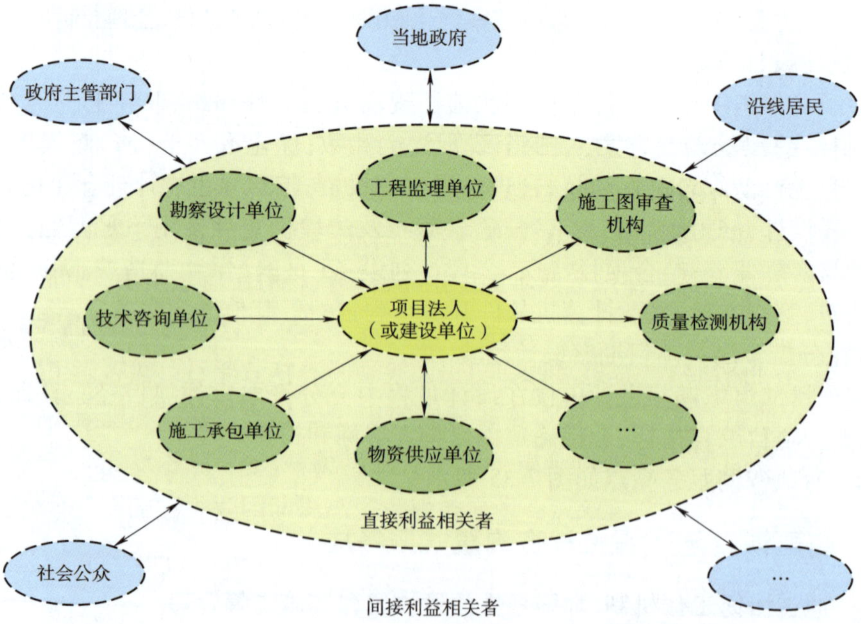

图 7-36　铁路建设项目利益关系图

在衢丽铁路全过程工程咨询项目中，全咨方致力于联结各方利益诉求，基于项目咨询统筹管理服务，改变传统工程咨询模式中各专项咨询碎片化现状。发挥全咨方的综合协调优势，建立铁路运营管理单位与地方间更加扁平畅通的沟通渠道；发挥全咨方牵头单位的行业引领优势，构建协同工作机制凝聚联合体合力，打破传统壁垒，实现“知己知彼”，极大地提高了沟通和管理效率。

(1)发挥路地间桥梁纽带作用

全咨项目部靠前指挥、深入现场、强化沟通协调，截至2023年9月，以线上线下相结合的方式累计开展协调对接会300余次，召开大型项目推进会30余次，推动建立铁路运营管理单位、地方间扁平畅通的沟通渠道和协同工作机制。

(2)优化服务方式统筹项目推进

全咨项目部发挥组织管理牵头作用，统筹各阶段前置性专题工作，优化工作流程、系统谋划、同步推进，提高联合体内部工作效率；针对推进过程中的难点、阻点，积极对接审批部门意见，及时协调召开项目推进会解决完善咨询成果，为项目报批打造了一条“高速通道”。

(3)加强过程精细化盯控

全咨项目部事前组织专项咨询服务团队专题研究，提前预判工作重难点，统筹做好计划安排、工作方案及风险预案；事中强化过程精细化盯控、及时反馈、集体研究，对关键节点进展做到细致掌握、挂图跟踪；事后加强经验教训总结及专项咨询考核，大大化解专项咨询进度滞后风险、质量风险等。

7.5.4.2 设计与技术咨询动态结合，突破项目重难点问题

衢丽铁路全过程工程咨询技术专家组提前介入，全过程参与项目咨询工作开展；全咨项目部年均驻扎现场250天以上，发挥专业技术优势和综合协调优势，及时感知地方铁路规划建设中的重难点和改革阵痛，借鉴全国行之有效的经验做法，合理制定方案对策，系统性破解老大难问题，对于出现的新问题也实现第一时间的妥善处理，为项目高质量推进提供了强力保障。

(1)及时研究符合国家路网和地方区域路网协同发展的建设方案

规划研究阶段的重点问题是确定符合国家路网和地方区域路网发展规划的建设方案，重点明确项目的技术标准合理性、线站位选址及方案稳定性、沿线地方诉求协调性等问题。全咨方立足区域路网格局和沿线经济社会发展需求，组织专题研究，提出新建双线、设计速度200 km/h(预留进一步提速条件)的建设标准，对于进一步完善浙西南铁路网规划布局，增强路网灵活性，促进区域经济社会发展具有重大意义，也为项目的加快推进奠定基础。

(2)打通建设前期工作推进中的关键环节

立项决策阶段，结合可行性研究实际，加强设计深度重点解决投资估算标准适应性和合理性问题，聚焦项目存在的用地报批流程长、临时场站选址和房屋征拆难度大、投融资方案确定难等重难点问题，研究提出流程优化和实施建议，成功获得18.18亿元金融工具支撑。

(3)严格把控设计文件质量

全咨项目部组织全过程工程咨询技术专家组结合路、桥、隧、工经等专业实际，过程

指导勘察设计单位提前明确设计原则、优化设计方案，针对重大问题、特殊复杂工点及时开展现场调研、召开论证会，严格把关提高设计文件质量和完整性。基于全过程工程咨询模式下的全过程、全方位技术和管理服务的特点，创造性地提出减量化设计理念，节约工程投资。全咨项目部组织施工图咨询单位初步设计阶段提前介入，加强与勘察设计单位过程对接，加强施工图咨询把关，完成717册图纸和文件的审核，提出审核意见3 943条，意见采纳率达96%，大大提高勘察设计质量。

7.5.4.3　以全过程投资咨询为主线，创新综合开发模式，合理把控投资规模

(1)创新综合开发模式

全咨方探索提出“交通＋”综合开发新模式。全咨项目部牵头赴沿线四县(区)开展了3轮次实地调研和10余次对接，并深入综合开发资源一线踏勘和调查，研究提出“铁路＋土地＋矿产＋文旅”的综合开发新模式，综合开发收益达69.07亿元。为促进项目投融资责任落实和综合开发落地，研究提出“市县两级框架协议”方案，已配合省方的铁路出资主体投与沿线地方签订了矿产资源的综合开发协议，为综合开发方案落地实施提供重要支撑。

(2)技术选线与征拆选线相结合，合理确定征地拆迁投资

铁路建设项目的征地拆迁投资占总投资比例达20%左右，合理确定征地拆迁投资是确定项目总投资规模的关键。全咨项目部研究提出“技术选线与征拆选线”相结合的选线思路，提前绕避征地拆迁费用集中区域；全咨项目部主动作为，总结借鉴铁路行业建设项目经验，在协议起草、征地拆迁数量确定、征地拆迁费用分劈、协议谈判中发挥智囊作用，提出“数量包干＋单价包干”包干协议拟定思路，加强组织协调，与沿线地方政府开展8轮30余次的协调会议，助力项目公司与沿线地方提前达成一致，合理确定征地拆迁投资规模。

(3)发挥造价咨询优势，提前介入为项目投资确定与控制出谋划策

铁路建设项目投资管理的重点是合理确定投资和有效控制投资支出。全咨项目部组织造价咨询单位，对比分析同地区、同类型项目综合投资指标，总结投资管控的重难点，为合理确定项目投资提供技术支持；组织造价咨询项目部立足项目全过程，充分考虑项目实际，对项目投资估算、设计概算、施工图预算进行过程把关和审核，在项目投资中合理考虑营业线施工配合费、数码雷管费用等费用项目，确保费用计列不重不漏；组织勘察设计单位加强设计优化，重点把握初步设计和施工图阶段方案优化和投资审核把关，自可行性研究至施工图审核完成共节约投资约9亿元。

7.5.4.4　立足流程优化和机制建设，开创项目推进新速度

联合体牵头方经规院选派精干力量组建全咨项目部常驻现场，发挥桥梁纽带作用，推动工程咨询流程优化、力量聚合，实现铁路系统内、部门间联动作业；有效衔接项目审查审批流程，推动路方提前介入，由路地双方前置共商共研，尽早就项目功能定位、技术标准、线站位方案等达成共识、形成工作合力，解决前期项目推进耗时费力等问题。全过程工程咨询模式下，实现合同签订后11个月取得可研批复、14个月取得初步设计批复、2年具备全线开工条件，与传统工程咨询模式下铁路建设项目相比前期推进效率大幅提高，助力衢丽铁路创造浙江省铁路建设项目前期推进新速度。

7.5.4.5　贯彻绿色发展理念，促进项目集约节约利用资源

(1)充分考虑敏感因素，保护沿线生态环境

衢丽铁路所经各县市均分布有众多自然保护区、风景名胜区、森林公园、地质公园和湿地公园等环境敏感点，数量多，环保级别高。全过程工程咨询项目团队贯彻“环保选线”理念，线位选择充分绕避了环境敏感点，无法绕避的采取无害化设计方案；加大了环水保专题工作的推进力度，多次安排专项团队前往现场进行弃土(渣)场选址，坚持以综合利用为主的原则，按照永久弃土(渣)场与临时堆场相结合的思路，前后分多批次共选取弃土(渣)场200多处，并签署了弃渣协议。项目开工后56处弃土(渣)场仅7处因政策处理提出变更，变更率远低于其他项目。

(2)细化临时用地设计方案，节约土地资源

面对大临工程设计兑现率低、费用不足等普遍存在的问题，特别是2021年以来临时用地政策收紧，大临工程选址更为困难。全咨项目部协调组织项目公司、勘察设计、地方政府等成立联合工作组，用时1个月对全线110处大临工程进行现场核对，做细临时工程方案，解决梁场选址、隧道口施工便道和场地布置等难题，有效节约了土地资源。

(3)积极开展减量设计

全咨项目部组织从可持续发展的角度出发探索源头减量设计，深入分析研究地质资料，适当调整线路纵坡改善隧道围岩情况，全线Ⅱ、Ⅲ级围岩比例由66%调整到73%；优化隧道断面净空、桥梁墩台基础形式、场站布置，共减少挖方量94.6万 m^3，占设计挖方总量的8.4%；系统研究弃渣骨料利用、机制砂加工、委托地方拍卖等资源化利用方案，减少弃渣场占地1 007亩，实现资源节约集约利用。

综上，全过程工程咨询模式服务成效如图7-37所示。

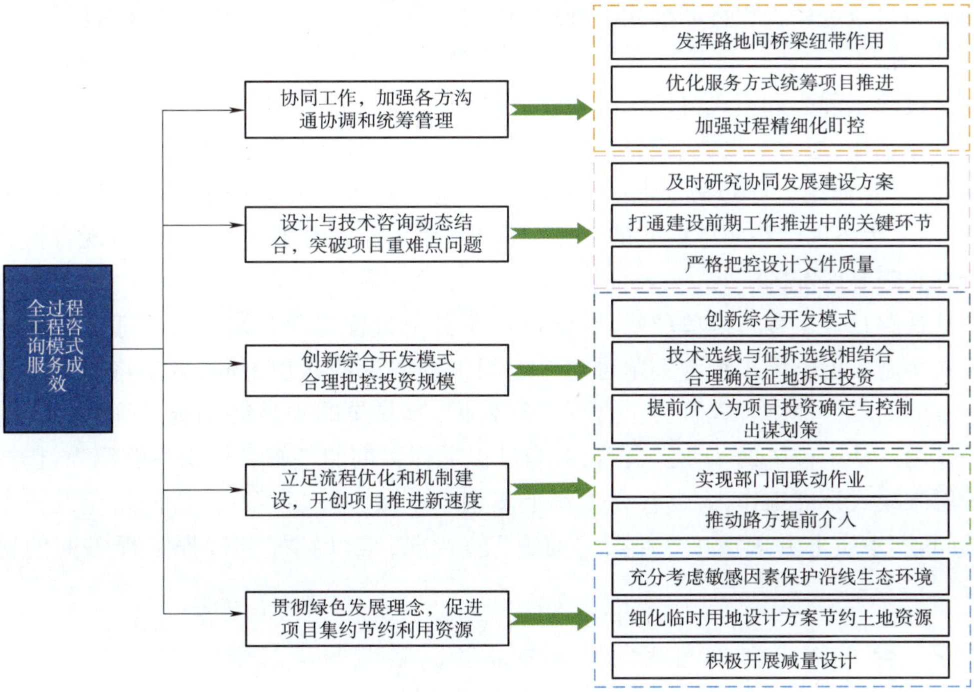

图7-37　全过程工程咨询模式服务成效图

7.6 衢丽铁路全过程工程咨询的实践分析

7.6.1 对全过程工程咨询的认识需要进一步统一

(1)政府层面

2017 年 2 月国务院办公厅发布《关于促进建筑业持续健康发展的意见》(国办发〔2017〕19 号),首次从国家层面提出培育全过程工程咨询的意见至今已 7 年有余,各地政府陆续出台了相关政策及实施意见,一些项目也开始落地实施。但由于传统观念、思维惯性及行业体制机制影响,政府端和市场端对全过程工程咨询仍存在不少疑虑,没有形成通力合作、开拓创新的良好局面,全过程工程咨询模式的推广存在一定的阻力。因此,还需要在政府层面加强对全过程工程咨询模式的认识和理解,以实现全过程工程咨询的推广应用和为项目增值的目标。

(2)行业层面

全过程工程咨询试点和推广更多集中在市政工程、建筑工程、公路工程、水利工程、工业园区等项目。在铁路工程、电力工程、轨道交通等专业性较强的行业,以全过程工程咨询模式实施的建设项目数量较少。铁路行业自 2021 年 7 月衢丽铁路作为全路首个全过程工程咨询项目开展迄今,仅有数个铁路全过程工程咨询项目落地实施。铁路行业管理部门、地方政府、工程咨询、勘察设计、工程监理等单位和部门,需要进一步加强对全过程工程咨询模式的认识和理解,构建行业层面的指导意见和实施标准,支撑铁路建设项目全过程工程咨询模式的推广和应用。

(3)工程咨询单位层面

全过程工程咨询模式将传统的项目公司(业主)、勘察、设计、工程监理、工程施工等五方责任主体,通过对勘察、设计、工程监理及投资咨询等工程咨询的集聚与整合,转变为项目公司(业主)、全过程工程咨询方、工程施工方的三方责任主体。责任主体的变化,仅是工程咨询组织实施模式的变化,并未改变各参建方的主体责任,与现行铁路建设管理规定是匹配的。

从铁路行业工程咨询单位看,铁路建设项目全过程工程咨询模式更适合以联合体的方式实施。但不同工程咨询单位对全过程工程咨询的认识不同,容易将传统工程咨询业务的简单叠加组合理解为全过程工程咨询,容易忽略项目咨询统筹管理的统筹和核心作用。从工程咨询从业人员看,对全过程工程咨询的理解和认识不够深入,仍按照传统思维模式开展工作,容易存在工作上步调不一致、响应不及时、协同效应发挥不明显的问题,本质上并未改变"各扫门前雪"的状况,难以发挥全过程工程咨询的协同效应。

7.6.2 全过程工程咨询综合型人才储备需要进一步加强

传统工程咨询单位配备的多是专项技术人才,主要从事专业技术工作。全过程工程咨询是专业性、综合性、创造性的工程咨询模式，对“智力密集型、技术复合型、管理集约型”工程咨询单位的需求更为迫切，更为重视技术人员的专业知识、技能经验、沟通协调能力，尤其是项目负责人需要具备较强的组织策划、项目管理、专业技术、统筹协调、资源整合等复合能力。

铁路行业工程咨询单位在市场、经济、管理和法律等方面的专业人才储备相对较弱，满足全过程工程咨询的全局把控、跨阶段统筹、多专业协调等需求的综合型人才储备存在不足，具有全过程工程咨询实践和管理经验的人才更少。因此，铁路工程咨询单位要进一步强化高素质复合型人才储备，提高工程咨询服务质量，以全过程工程咨询支撑铁路建设项目的高质量规划建设。

7.6.3 全过程工程咨询的实施需要进一步规范

铁路建设项目尤其是地方铁路建设项目，具有投资主体多元化、投融资模式和建设管理模式多样化的特点，参建主体的责任界面划分日趋复杂。明确界定参建主体的责任界面，规范参建主体的实施行为，是全过程工程咨询模式有序推广的重要基础。

衢丽铁路采用“全过程工程咨询 + 委托代建”的建设管理新模式。全过程工程咨询整合了投资咨询、勘察、设计、工程监理、造价咨询等多项工程咨询内容，包括传统工程咨询模式中由代建单位组织实施的工程监理、造价咨询等工程咨询内容。对外，全咨方、代建方、业主方通过全咨合同、代建合同以及构建以业主方为核心的协同工作机制，明确参建方的责任和管理界面；对内，全咨方通过联合体协议明确联合体成员单位的权责利界面。因此，有必要在铁路行业层面发布指导意见、实施标准、合同示范文本等，进一步明确全过程工程咨询的责任界面，规范铁路建设项目全过程工程咨询的实施。

衢丽铁路全过程工程咨询的实施是一次先行先试，取得了一定的成效。同时也要认识到，全过程工程咨询的实施面临诸多挑战。针对不同铁路建设项目的特点，采用不同的咨询内容组合方式，咨询统筹管理的思路和方式也不同；全过程工程咨询涉及的服务内容多，责任界面的明晰和合理划分，是保障项目顺利推进的重点。

附录一　全过程工程咨询相关政策及要点

附表 1-1　国家层面全过程工程咨询相关政策及要点

序号	政　　策	发布机构及时间	文　　号	内容要点
1	《国务院办公厅关于促进建筑业持续健康发展的意见》	国务院办公厅,2017 年 2 月	国办发〔2017〕19 号	1. 首次提出“全过程工程咨询”,指明项目全过程工程咨询“完善工程建设组织模式”的重要方向之一。 2. 鼓励投资咨询、勘察、设计、监理、招标代理、造价等企业采取联合经营、并购重组等方式发展全过程工程咨询,培育一批具有国际水平的全过程工程咨询单位。 3. 提出“制定全过程工程咨询服务技术标准和合同范本”的工作要求。 4. 政府投资工程应带头推行全过程工程咨询,鼓励非政府投资工程委托全过程工程咨询服务。 5. 在民用建筑项目中,充分发挥建筑师的主导作用,鼓励提供全过程工程咨询服务
2	《住房和城乡建设部关于开展全过程工程咨询试点工作的通知》	住房和城乡建设部, 2017 年 5 月	建市〔2017〕101 号	1. 确定北京、上海、江苏、浙江、福建、湖南、广东、四川 8 省市及 40 家企业开展全过程工程咨询试点,为期 2 年。后增加广西、陕西为试点省份。 2. 从制订试点工作方案、创新管理机制、实现重点突破、确保项目落地、实施分类推进、提升企业能力、总结推广经验等七个方面提出了试点工作要求,为各地试点的具体实施提供了方向性指引和要求
3	《工程勘察设计行业发展“十三五”规划》	住房和城乡建设部, 2017 年 5 月	建市〔2017〕102 号	1. 提出工程勘察设计行业的重要发展目标之一在于“推广工程总承包制,发展全过程工程咨询,培育一批具有国际竞争力的工程顾问咨询公司和工程公司”。 2. 积极利用工程勘察设计的先导优势,拓展覆盖可行性研究、项目策划、项目管理等工程建设全生命周期的技术支持与服务,提高工程项目建设水平。 3. 鼓励企业采取联合经营、并购重组等方式发展全过程工程咨询,培育一批具有国际水平的全过程工程咨询单位。 4. 开展全过程工程咨询服务试点,探索总结全过程工程咨询的服务模式和监管方式。 5. 促进大型企业向具有项目前期咨询、项目管理和融资等集成化服务能力的工程公司或工程顾问咨询公司发展,中小型企业向具有较强专业技术优势的专业公司发展。 6. 鼓励有条件的企业以设计和研发为基础,以自身专利及专有技术为优势,拓展装备制造、设备成套、项目运营维护等相关业务,逐步形成工程项目全生命期一体化服务体系

续上表

序号	政　　策	发布机构及时间	文　　号	内容要点
4	《住房和城乡建设部关于促进工程监理行业转型升级创新发展的意见》	住房和城乡建设部，2017 年 7 月	建市〔2017〕145 号	1. 主要目标：行业组织结构更趋优化，形成以主要从事施工现场监理服务的企业为主体，以提供全过程工程咨询服务的综合性企业为骨干，各类工程监理企业分工合理、竞争有序、协调发展的行业布局。监理行业核心竞争力显著增强，培育一批智力密集型、技术复合型、管理集约型的大型工程建设咨询服务企业。 2. 鼓励支持监理企业为建设单位做好委托服务的同时，进一步拓展服务主体范围，积极为市场各方主体提供专业化服务；实现引导监理企业服务主体多元化。 3. 鼓励监理企业在立足施工阶段监理的基础上，向上下游拓展服务领域，提供项目咨询、招标代理、造价咨询、项目管理、现场监督等多元化的“菜单式”咨询服务。对于选择具有相应工程监理资质的企业开展全过程工程咨询服务的工程，可不再另行委托监理。 4. 鼓励监理企业积极探索政府和社会资本合作（PPP）等新型融资方式下的咨询服务内容、模式。 5. 鼓励大型监理企业采取跨行业、跨地域的联合经营、并购重组等方式发展全过程工程咨询，培育一批具有国际水平的全过程工程咨询单位
5	《关于在民用建筑工程中推进建筑师负责制的指导意见（征求意见稿）意见的函》	住房和城乡建设部，2017 年 12 月	建市设函〔2017〕62 号	1. 总体目标：推进民用建筑工程全寿命周期设计咨询管理服务，从设计阶段开始，由建筑师负责统筹协调各专业设计、咨询机构及设备供应商的设计咨询管理服务，在此基础上逐步向规划、策划、施工、运维、改造、拆除等方面拓展建筑师服务内容，发展民用建筑工程全过程建筑师负责制。 2. 建筑师负责制是以担任民用建筑工程项目设计主持人或设计总负责人的注册建筑师（以下称为建筑师）为核心的设计团队，依托所在的设计企业为实施主体，依据合同约定，对民用建筑工程全过程或部分阶段提供全寿命周期设计咨询管理服务，最终将符合建设单位要求的建筑产品和服务交付给建设单位的一种工作模式，它是一种新的建设组织模式。 3. 推进建筑师负责制，充分发挥建筑师主导作用，鼓励提供全过程工程咨询服务，建筑师（设计企业）业务范畴向两端延伸至规划和运营、拆除阶段，符合全过程工程咨询破除阶段割裂、碎片化弊端的要求，更像是在全过程工程咨询发展要求下，从设计专业或设计咨询角度出发的一体化技术和管理工作尝试
6	《工程咨询行业管理办法》	国家发展改革委，2017 年 11 月	国家发展和改革委员会令第 9 号	1. 全过程工程咨询正式列入工程咨询服务范围。 2. 全过程工程咨询：采用多种服务方式组合，为项目决策、实施和运营持续提供局部或整体解决方案以及管理服务。

续上表

序号	政　　策	发布机构及时间	文　　号	内容要点
6	《工程咨询行业管理办法》	国家发展改革委,2017 年 11 月	国家发展和改革委员会令第 9 号	3. 有关工程设计、工程造价、工程监理等资格,由国务院有关主管部门认定。 4. 鼓励投资咨询、勘察设计、监理等企业拓展业务范围,延伸服务内容,发展全过程工程咨询
7	《国家发展改革委住房城乡建设部关于推进全过程工程咨询服务发展的指导意见》	国家发展改革委、住房和城乡建设部,2019 年 3 月	发改投资规〔2019〕515 号	1. 大力提升投资决策综合性咨询水平,规范投资决策综合性咨询服务方式,充分发挥投资决策综合性咨询在促进投资高质量发展和投资审批制度改革中的支撑作用。鼓励项目单位采用投资决策综合性咨询,减少分散专项评价评估,避免可行性研究论证碎片化。 2. 以工程建设环节为重点推进全过程咨询,探索工程建设全过程工程咨询服务实施方式。工程建设全过程咨询服务应当由一家具有综合能力的咨询单位实施,也可由多家具有招标代理、勘察、设计、监理、造价、项目管理等不同能力的咨询单位联合实施。 3. 政府投资项目要优先开展综合性咨询。要充分发挥政府投资面和国有企业投资项目的示范引领作用,鼓励民间投资项目的建设单位实施工程建设全过程咨询。 4. 促进工程建设全过程咨询服务发展,明确工程建设全过程咨询服务人员要求
8	《房屋建筑和市政基础设施建设项目全过程工程咨询服务技术标准(征求意见稿)》	国家发展改革委、住房和城乡建设部,2020 年 4 月	—	1. 全过程工程咨询的服务范围覆盖项目投资决策和建设实施全过程,并伴有传统专项咨询业务。 2. 全过程工程咨询的咨询内容兼顾技术咨询和管理咨询服务内容。 3. 明确了全过程工程咨询及专项咨询中的一些共性要求。明确了全过程工程咨询的组织模式及工作要求,以及咨询项目负责人及相关咨询人员职责。 4. 明确了投资决策阶段综合性咨询和工程建设全过程咨询的内容、程序及成果。其中,工程建设全过程咨询包括:工程勘察设计咨询、工程招标采购咨询、工程监理与施工项目管理服务三个部分。 5. 明确了一些较传统的工程专项咨询的内容、程序及成果,包括融资咨询、工程造价咨询、信息技术咨询、风险管理咨询、后评价咨询、建筑节能与绿色建筑咨询、工程保险咨询等
9	《房屋建筑和市政基础设施项目全过程咨询服务合同(示范文本)》	住房和城乡建设部、市场监管总局,2024 年 2 月	建办市〔2024〕8 号	1. 合同示范文本由协议书、通用合同条件和专用合同条件三部分组成。 2. 合同协议书主要包括项目概况、服务范围、期限、费用等,集中约定了协议双方的基本权利义务。 3. 通用合同条件对咨询服务的实施及相关事项、双方的权利义务作出原则性约定,包括一般规定、委托人、咨询人、服务要求和成果、服务费用和支付、违约责任等。

续上表

序号	政　　策	发布机构及时间	文　　号	内容要点
9	《房屋建筑和市政基础设施项目全过程咨询服务合同(示范文本)》	住房和城乡建设部,2024 年 2 月	建办市〔2024〕8 号	4. 专用合同条件可对相应通用条件中的原则性约定进行细化、完善、补充、修改或另行约定,包括服务范围、服务费用和支付、进度计划以及咨询人主要咨询人员等
10	《全过程工程咨询服务管理标准》	中国建筑业协会,2020 年 12 月	T/CCIAT 0024—2020	主要技术内容包括:总则、术语、基本规定、全过程工程咨询服务管理策划、项目决策阶段的咨询服务、勘察设计阶段的咨询服务、招标采购阶段的咨询服务、工程施工阶段的咨询服务、竣工验收阶段的咨询服务、项目运营维护阶段的咨询服务、全过程工程咨询服务的数字化管理等
11	《建设项目全过程工程咨询标准》	中国工程建设标准化协会,2022 年 3 月	T/CECS 1030—2022	主要技术内容包括:总则、术语、基本规定、全过程咨询组织机构、全过程咨询项目管理、项目投资决策咨询及管理、工程勘察设计咨询及管理、工程监理咨询及施工管理、工程招标采购咨询及管理、工程投资造价咨询及管理、工程专项专业咨询及管理、工程竣工验收咨询及管理、项目运营维护咨询及管理等
12	《全过程工程咨询服务规程》	中国勘察设计协会	T/CECA 20037—2023	主要技术内容包括:总则,术语,基本规定,决策阶段、实施阶段、运维阶段的服务内容、工作目标、基本任务、工作程序、交付成果等
13	《全过程工程咨询服务导则》	中国工程咨询协会	T/CNAEC 0602—2024	主要技术内容包括:范围、规范性引用文件、术语和定义、总体要求、工程咨询方要求、全过程工程咨询服务范围和内容、咨询服务模式、咨询服务准则、服务委托方式、咨询服务取费、咨询服务的总结语评价等

附表 1-2　地方层面全过程工程咨询相关政策及要点

编号	省（自治区、直辖市）	文件名称	服务内容	服务阶段	服务方式（以及是否允许联合体）
1	北京	《北京市建筑师负责制试点指导意见》（京规自发〔2021〕28 号） 《关于进一步改善和优化本市工程监理工作的通知》（京建发〔2018〕186 号）	建筑师团队的服务范围为建筑工程全过程或部分阶段（至少包含工程设计、招标采购和合同管理三个阶段），鼓励试点项目委托建筑师团队完成规划设计、策划咨询、工程设计、招标采购、合同管理、运营维护六个阶段及其他附加服务的全部或部分服务内容	全过程或部分阶段（至少包含工程设计、招标采购和合同管理三个阶段）	团队的构成可采用建筑师所在设计单位设计总包加专业分包模式，或设计单位牵头多单位联合体模式。团队成员由建筑师自行选聘
2	上海	《关于促进本市建筑业持续健康发展的实施意见》（沪府办〔2017〕57 号） 《上海市住房和城乡建设管理委员会关于进一步加强本市建设工程项目管理服务的通知》（沪建建管〔2017〕125 号） 关于印发《上海市建筑师负责制扩大试点实施办法（试行）》的通知（沪建建管联〔2022〕727 号）	鼓励工程咨询单位在工程建设的投资决策、前期咨询、勘察设计、项目管理、施工监理、项目后评估和运营服务等各阶段开展专业化、标准化、规范化的咨询管理服务。引导建设单位委托具有相应能力的工程咨询单位开展项目建设全生命周期、集约化的项目管理服务	投资决策、前期咨询、勘察设计、项目管理、施工监理、项目后评估和运营服务等各阶段	未明确
3	江苏	《江苏省开展全过程工程咨询试点工作方案》（苏建科〔2017〕526 号） 《关于发布全过程工程咨询试点企业和试点项目的通知》（苏建科〔2018〕79 号） 《关于推进综合性全过程工程咨询服务发展的通知》（苏发改投资发〔2019〕655 号）	服务内容包括项目策划、工程设计、工程监理、招标代理、造价咨询和项目管理等工程技术及管理活动。对以设计单位为主体实施全过程工程咨询或以设计单位为主体实施工程总承包的项目，要充分发挥建筑师在项目中的主导作用，作为项目负责人的建筑师要在项目策划、建筑设计、工程招标、工程建造、工程监理、采购招标、工程验收全过程，提供咨询、指导与监督等全过程服务	工程建设全过程	将全过程的项目管理咨询服务委托给一家企业

续上表

<table>
<tr><th>编号</th><th>省（自治区、直辖市）</th><th>文件名称</th><th>服务内容</th><th>服务阶段</th><th>服务方式（以及是否允许联合体）</th></tr>
<tr><td rowspan="2">4</td><td rowspan="2">浙江</td><td>《浙江省推进全过程工程咨询试点工作方案》（浙建发〔2017〕208号）</td><td rowspan="2">以全过程工程咨询为主轴，将原碎片化的工程咨询服务深度融合</td><td rowspan="2">投资决策环节、工程建设环节</td><td rowspan="2">鼓励支持工程咨询、招标代理、勘察、设计、监理、造价、项目管理等企业，采取联合经营、并购重组等方式转型发展全过程工程咨询服务；接受委托的咨询单位既可以是家单位，也可以是两家单位以上组成的联合体</td></tr>
<tr><td>关于贯彻落实《国家发展改革委、住房和城乡建设部关于推进全过程工程咨询服务发展的指导意见》的实施意见（浙发改基综〔2019〕324号）</td></tr>
<tr><td rowspan="2">5</td><td rowspan="2">福建</td><td>《福建省全过程工程咨询试点工作方案》（闽建科〔2017〕36号）</td><td rowspan="2">服务内容包括但不限于：项目决策策划、项目建议书和可行性研究报告编制、项目实施总体策划、项目管理、报批报建管理、勘察及设计管理、规划及设计优化、工程监理、招标代理、造价咨询、后评价和配合审计等工程管理活动，也可包括规划、勘察和设计等工程设计活动</td><td rowspan="2">全过程</td><td rowspan="2">全过程工程咨询服务单位可以是一个单位，也可以是多家单位组成的联合体。鼓励引入住房和城乡建设部（建市〔2017〕101号）公布的全过程工程咨询试点单位，鼓励全过程工程咨询单位与国际咨询公司合作组成联合体</td></tr>
<tr><td>《关于加强工程总承包和全过程工程咨询试点项目管理工作的通知》（闽建科〔2017〕48号）</td></tr>
<tr><td rowspan="4">6</td><td rowspan="4">湖南</td><td>《湖南省全过程工程咨询试点工作方案》（湘建设〔2018〕17号）</td><td rowspan="4">企业依法通过招标投标方式取得全过程工程咨询服务的，可在其资质许可范围内承担投资咨询、工程勘察、工程设计、工程监理、造价咨询及招标代理等业务</td><td rowspan="4">工程建设全过程</td><td rowspan="4">积极鼓励试点企业并购、重组，相应资质按照名称变更办理；积极帮助试点企业合作、参股，延伸产业链；积极支持试点企业补齐资质、资格短板，扩展资质种类，扩大注册人才队伍，不得以企业名称为由限制资质申报</td></tr>
<tr><td>《湖南省全过程工程咨询第一批试点名单》（湘建设函〔2017〕446号）</td></tr>
<tr><td>《关于推进全过程工程咨询发展的实施意见》（湘建设〔2020〕91号）</td></tr>
<tr><td>《湖南省房屋建筑和市政基础设施项目全过程工程咨询招标投标管理暂行办法》（湘建设〔2020〕206号）</td></tr>
<tr><td>7</td><td>广东</td><td>《广东省全过程工程咨询试点工作实施方案》（粤建市〔2017〕167号）</td><td>将项目建议书、可行性研究报告编制、总体策划咨询、规划、勘察、设计、监理、招标代理、造价咨询、招标采购及验收移交等全部或部分业务委托给一个单位</td><td>工程建设全过程</td><td>各地住房城乡建设主管部门要引导本地规划、勘察、设计、监理、招标代理、造价咨询等单位积极向全过程工程咨询单位转型，鼓励相关单位通过联合经营、并购重组等方式发展全过程工程咨询服务</td></tr>
</table>

续上表

编号	省（自治区、直辖市）	文件名称	服务内容	服务阶段	服务方式（以及是否允许联合体）
8	四川	《四川省全过程工程咨询试点工作方案》（川建发〔2017〕11 号）	工程勘察设计单位应利用先导优势、工程监理单位应利用施工阶段管理优势，积极拓展覆盖可行性研究、项目策划、项目管理、后期运营等工程建设全生命周期的技术支持与服务	工程建设全过程	咨询服务单位既可以是一家单位，也可以是由两家单位组成的联合体
9	广西	《广西全过程工程咨询试点工作方案》（桂建发〔2018〕2 号） 《广西壮族自治区房屋建筑和市政工程全过程工程咨询服务招标文件范本（试行）》（桂建发〔2018〕20 号） 《广西壮族自治区工程建设全过程咨询服务导则（试行）》（桂建管〔2019〕71 号 ） 《广西壮族自治区房屋建筑和市政基础设施全过程工程咨询服务招标文件范本（2020 年版）》（桂建发〔2020〕14 号）	将项目建议书、可行性研究报告编制、总体咨询策划、工程监理、招标代理、造价咨询等全部或部分业务一并委托给一个企业	工程建设全过程	全部或部分业务一并委托给一个企业
10	陕西	《关于在房屋建筑和市政基础设施工程领域加快推进全过程工程咨询服务发展的实施意见》（陕建发〔2020〕1118 号） 《陕西省全过程工程咨询服务导则（试行）》（陕建发〔2019〕1007 号） 《陕西省全过程工程咨询服务合同示范文本（试行）》（陕建发〔2019〕1007 号）	鼓励多种形式全过程工程咨询服务模式，除投资决策综合性咨询和工程建设全过程咨询外，全过程工程咨询单位可根据市场需求，开展跨阶段咨询服务组合或同一阶段内不同类型咨询服务组合	工程建设全过程	鼓励投资咨询、招标代理、览察、设计、监理、造价、项目管理等企业联合经营、并购重组，培育一批高水平的全过程工程咨询单位
11	山东	《关于在房屋建筑和市政工程领域加快推行全过程工程咨询服务的指导意见》（鲁建建管字〔2019〕19 号）	在项目投资决策、工程建设、运营管理过程中，为建设单位提供经济、技术、组织、管理等各有关方面的综合性、跨阶段、一体化的咨询服务	全过程	鼓励多种形式全过程工程咨询服务模式，除投资决策综合性咨询和工程建设全过程咨询外，全过程工程咨询单位可根据市场需求，开展跨阶段咨询服务组合或同一阶段内不同类型咨询服务组合

续上表

编号	省（自治区、直辖市）	文件名称	服务内容	服务阶段	服务方式（以及是否允许联合体）
11	山东	《关于贯彻国办发〔2017〕19号文件促进建筑业改革发展的实施意见》（鲁政办发〔2017〕57号）	在项目投资决策、工程建设、运营管理过程中，为建设单位提供经济、技术、组织、管理等各有关方面的综合性、跨阶段、一体化的咨询服务	全过程	鼓励多种形式全过程工程咨询服务模式，除投资决策综合性咨询和工程建设全过程咨询外，全过程工程咨询单位可根据市场需求，开展跨阶段咨询服务组合或同一阶段内不同类型咨询服务组合
12	河南	《河南省全过程工程咨询试点工作方案（试行）》（豫建设标〔2018〕44号）	将项目建议书、可行性研究报告编制、总体咨询策划、规划设计以及工程监理、招标代理、造价咨询等全部或部分业务一并委托给一个企业	全过程	将项目建设书、可行性研究报告编制、总体咨询策划、规划设计以及工程监理、招标代理、造价咨询等全部或部分业务一并委托给一个企业
13	安徽	《安徽省开展全过程工程咨询试点工作方案》（建〔2018〕138号） 《安徽省人民政府办公厅关于推进工程建设管理改革促进建筑业持续健康发展的实施意见》（皖政办〔2017〕97号）	提供建设项目可行性研究、总体策划、工程规划、工程勘察与设计、项目管理、工程监理、造价咨询及项目运行维护等全过程工程咨询服务	全过程	各地可探索通过招标或政府购买服务的方式将一个项目或多个项目一并打包委托全过程工程咨询服务。建设单位根据项目情况，可以选择整体或局部的全过程工程咨询服务。鼓励投资咨询、勘察、设计、监理、造价咨询等企业通过联合经营、并购重组等方式，培育一批高水平的全过程工程咨询单位
14	江西	《关于加快推进我省全过程工程咨询服务发展的实施意见》（赣建建〔2021〕7号）	将项目建议书、可行性研究报告编制、总体策划咨询、勘察、设计、监理、招标代理、造价咨询、项目管理、工程合同法务、PPP咨询、中期评估、绩效评价及验收移交等全部或部分业务打包委托	全过程	各地要积极引导投资咨询、勘察、设计、监理、招标代理、造价咨询、项目管理等企业，采取联合经营、并购重组等方式发展全过程工程咨询。鼓励咨询单位根据自身的条件和能力，为工程建设全过程中的投资决策环节和工程建设实施环节提供不同层面的组织、管理、经济和技术服务。除投资决策综合性咨询和工程建设全过程工程咨询外，咨询单位可根据市场需求，从投资决策、工程建设、运营等项目全生命周期角度，开展跨阶段咨询服务组合或同一阶段内不同类型咨询服务组合

续上表

编号	省(自治区、直辖市)	文件名称	服务内容	服务阶段	服务方式(以及是否允许联合体)
15	湖北	《关于促进全省建筑业改革发展二十条意见》(鄂政发〔2018〕14号)	积极培育全过程工程咨询,鼓励投资咨询、勘察设计、监理、招标代理、造价咨询等企业采取联合经营、并购重组等方式发展全过程工程咨询。政府投资工程应带头推行全过程咨询服务,鼓励非政府投资工程委托全过程咨询服务	未明确	充分发挥湖北工程咨询行业能力强的优势,积极培育全过程工程咨询,鼓励投资咨询、勘察设计、监理、招标代理、造价咨询等企业采取联合经营、并购重组等方式发展全过程工程咨询
16	贵州	《关于加快推进我省全过程工程咨询服务发展的实施意见》(黔建建发〔2020〕1号)	投资决策综合性咨询服务和工程建设全过程咨询服务,包括:项目建议书、可行性研究报告编制、总体策划咨询、规划、勘察、设计、监理、招标代理、造价咨询、招标采购及验收移交 投资决策综合性咨询服务和工程建设全过程咨询服务,包括:项目建议书、可行性研究报告编制、总体策划咨询、规划、勘察、设计、监理、招标代理、造价咨询、招标采购及验收移交	投资决策环节、工程建设全过程	发改、住建主管部门要引导规划、勘察、设计、监理、招标代理、造价咨询等单位积极向全过程工程咨询单位转型,鼓励有条件的工程咨询单位采取联合经营、并购重组等方式,根据企业自身的优势和特点积极延伸咨询服务业务,提供项目建设投资决策环节可行性研究、总体策划、工程规划等综合性咨询服务,引导全过程工程咨询服务单位建立和完善与全过程工程咨询服务相适应的规章制度,创新管理和技术手段,培养和引进高素质人才
17	重庆	《重庆市发展和改革委员会 重庆市住房和城乡建设委员会关于转发<国家发展改革委 住房城乡建设部关于推进全过程工程咨询服务发展的指导意见>的通知》(渝发改投〔2019〕1600号)	包括投资决策综合性咨询、工程建设全过程咨询的整合。项目法人亦可委托全过程工程咨询单位,在项目前期和实施阶段,帮助优化设计、规范建设、强化投资管控	投资决策环节、工程建设全过程	未明确

续上表

编号	省（自治区、直辖市）	文件名称	服务内容	服务阶段	服务方式（以及是否允许联合体）
18	河北	《推动工程监理企业转型升级创新发展的指导意见》（冀建质安〔2019〕7号）	鼓励工程监理企业在立足施工阶段监理的基础上，向“上下游”拓展服务领域，提供项目咨询、招标代理、造价咨询、项目管理、现场监督等多元化的“菜单式”咨询服务。适应发挥建筑师主导作用的改革要求，试点由建筑师委托工程监理实施驻场质量技术监督。鼓励工程监理企业积极探索PPP等新型融资方式下的咨询服务内容、模式。对工程项目关键环节、关键部位进行工程质量安全检查	施工阶段及其“上下游”	鼓励技术能力强、综合服务水平高的工程监理企业向上下游拓展服务领域，或者采用联合经营、并购、重组等方式，开展跨行业、跨地区的全过程工程咨询服务。支持有条件的企业尝试在其他非工程建设领域开展咨询服务
19	山西	《关于开展2019年度山西省全过程工程咨询单位遴选的通知》（晋建市函〔2019〕605号） 《关于加快培育我省全过程工程咨询单位的通知》（晋建市字〔2019〕73号） 《关于开展2019年度山西省全过程工程咨询单位遴选的通知》（晋建市函〔2019〕605号） 《关于加快培育我省全过程工程咨询单位的通知》（晋建市字〔2019〕73号）	服务内容包括投资咨询、招标代理、工程勘察与设计、项目管理、工程监理、造价咨询及项目运行维护管理等工程技术及管理活动	工程建设全过程	全过程工程咨询服务应当由一家具有综合能力的咨询单位实施，也可由多家具有投资咨询、招标代理、勘察、设计、监理、造价、项目管理等不同能力的咨询单位联合实施。鼓励全过程工程咨询单位名录内单位以自身主营业务为主体，采取联合经营、并购重组等方式，整合工程建设上下游产业链相关工程咨询服务业务、加快业务延伸和拓展，形成全产业链的工程咨询单位
20	宁夏	《全过程工程咨询试点工作方案》（宁建（建）发〔2018〕31号）	全过程工程咨询的服务内容包括项目策划、可行性研究、环境影响评价、工程勘察、工程设计、工程监理、招标代理、造价咨询、施工单位的确定、验收移交、工程技术及项目管理等活动	工程建设全过程	积极鼓励试点企业并购、重组，其相应资质按照名称变更办理；积极帮助试点企业合作、参股，延伸产业链；积极支持试点企业补齐资质、资格短板，扩展资质种类、扩大注册人才队伍
21	内蒙古	《内蒙古自治区住房和城乡建设厅关于开展全过程工程咨询试点工作的通知》（内建工〔2018〕544号）	全过程工程咨询服务内容包括前期咨询、设计、监理、招标代理、造价咨询、验收移交等	工程建设全过程	鼓励相关单位通过联合经营、并购重组等方式延长业务链

续上表

编号	省（自治区、直辖市）	文件名称	服务内容	服务阶段	服务方式（以及是否允许联合体）
22	吉林	《吉林省推进房屋建筑和市政基础设施工程全过程咨询服务的实施意见》（吉建联发〔2021〕16号） 《关于推进全过程工程咨询服务发展的指导意见》（吉建办〔2018〕28号）	项目决策阶段服务内容主要是投资决策综合性咨询，主要包括项目建设书、可行性研究报告、初步设计、项目申请报告编制等。工程建设阶段服务内容主要包括勘察、设计、监理、造价、招标代理、项目管理等。可以跨阶段全过程实施，也可以分投资决策和工程建设两个阶段进行。还可根据市场需求，从投资决策、工程建设、运营等项目全生命周期角度，开展运营维护咨询、后评价以及BIM咨询等专业咨询	投资决策环节、工程建设全过程	一家具有综合能力的咨询单位；多家具有招标代理、勘察、设计、监理、造价、项目管理等不同能力的咨询单位联合实施；鼓励建设单位采用“以项目管理服务为基础，其他各专业咨询服务内容相组合的全过程工程咨询模式”。即采用“1＋N”菜单式服务模式，原则上 $N \geqslant 2$，且“N”至少应包含设计或监理
23	黑龙江	《关于开展全过程工程咨询试点工作的通知》（黑建函〔2017〕376号） 《关于全过程工程咨询试点企业承接业务范围的通知》（黑建函〔2018〕461号）	项目全过程工程咨询宜划分为项目决策、工程建设、项目运营三个阶段。项目决策阶段：包括但不限于规划咨询、咨询策划、投资机会研究、投资申请咨询、专项评估报告等。工程建设阶段：包括但不限于报批报建、项目管理、工程勘察、工程设计、招标代理、工程监理、造价咨询及BIM咨询等。项目运营阶段：包括但不限于运营管理策划、运营维护咨询、项目后评价与绩效评价等	项目决策、工程建设、项目运营	可由一家全过程工程咨询单位实施，也可由一家全过程工程咨询单位牵头与其他咨询建设单位联合实施
24	辽宁	《辽宁省人民政府办公厅关于促进建筑业高质量发展的意见》（辽政办发〔2017〕89号）	政府和国有资金投资的项目原则上实行工程总承包和全过程工程咨询服务，推进工程建设全过程周期高效、节能、环保。建设单位可以委托咨询单位提供招标代理、勘察、设计、监理、造价、项目管理等全过程咨询服务	未明确	未明确

续上表

编号	省（自治区、直辖市）	文件名称	服务内容	服务阶段	服务方式（以及是否允许联合体）
25	海南	《关于在房屋建筑和市政基础设施工程领域推进全过程工程咨询服务发展的实施意见》（琼建规〔2022〕27号）	咨询单位可根据需求提供包括投资机会、项目建议书、可行性研究报告、专项评价评估等投资决策咨询，以及招标代理、勘察、设计、监理、造价、建筑信息模型（BIM）、绿色建筑、项目管理等工程建设咨询。工程咨询单位还可根据市场需求，开展运营维护、后评价等专业咨询	项目决策阶段、工程建设阶段	由一家具有综合能力的咨询单位实施，也可由多家具有投资决策、招标代理、勘察、设计、监理、造价、项目管理等不同能力的咨询单位联合实施
26	西藏	《关于加快推进房屋建筑和市政基础设施项目全过程工程咨询服务发展的实施意见》（藏建市管〔2022〕594号）	全过程工程咨询服务可以从项目投资决策阶段或工程建设阶段开始实施，鼓励从项目投资决策阶段开始将两个阶段贯通实施。全过程工程咨询原则上以“基于技术服务能力的全过程项目管理＋专业咨询”的方式开展，全过程工程咨询宜至少包含投资决策综合性咨询、招标代理、勘察、设计、监理、造价、项目管理等咨询服务中三项及以上工作内容	投资决策阶段、工程建设阶段	应优先由一家具有综合能力的咨询服务单位实施，也可由原则上不超过三家具有投资决策综合性咨询、招标代理、勘察、设计、监理、造价、项目管理等不同专业特长的咨询服务单位联合实施
27	云南	《云南省人民政府办公厅关于促进建筑业持续健康发展的实施意见》（云政办发〔2017〕85号）	引导有能力的企业通过联合经营、并购重组等方式，开展项目投资咨询、工程勘察设计、施工招标咨询、施工指导监督、工程竣工验收、项目运营管理等覆盖工程全生命周期的一体化项目管理咨询服务	工程建设全过程	未明确
28	甘肃	《甘肃省关于在房屋建筑和市政基础设施工程领域推进全过程工程咨询服务发展的实施意见》（甘建建〔2021〕2号）	在房屋建筑和市政基础设施工程投资决策环节，鼓励投资者或建设单位委托工程咨询单位提供投资决策综合性咨询服务，统筹考虑影响项目可行性的各种因素，增强决策论证的科学性、协调性。在房屋建筑和市政基础设施工程建设中，鼓励建设单	项目决策和建设实施阶段	应当由一家具有综合能力的咨询单位实施，也可由多家具有招标代理、勘察、设计、监理、造价、项目管理等不同能力的咨询单位联合实施

续上表

编号	省（自治区、直辖市）	文件名称	服务内容	服务阶段	服务方式（以及是否允许联合体）
28	甘肃	《甘肃省关于在房屋建筑和市政基础设施工程领域推进全过程工程咨询服务发展的实施意见》（甘建建〔2021〕2号）	位委托咨询单位提供招标代理、勘察、设计、监理、造价、项目管理等工程建设全过程咨询服务，满足建设单位一体化服务需求，增强工程建设过程的协同性	项目决策和建设实施阶段	应当由一家具有综合能力的咨询单位实施，也可由多家具有招标代理、勘察、设计、监理、造价、项目管理等不同能力的咨询单位联合实施
29	青海	《青海省住房和城乡建设厅关于推进全过程工程咨询服务发展的通知》（青建工〔2021〕346号）	包括投资咨询、招标代理、勘察、设计、监理、造价咨询、项目管理等咨询业务，建设单位自主确定全过程工程咨询的组合方式	未明确	应当由一家具有综合能力的咨询单位实施，也可由多家具有招标代理、勘察、设计、监理、造价咨询、项目管理等不同能力的咨询单位联合实施
30	天津	《关于印发<滨海新区全过程工程咨询服务实施指导意见><滨海新区全过程工程咨询服务清单><滨海新区全过程工程项目管理服务清单>的通知》（津滨住建发〔2022〕64号） 《天津市全过程工程咨询服务导则》（T/TJKCSJ 001—2020）	在房屋建筑和市政基础设施工程建设中，鼓励建设单位委托咨询单位提供项目管理、招标代理、勘察、设计、造价、监理等工程建设全过程工程咨询服务，满足建设单位一体化服务需求，增强工程建设过程的协同性	项目决策和建设实施阶段	鼓励建设单位采用“以项目管理服务为基础，其他各专业咨询服务内容相组合”的全过程工程咨询模式。即采用“1 + N”菜单式服务模式，原则上 $N \geqslant 2$

附录二　铁路建设项目全过程工程咨询服务内容及成果资料清单

附表 2-1　铁路建设项目全过程工程咨询服务内容清单

序号	服务阶段		服务内容
1	全过程工程咨询统筹管理服务		包括项目策划、进度管理、质量管理、投资管理、信息管理、协调管理等
2	规划阶段		□规划研究
3	立项决策阶段	预可行性研究	□土地综合开发机会研究
4			□预可行性研究文件编制
5			□预可行性研究文件技术咨询
6		可行性研究	□用地预审 *
7			□选址意见书 *
8			□社会稳定风险评估 *
9			□土地综合开发方案研究 *
10			□接轨专题、必要性咨询、安全评估 *
11			□生态保护红线分析论证 *
12			□客流预测
13			□投融资专题
14			□初测
15			□工程地质勘察监理(初测)
16			□可行性研究文件编制
17			□可行性研究文件技术咨询
18	勘察设计阶段	初步设计	□环境影响评价 *
19			□水源保护区影响分析 *
20			□水土保持方案 *
21			□防洪影响评估 *
22			□通航影响论证 *
23			□地质灾害评估 *
24			□压覆矿产资源评估 *
25			□地震安全性评价 *
26			□文物保护与调查 *
27			□考古调查勘探评估
28			□跨(穿)越高等级道路安全评估
29			□跨(穿)越既有铁路安全评估
30			□路基、桥梁、隧道安全风险评估
31			□TOD 概念规划方案设计
32			□危岩落石风险评估
33			□职业病危害预评价
34			□定测

续上表

序号	服务阶段		服务内容
35	勘察设计阶段	初步设计	□工程地质勘探
36			□工程地质勘察监理(定测)
37			□初步设计文件编制
38			□初步设计文件技术咨询
39		施工图设计	□外部电源接入方案、评估及电源前期配合测试
40			□职业病危害后评估(职业病防护设施设计)
41			□补充定测
42			□林地使用报告
43			□施工图文件编制
44			□施工图预算编制
45			□通航桥墩防撞、助航标志专项设计
46			□防洪评估后补救措施工程设计
47			□施工组织设计管理咨询
48			□施工图审核管理咨询
49			□施工图文件技术咨询
50	工程实施阶段	开工前期阶段	□土地勘测定界
51			□表土剥离方案
52			□土地复垦方案
53			□林地组件
54			□土地组件
55			□工程量清单及分标预算咨询
56			□招标控制价格咨询
57		工程建设	□招标咨询(招标代理)
58			□标准化管理咨询
59			□合同管理与投资控制咨询
60			□工程建设信息化管理咨询
61			□施工技术方案咨询
62			□信息化智能化应用管理咨询
63			□日常质量安全管理咨询
64			□变更设计文件编制
65			□变更设计文件技术咨询
66			□阶段性价差调整报告编制
67			□阶段性价差调整报告咨询
68			□弃渣场稳定性评估
69			□工程保险咨询
70			□法务咨询

续上表

序号	服务阶段		服务内容
71	工程实施阶段	工程建设	□爆破监理
72			□工程监理
73			□环境保护专项监理
74			□水土保持监测
75			□环境保护和水土保持设施验收报告
76			□第三方审价(含征拆、工程)
77			□第三方检测
78	竣工验收阶段		□清理概算
79			□用地竣工复测
80			□建设用地执行报告编制及不动产证书办理技术服务(土地确权)
81			□验收管理咨询
82			□联调联试管理咨询
83			□静态验收
84			□动态验收
85			□联调联试
86			□运行试验
87			□初步验收
88			□达标评定
89			□安全评估
90			□竣工决算编制
91			□竣工决算审核
92	运营维护阶段		□项目运营模式咨询
93			□设施资产管理咨询
94			□安全评估
95			□运营维护咨询
96			□项目后评价
97			□资产经营开发咨询
98			□客户满意度调查

注:咨询统筹管理服务为必选项,招标人可根据实际需要勾选或补充服务内容,各阶段和服务内容不强制出现,标注“*”为对应阶段前置性专题专项。

附表 2-2　铁路全过程工程咨询项目服务成果资料清单

序号	服务阶段		成果资料	具体内容
1	全过程		咨询统筹管理服务报告	
2	规划阶段		规划研究报告	
3	立项决策阶段	预可研阶段	土地综合开发机会研究报告	
4			预可研文件	
5			预可研文件技术咨询意见	
6		可研阶段	可研阶段专题	规划选址与用地预审报告
7				社会风险评估报告
8				土地综合开发方案研究报告
9				生态保护红线分析论证报告
10				客流预测报告
11				投融资专题
12				接轨专题（含必要性咨询、安全评估）报告
13			工程勘察	初测报告
14			工程地质勘察监理报告	
15			可研文件	
16			可研文件技术咨询意见	
17	勘察设计阶段	初步设计	初步设计阶段专题	环境影响评价报告
18				水土保持方案
19				水源保护区影响分析报告
20				防洪影响评估报告
21				通航影响论证报告
22				地质灾害评估报告
23				地震安全性评价报告
24				压覆矿产资源评估报告
25				文物保护与调查报告
26				考古调查勘探评估报告
27				跨（穿）越高等级道路安全评估报告
28				跨（穿）越既有铁路安全评估报告
29				TOD 概念规划方案设计文件
30				危岩落石风险评估报告
31				职业病危害预评价报告
32				路基、桥梁、隧道安全风险评估报告
33			工程勘察	定测、工程地质勘探报告
34			工程地质勘察监理报告	
35			初步设计文件	
36			初步设计文件技术咨询意见	

续上表

序号	服务阶段		成果资料	具体内容
37	勘察设计阶段	施工图设计	施工图设计阶段专题专项	防洪评估后补救措施工程设计
38				通航桥墩防撞、助航标志专项设计
39				外部电源接入方案、评估及电源前期配合测试报告
40				职业病危害后评估(职业病防护设施设计)报告
41	工程实施阶段	施工图设计	工程勘察	补充定测报告
42			施工图设计文件	施工图文件
43				施工图预算文件
44			施工图文件技术咨询报告	
45		开工前期阶段	开工前期专题专项	土地勘测定界文件
46				林地组件报告
47				土地组件报告
48				表土剥离方案
49				土地复垦方案
50			招标采购咨询服务	招标控制价格、分标预算、工程量清单编制
51				招标控制价格、分标预算、工程量清单咨询意见
52				招标文件咨询报告
53		工程建设阶段	日常质量安全管理咨询报告	
54			施工组织设计管理咨询报告	
55			标准化管理咨询报告	
56			施工图审核咨询报告	
57			工程建设信息化智能化管理咨询文件	
58			施工技术咨询文件	
59			合同管理与投资控制咨询文件	
60			变更设计文件	
61			变更设计文件技术咨询报告	
62			阶段性价差调整报告	
63			阶段性价差调整报告咨询文件	
64			弃渣场稳定性评估报告	
65			工程保险咨询文件	
66			法务咨询文件	
67			爆破监理报告	
68			工程监理报告	
69			环境保护专项监理报告	
70			水土保持监测报告	
71			环境保护和水土保持设施验收报告	
72			第三方审价(含征拆、工程)报告	
73			第三方检测报告	

续上表

序号	服务阶段	成果资料	具体内容
74	竣工验收阶段	清理概算文件	
75		用地竣工复测文件	
76		建设用地执行及不动产证书(土地确权)支撑文件	
77		验收管理咨询报告	
78		联调联试管理咨询报告	
79		静态验收报告	
80		动态验收报告	
81		联调联试报告	
82		运行试验报告	
83		初步验收文件	
84		达标评定报告	
85		安全评估报告	
86		竣工决算文件	
87		竣工决算审核文件	
88	运营维护阶段	项目运营模式咨询报告	
89		设施资产管理咨询报告	
90		安全评估报告	
91		运营维护咨询报告	
92		项目后评价报告	
93		资产经营开发咨询报告	
94		客户满意度调查报告	

附录三　铁路及其他行业全过程工程咨询典型案例解析

附表 3-1　铁路工程全过程工程咨询典型案例解析

行业	主要服务内容	主要服务模式	项目名称	工程概况	服务范围	应用亮点
铁路工程	主要为项目管理、设计咨询与工程监理，还包括造价咨询和勘察设计等，项目信息化建设、BIM技术也是其中重要工作内容	“1＋N”的多种服务模式。路内优势咨询单位牵头与其他单位共同组建联合体形式为主	新建天水至陇南铁路项目全过程工程咨询服务	天陇铁路位于甘肃省东南部天水、陇南两市境内，是甘肃省首条自建铁路。新建正线全长208.207 km，按照国铁Ⅰ级，单线电气化，时速160 km设计，建设工期5.5年	建设管理技术服务、施工图审核、造价咨询、工程监理、水土保持技术服务、环境保护技术服务、试验检测中心、精测网（含CPⅢ）咨询评估和沉降变形观测评估、建设管理信息化、运营维护咨询、项目后评价咨询等，项目策划、质量、安全、进度、投资、环保、稳定、信息管理及项目的协调管理等	以建设管理技术服务为主线，以分包模式委托开展专项咨询服务，突出施工阶段作为业主的智囊作用，以工程监理支撑业主对EPC总包方的管理和制约
			天津市市域（郊）铁路宁河线一期工程（经三路站至淮淀站）全过程咨询服务	天津市市域（郊）铁路宁河线一期工程（经三路站至淮淀站）南起经三路站，北至淮淀站。线路串联空港经济区、东丽湖、未来科技城和淮淀。主要沿纬三道、东丽湖路、东金路、津宁高速敷设。线路全长约17.3 km，均为高架线，设4座高架站，主变电站1座，淮淀站附近设置车辆段一座	包括前期咨询服务、项目前期工作（包括项目前期专题报告和智慧化建设咨询服务）、核定勘界及地形图、设计咨询服务、招标代理服务、全过程造价管理咨询服务、公共安防建设及验收规范编制、车辆监造、综合联调及试运行服务、培训服务等内容	由一家单位独立开展前期咨询至试运行全过程咨询服务，依靠先进的基础设施规划设计理念、完善的运营管理体系，充分满足业主在规划设计、建设、运营、开发、培训等领域的多维度需求
			聊城国际内陆港铁路专用线全过程咨询服务项目	本项目位于山东省聊城市茌平区博平镇境内，东望博平铁路车站，南临邯济铁路，西接徒骇河，北靠G309国道。铁路专用线由邯济铁路博平站西端新设牵出线上中部引出，向北接入聊城国际物流内陆港，专用线正线全长约1.477 km	包含项目施工阶段的项目管理（对建设工程项目的投资决策咨询、投资管理、勘察设计管理、招标采购管理、施工监造管理等进行计划、组织、协调、实施与控制）及造价咨询在内的专业咨询服务活动	采取了“项目管理＋造价”的组合模式。咨询单位通过造价顾问牵头，服务阶段贯穿项目前期至施工阶段，使项目投资得到有效控制
			安庆长风港区铁路专用线全过程工程咨询项目	安庆长风港区铁路专用线位于安徽省安庆市、怀宁县、宜秀区、大观区、迎江区境内，线路全长33.533 km。概算总额29.02亿元	服务范围包括跟踪审核、结算审核、监理、项目管理、BIM服务等	以项目管理、工程监理为主线，服务阶段从项目施工阶段至竣工验收完成，通过项目管理加速项目报批流程，严格内控制度，有效节约工程投资，辅以BIM技术，为打造铁水联运示范项目提供技术支持

附表 3-2　房建工程全过程工程咨询典型案例解析

行业	主要服务内容	主要服务模式	项目名称	工程概况	服务范围	应用亮点
房建工程	全生命周期项目咨询统筹协调管理+各阶段专项；围绕具体专项咨询延展性地提供一体化全过程工程咨询和增值咨询	“1+N”的多种服务模式。决策、管理与实施的多层组织架构，或项目经理负责制的扁平化管理模式	深圳市大鹏新区某医院	该项目为集医疗、教学、科研、预防为一体的大型综合性三级甲等医院。项目用地面积约 10 万 m^2，总建筑面积约 42 万 m^2，建筑高度 80 m，地上最大层数 16 层，地下 2 层，建设床位数为 2 000 床，总投资约 40 亿元。具有专业系统多、运营管理难度大，绿色要求高等难点	包括前期咨询管理、项目管理、工程监理、全过程造价咨询、医疗工艺咨询管理、招标采购管理、合同管理、BIM 管理、报批报建管理、竣工验收及移交管理、结算管理以及与项目建设管理相关的其他工作	采用项目咨询与工程监理一体化的全过程工程咨询模式。咨询单位将项目管理团队与现场监理团队进行编制分组融入建设单位的管理团队，设立各专业小组，实施扁平化综合管理
			东数西算某数据中心项目	该项目占地面积 70.1 亩，规划总建筑面积 111 824 m^2，拟建设数据中心楼2 栋，综合楼1 栋，柴发楼1 栋，可提供装机能力不低于 1 万架。总计划投资约 20 亿元，涉及土建、机电安装、油罐工程、智能化系统、高低压配电等多专业交叉作业，并且引入了行业领先的间接蒸发冷却技术，在节能低碳技术上具有先进性	包括项目前期阶段、实施阶段到竣工验收阶段的全过程投资咨询，数据中心等级评定咨询(含绿色低碳咨询)服务，BIM 专项咨询等	采用“造价咨询+数据中心等级评定咨询”模式。咨询单位深入研究数据中心建设投资管控特点，应用价值工程提升数据中心建设投资效益，将设计优化作为重要手段，重点围绕前期及设计阶段展开服务
			某药厂国际化先进制药基地项目	该项目位于某区健康生物产业园内，总建筑面积为 158 411.19 m^2，其中地上建筑面积 146 970.56 m^2，分为两期建设，总投资 12.525 6 亿元。由于该项目为高端原料药基地迁建项目，原设计因市场环境改变而被迫变更，导致墙体拆除、工期顺延、外架不能及时拆除等多种问题	包括项目实施策划、报批报建管理、设计与技术管理、协助招采工程、全过程造价控制、合同管理等	采用“1+N”的全过程工程咨询委托模式。咨询单位为应对制药工程“四新”特点，利用 BIM 技术实现了边设计边施工以及工艺管道部门的数字化交付

续上表

行业	主要服务内容	主要服务模式	项目名称	工程概况	服务范围	应用亮点
房建工程	全生命周期项目咨询统筹协调管理+各阶段专项；围绕具体专项咨询延展性地提供一体化全过程工程咨询和增值咨询	“1+N”的多种服务模式。决策、管理与实施的多层组织架构，或项目经理负责制的扁平化管理模式	四川大剧院	该项目位于成都市中心天府广场东侧，项目总投资86 780万元，总建筑面积59 000.41 m^2，地上剧场部分3层，辅助功能区6层，地下建筑4层。该项目对于资金的使用效率和使用时间有严格的要求	包括前期咨询管理、项目管理、工程监理、全过程造价咨询、招标代理、BIM技术咨询工作	采用全过程工程咨询。咨询单位以投资控制为主线，利用“BIM技术+造价”“数字工地”“建筑蚂蚁网”等新的技术手段，将项目管理与造价相结合，有效地进行投资控制、限额设计、限额施工、限额采购，真正做到了事前控制、一次性介入、伴随式咨询

附表 3-3　市政工程全过程工程咨询典型案例解析

行业	主要服务内容	主要服务模式	项目名称	工程概况	服务范围	应用亮点
市政工程	以项目统筹及总体管理为主线，开展多样化的专项咨询	“单一体”模式为主	上海市轨道交通17号线岩土工程	上海市轨道交通17号线工程线路起自青浦区东方绿洲，止于闵行区，线路全长35.30 km，其中高架线18.28 km，地下线16.13 km，过渡段0.89 km，共设站点13座。工程规模大、多标段多单位参与，沿线环境复杂	主要包括勘察的总体管理，即在岩土工程勘察工作中进行规范化、标准化管理，进行质量、进度、投资控制，同时提供技术支持，审查各单位各工点岩土工程勘察报告，确保设计使用的岩土工程参数的合理性和正确性，以规避与岩土有关的风险	创新性地将工程勘察与工程咨询整合，以岩土工程勘察总体咨询为抓手，延伸了岩土工程全过程工程咨询理念至建设期乃至运营期，解决了关键技术难题，节省费用超3 000万元，缩短工期超2个月
			宁波市110 kV大河变迁扩改建工程	该项目为大型地下变电站，采用新老变电站先建后拆的建设时序，工期目标2年，总投资3亿元。占地3 559 m^2，深度达23 m，紧邻居民区和城市主要交通线路，施工条件差，交通压力繁重，各方协调对接任务复杂	主要包括项目管理、招投标代理、全过程造价咨询、BIM技术应用	采用了“1 + N”的全过程工程咨询委托模式。咨询单位以项目管理、成本管控为主线，从项目立项至整体工程投用并完成资产移交止，决策采取国网技术论证先行，地方政府经济审查跟进的模式，跨行业双线并审。创新了EPC与施工总承包结合的发承包模式，并将工程量清单与施工方案相结合，预控工期
			鄂尔多斯市高新技术开发区工业废水处理与再生水综合利用项目	该项目是鄂尔多斯市重点工业项目，总投资约27亿元，总占地面积约322亩，主要为新建水资源综合利用中心，总规模(3.7 + 3.6)万 m^3/d，其中工业废水处理规模3.7万 m^3/d，净水处理规模3.6万 m^3/d，及配套管网、东红海子取水泵站改造、万利污水厂改造等配套工程	主要包括设计管理，协助业主进行投资、进度、质量控制与管理、安全管理、合同与信息管理，协助组织竣工验收、竣工结算、管理工程实施阶段造价管理工作；项目竣工验收后的项目决算组织、项目后评价组织及保修期内的全过程项目管理	采用全过程项目管理服务。发挥建设管家职能，严格遵循施工标准，绿色施工、科学管理，稳步推进工程建设，全力打造优质工程、标杆工程

续上表

行业	主要服务内容	主要服务模式	项目名称	工程概况	服务范围	应用亮点
市政工程	以项目统筹及总体管理为主线，开展多样化的专项咨询	“单一体”模式为主	深圳滨海大道（总部基地段）交通综合改造工程	该项目位于深圳市超级总部基地南侧，西接沙河西路立交改造工程，东至广深高速公路，全长约5.95 km。其中总部基地段（沙河东路-深湾五路）为下沉改造段，主线隧道暗埋段长度1.56 km。建设总投资约34亿元，总工期为24个月。工程地质条件复杂，涉及专业多，且缺少相关规范	主要包括设计全过程工程咨询及施工阶段的BIM咨询	单独委托公司进行BIM咨询。咨询单位引入Bentley技术解决方案，开展全过程BIM协同设计、基于BIM + GIS的多源数据融合、勘察地质与地下管线自动建模、设计方案可视化呈现及交通疏解仿真等技术的探索与实践，降低成本数百万元

附表 3-4　水利工程全过程工程咨询典型案例解析

行业	主要服务内容	主要服务模式	项目名称	工程概况	服务范围	应用亮点
水利工程	设计、施工、运行等不同阶段的服务内容组合	一家责任单位牵头与其他单位共同组建联合体形式为主	四川凉山州杨房沟水电站工程	该项目位于雅砻江中游四川省凉山州木里县境内，电站正常蓄水位 2 094 m，相应库容4.558 亿 m^3，装机容量1 500 MW。工程枢纽由混凝土双曲拱坝、泄洪消能建筑物和引水发电系统等主要建筑物组成。位于高山峡谷区，具有“工程规模大、高拱坝、高边坡、大规模地下洞室群、工程建筑物布置紧凑、施工交通布置困难”等特点	包括但不限于前期咨询管理、项目管理、工程监理、全过程造价咨询、设计管理、采购管理、经营管理以及与项目建设管理相关的其他工作	采用全过程工程咨询联合体模式。将限额设计理念贯穿设计过程，采用“动态设计施工”理念，及时优化开挖、支护参数，指导施工安全、快速进行。并且，建立了设计与施工技术文件互签制度，确保设计与施工布置、措施的合理性
			内蒙古某大型生态治理项目	该项目为流域综合治理项目，是大型复杂工程项目群，包含35 个子项目，覆盖面积1.47 万 km^2，包括整个河套灌区、乌梁素海区、乌拉特前旗、乌拉特中旗和乌拉特后旗的阴山以南部分，实施期限2018—2020 年，总投资 180 亿元。项目设计涉及专业广、技术难度大、参与方多、战略意义重大	包括全过程工程咨询管理、项目前期决策咨询、造价咨询、监理咨询、招标代理、工程监理等服务	采用全过程工程咨询。结合项目具体情况，建立了具备“1 + *X*”全过程工程咨询特色的公司—项目相结合的组织架构，采用三级会议推进体系，通过限额设计、优化设计和精细化管理等措施降低“三超”风险，有效节约了投资，加快了工期，2019 年度共节省投资2.132 亿元
			深圳罗田—铁岗水库引水隧道工程	该项目位于深圳市西部宝安区和光明区，工程设计规模260 万 m^3/d，从罗田水库取水，新建21.68 km 输水隧洞，沿途向罗田、五指耙、长流陂等 3 座水厂供水。项目建设用地总面积36.50 公顷，其中永久用地 15.84 公顷、临时用地 20.66 公顷，工程合同工期 36 个月，总投资 58.02 亿元，是珠江三角洲水资源配置工程的重要组成部分。具有工期紧、难度大，参与单位复杂等特点	包括项目统筹管理工作、工程监理工作（设计阶段、施工准备、施工及保修阶段）、招标代理工作、环境影响咨询以及应由咨询单位完成的其他工作	采用全过程工程咨询。咨询单位以项目管理为主线，统筹项目所有参建单位，由于全过程工程咨询模式在水利项目上仍处于探索阶段，咨询单位成立包含不同专业的专家团队，明确项目组织层级，为项目提供专业咨询服务，实现顺畅、快捷的决策与实施通道

续上表

行业	主要服务内容	主要服务模式	项目名称	工程概况	服务范围	应用亮点
水利工程	设计、施工、运行等不同阶段的服务内容组合	一家责任单位牵头与其他单位共同组建联合体形式为主	陕西省斗门水库工程	该项目位于斗门街办，总库容 5 052 万 m^3，库区总面积 10.4 km^2，库周总长 14.9 km，按南北池布置，工程清基、土石方开挖总量约为4500 万 m^3，工程混凝土近 30 万 m^3。总投资 48.92 亿元，工期 3 年。具有规模大、工期紧、约束条件多、参建单位多等特点	包括施工阶段政策造价咨询、勘察设计、施工管理、招标采购咨询、科研试验研究项目咨询、管理机构设置咨询、工程运营维护培训咨询、审计稽查咨询等多个专项	采用全过程工程咨询。实施“现场项目部 + 咨询专家组”的重大水利建设项目全过程工程咨询管理模式，先后召开 5 次专家会，在退水闸工程建设、库底防渗处理等专项施工方案的优化决策方面提出了多项科学合理的建议。严格审核工程签证，有效地节约了投资，提高了效率

附表 3-5 公路工程全过程工程咨询典型案例解析

行业	主要服务内容	主要服务模式	项目名称	工程概况	服务范围	应用亮点
公路工程	主要为项目管理与工程监理，还包括招标代理和设计咨询等服务项目，并且项目信息化建设也是其中重要工作内容	单项或多项服务组合。目前，“代建＋监理”一体化建设模式较多	六宾高速	该项目主线全长 45.623 km，有 2 个隧道，采用四车道高速公路标准建设，设计时速 120 km，计划工期 3 年，总投资 73.6 亿元。是南宁市第二条环城高速公路的组成部分，沿线山峦叠嶂，跨江越河，建设难度大	包括施工全过程第三方检测、路面技术咨询托管服务	采用“施工全过程第三方检测＋路面技术咨询托管服务”模式。咨询单位将过程检测与技术咨询有机结合起来，形成一种创新咨询检测模式，通过合适的过程抽检体系和有效的技术指导方案，及时解决工程建设过程中出现的质量通病及控制薄弱环节，实现工程全过程质量管控与追踪，为提升广西地区工程总体水平提供了新思路、新模式、新样本
			苏台高速公路南浔至桐乡段及桐乡至德清联络线（二期）	该项目全长约 44 km，采用双向 6 车道高速公路技术标准。项目概算总投资为 190.2 亿元（含桥下空间利用段即桐乡市三环西路 12.7 km），建设工期为 36 个月。是全国首个县级自主投资的超百亿高速公路项目	包括统筹协调管理、建设管理（包括但不限于档案管理、造价咨询、法务咨询、信息化建设管理）、工程保险咨询、工程监理、现场专项试验检测、施工总体安全风险评估、环境监测与专项验收服务、水土保持监测及专项验收服务等工作	采用全过程工程咨询联合体模式。联合体咨询单位贯彻全寿命周期的设计理念，通过“设计引领、数智赋能、管理创新”三个方面稳步推进工程建设。基于 GIS、BIM、数字孪生、物联网等技术，以“数据最多录一次、管理痕迹可溯源”为基本理念，开发了苏台高速公路（二期）智慧建设管理系统。该系统是浙江省首个由高速公路全过程工程咨询单位自主研发的集成数字化平台，从上至下覆盖了所有与工程建设相关单位的信息化平台，入选了电子文件归档和电子档案管理研究省级试点，能够应用到今后的工程建设中

续上表

行业	主要服务内容	主要服务模式	项目名称	工程概况	服务范围	应用亮点
公路工程	主要为项目管理与工程监理，还包括招标代理和设计咨询等服务项目，并且项目信息化建设也是其中重要工作内容	单项或多项服务组合。目前，“代建+监理”一体化建设模式较多	G228丹东线（蓝谷至石棚水库）改建工程及G204烟上线（石棚水库至城阳胶州界）改建工程（即墨段）	该项目起点位于现状G228丹东线与蓝谷齐云山一路T型交叉路口，终点位于棘洪滩水库南侧，城阳胶州界，路线全长41.828 km（主线新建高架桥24.217 km）。设计速度100 km/h，高架桥宽度34 m，双向六车道，预留远期双向八车道城市快速路条件，总投资119亿元，建设工期24个月	包括全过程项目咨询统筹管理、可行性研究报告编制、工程勘察设计、设计阶段BIM应用及科研课题研究五部分。	采用全过程工程咨询联合体模式。联合体牵头单位进行勘察设计工作，并组织项目组团队耗时五个月进行线路比选、外业调查工作，最终确定了路线方案及互通形式，最终实现了多环节多专业无缝对接，有效提高了投资决策水平
			萧山至磐安公路（金浦至三江口大桥段）快速化改建工程（店口高架）	该项目全长6.26 km，将原先的地面道路改建为上下两层道路。高架道路及地面道路，均采用双向四车道一级公路兼顾城市道路功能标准，高架道路设计速度为80 km/h，地面道路设计速度为60 km/h，是亚运会的控制性工程之一	包括项目决策、工程建设、项目运营、整合投资咨询、招标代理、勘察设计、监理、造价、项目管理等	采用全过程工程咨询。咨询单位充分发挥自身优势，全方位、宽领域、多渠道开展先行先试，优先落地全过程工程咨询各项服务内容举措，统筹推进工程管理、网络化安全和信息化发展工作，实现高质量推动项目建设和赋能增效项目管控预期。同时，利用“全咨云”数字化管理优势，倾力打造项目信息化管理平台，有力推动项目管理提质增效，被国家档案局确定为第三批档案电子化试点项目

参 考 文 献

[1] 韩如波,郑冠红. 全过程咨询与工程总承包的差异与联系[J]. 中国建材资讯,2018(4):23-27.

[2] 刘芳. 全过程工程咨询发展环境研究[J]. 工程经济,2022,32(10):72-80.

[3] 陈斌. 浅谈对全过程工程咨询的认识与思考:学习《关于推进全过程工程咨询服务发展的指导意见》[J]. 建设监理,2020(5):50-51.

[4] 郝技. 设计主导的全过程工程咨询 SWOT 分析[J]. 中国勘察设计,2023(12):81-84.

[5] 赵家莹. 全过程工程咨询设计管理信息化初探[J]. 建设监理,2022(2):9-11,16.

[6] 刘葳,周显武,余靖华. 咨询设计单位全过程工程咨询业务模式初探[J]. 中华建设,2021,(11):102-103.

[7] 李应贵. 有色金属设计企业管理与发展模式创新:全过程工程咨询服务应用探索[J]. 有色矿冶,2020,36(3):56-59.

[8] 杨波,王锦辉. 完善建筑师负责制法规体系研究[J]. 建筑实践,2020(6):18-22.

[9] 闫雪松. 全过程造价咨询在工程建设中的重要性[J]. 铁路工程技术与经济,2020,35(3):14-17,30.

[10] 汪洋. 全过程工程咨询该如何推进?[J]. 中国勘察设计,2020(3):90-93.

[11] 张跃峰. 关于监理企业转型发展全过程工程咨询服务的探讨[J]. 建设监理,2019(9):5-7,13.

[12] 赵锐,矫洪智,孙连宏. 从工程总承包企业编制施工图设计文件试点看设计院转型升级[J]. 中国勘察设计,2019(1):94-97.

[13] 郭庆伟. 中石油华东设计院发展战略研究[D]. 长春:吉林大学,2018.

[14] 苏敏. 探索全过程工程咨询寻求施工企业新发展[J]. 建筑,2018(22):12-15.

[15] 姜涌. 建筑师的职责与保障[J]. 建筑知识,2018(9):22-25.

[16] 朱元石,李皓,尹鹏飞,等. 工程总承包和全过程工程咨询的结合应用研讨[J]. 工程建设与设计,2023(4):208-210.

[17] 张恒. 城市更新项目投资决策综合性咨询业务流程再造研究[D]. 天津:天津理工大学,2023.

[18] 鲁晓辉,李帅,张峰华,等. 全过程咨询在 EPC 项目中的应用分析[J]. 住宅与房地产,2021(22):159-160.

[19] 许少青. HJ 公司工程监理业务转型研究[D]. 西安:西北大学,2021.

[20] 张娜. 设计主导下的全过程工程咨询业务模式设计研究[D]. 南京:东南大学,2021.

[21] 韩仲凯,胡新赞,许明. 结合工程实践浅谈如何做好全过程工程咨询服务[J]. 建设监理,2020,(增刊 1):13-15.

[22] 廖骏卓. 招标代理机构向全过程工程咨询转型的策略研究[D]. 重庆:重庆大学,2020.

[23] 陆小钢,农俏. 服务全过程理念下传统设计企业转型升级路径研究[J]. 价值工程,2019,38(11):62-65.

[24] 强譞,王怀邦. 基于全过程工程咨询模式下设计企业的发展与探索[J]. 四川建材,2024,50(2):238-240.

[25] 翁祯曦. 如何将 BIM 技术运用到全过程工程咨询服务[J]. 中国招标,2023(9):133-136.

[26] 张倩. 监理企业向全过程工程咨询单位的转型升级探讨[J]. 中国招标,2023(7):89-91.

[27] 温雪梅. 组织集成对全过程工程咨询项目绩效的影响路径研究[D]. 济南:山东建筑大学,2023.

[28] 李巍,王华林,江志学. 广东全过程工程咨询的多样化发展与实践[J]. 中国勘察设计,2023(4):75-79.

[29] 皮德江. 全过程工程咨询服务“1 + N”模式争议解析[J]. 中国工程咨询,2022(3):31-35.

[30] 栾经正,江兴敏. 基于项目层面的全过程工程咨询相关界面划分的探讨[J]. 中华建设,2021(8):48-49.

[31] 刘芳. 论工程咨询单位转型发展全过程工程咨询的策略[J]. 建筑科技,2021,5(3):115-118.

[32] 崔占良,王光远. 综合性工程咨询机构向高端智库发展转型的思考[J]. 环渤海经济瞭望,2021,(4):150-152.

[33] 樊莹莹. 工程造价咨询企业的工程建设全过程咨询服务能力评价研究[D]. 天津:天津理工大学,2021.

[34] 曹泽芳. 全过程工程咨询服务组合方式研究[D]. 南京:东南大学,2020.

[35] 王章虎. 推进全过程工程咨询若干问题与对策[J]. 建设监理,2020(3):24-26.

[36] 王章虎. 设计单位推进全过程工程咨询的思考[J]. 工程与建设,2019,33(6):1002-1004.

[37] 戈焌杰. 全过程工程咨询单位服务能力成熟度研究[D]. 扬州:扬州大学,2019.

[38] 李昂. 公路工程项目全过程咨询模式研究[J]. 交通世界,2023,(28):178-180.

[39] 张笃瀚. 全过程工程咨询项目治理机制研究[D]. 济南:山东建筑大学,2023.

[40] 曹珊. 全过程工程咨询单位法律风险分析及防范[J]. 项目管理评论,2022(3):56-59.

[41] 靳守珠. 全过程工程咨询在项目实践中的思考与建议:以某 EPC 总承包项目为例[J]. 建设监理,2022(4):21-24.

[42] 张晴晴. 现阶段全过程工程咨询发展中存在的问题及对策建议[J]. 建设监理,2022(2):21-23.

[43] 柯星. 全过程工程咨询服务能力影响因素及其机理研究[D]. 昆明:云南大学,2021.

[44] 严玲,张萌,陈思颖. 组态视角下治理策略对项目管理绩效影响研究[J]. 工程管理学报,2020,34(3):97-102.

[45] 吴熙,顾杰峰,屠月海. 输变电工程全过程工程咨询业务组合模式研究[J]. 项目管理技术,2020,18(2):57-62.

[46] 陈思颖. 全过程工程咨询介入视角下工程项目管理绩效改善研究[D]. 天津:天津理工大学,2020.

[47] 许勐. 全过程工程咨询取费评价与应用研究[D]. 济南:山东建筑大学,2023.

[48] 王碧剑,贾华杰. 全过程工程咨询发展研究[J]. 中国工程咨询,2022(7):35-39.

[49] 刘梦迪. 全过程工程咨询多主体协同机制研究[D]. 重庆:重庆交通大学,2022.

[50] 杨冰川. 在全过程工程咨询背景下咨询企业与智慧物流企业人才融合浅论[J]. 中国储运,2022(4):108-109.

[51] 邓丹,张玲,靳建楠,等. 论全过程工程咨询服务在政府投资公共建筑项目群管理中的应用[J]. 住宅与房地产,2021(26):68-71.

[52] 闾小波. 全过程工程咨询背景下监理企业核心竞争力评价研究[D]. 武汉:湖北工业大学,2021.

[53] 皮德江. 全过程工程咨询现状和发展创新趋势分析[J]. 中国工程咨询,2021(4):17-22.

[54] 严玲,张亚琦,汤建东. 全过程工程咨询项目的组织结构及其控制体系构建研究[J]. 建筑经济,2021,42(1):28-34.

[55] 陶佳豪. 中国高铁产业国际竞争力评价及提升研究[D]. 北京:首都经济贸易大学,2020.

[56] 林晓言,韩陈林,陈楠. 高速铁路全社会价值的形成根源及作用机理[J]. 技术经济,2017,36(10):84-91.
[57] 中国国家铁路集团有限公司. 新时代交通强国铁路先行规划纲要[R]. 北京:中国国家铁路集团有限公司,2020.
[58] 曾明生. 铁路法治的基本范畴及其理论体系论纲[J]. 铁道警察学院学报,2021,31(4):5-13.
[59] 王通. 基于云网边端协同的铁路无人值守牵引变电所运维方案研究[J]. 铁路计算机应用,2022,31(7):58-62.
[60] 王波. 港口物流对城市经济发展的影响研究[J]. 运输经理世界,2023(5):55-57.
[61] 王语园,张鑫. 铁道供电技术专业教师教学创新团队建设研究[J]. 科技风,2022(18):43-45.
[62] 杨永芹. 2025 年初步建成轨道上的成渝地区双城经济圈[N]. 重庆日报,2021-12-23(001).
[63] 杨永芹. 铁路网络覆盖全部 20 万以上人口城市[N]. 重庆日报,2021-12-23(004).
[64] 李晓玉,苏跃江,谭静. 粤港澳大湾区轨道交通一体化发展思考:以广州为视角[J]. 交通与港航,2021,8(04):17-24.
[65] 邢灿. 沪苏浙皖携手推进长三角一体化发展[N]. 中国城市报,2022-08-22(003).
[66] 潘昭宇. 多层次轨道交通规划技术体系研究[J]. 铁道标准设计,2022,66(5):7-14.
[67] 凌学东. 项目代建制的显形价值与隐形矛盾[J]. 项目管理技术,2019,17(9):44-48.
[68] 刘猛. 全过程工程咨询服务企业核心竞争力影响因素研究[D]. 扬州:扬州大学,2020.
[69] 国家发展改革委. 长江三角洲地区多层次轨道交通规划[R]. 北京:国家发展改革委,2021.
[70] 邱衍庆,肖宇,曹海涛,等. 寻路与破局:粤港澳大湾区背景下乡村人居品质提升的思考[J]. 人类居住,2019(4):45-54.
[71] 王一波. 地方铁路建设管理模式及其发展对策[J]. 交通建设与管理,2014(24):247-249.
[72] 靳丽芳,刘博锦,徐斌,等. 地方铁路项目推行全过程工程咨询服务的建议[J]. 建筑经济,2023,44(增刊2):57-60.
[73] 陈正维,谭庆扬,姚琨,等. 广东省水库移民后期扶持项目“全过程”咨询模式研究[J]. 人民珠江,2023,44(增刊2):425-430.
[74] 许喆. 城际铁路沿线土地综合开发收益反哺策略研究[J]. 铁道运输与经济,2023,45(9):89-95.
[75] 梁舰,孙朋军. 建筑业从行业繁荣走向公司繁荣[J]. 中华建设,2023(5):61-63.
[76] 顾伟伟. 都市圈城际铁路线站位方案研究思路[J]. 低碳世界,2023,13(2):145-147.
[77] 郑波. 经济日报近期做好稳经济宣传引导的实践与思考[J]. 中国记者,2022(7):49-52.
[78] 陆瑶,周予婷,刘牧涵,等. 关于财政事权划分改革下高速铁路干线项目分类的思考[J]. 铁道经济研究,2022(2):10-13.
[79] 章明春,李镔,钟明琳. 铁路建设全过程工程咨询的浙江探索[J]. 浙江经济,2022(3):50-51.
[80] 国家铁路局. 国家铁路局关于做好《铁路工程建设项目招标投标管理办法》贯彻实施工作的通知[R]. 北京:国家铁路局,2018.
[81] 胡灵洁. 公共工程项目招投标审计思考[J]. 新会计,2016(6):40-41.
[82] 张晓. 基于“控权”与“择优”平衡的招标代理行业改革建议[J]. 中国工程咨询,2015(6):74-76.
[83] 马亭,许强. 工程咨询业服务战略发展分析[J]. 中国工程咨询,2006(10):17-18.
[84] 胡彦威. 公路工程全过程工程咨询的优势分析和存在问题的探讨[J]. 城市建设理论研究(电子版),2023(28):48-50.
[85] 魏强,解亚龙,聂现会,等. 基于风险防控的重大铁路工程韧性管理模式研究[J/OL]. 铁道标准设

计,1-11[2024-05-14].
[86] 王章虎. 全过程工程咨询相关概念、术语的表述[J]. 工程与建设,2022,36(1):258-260.
[87] 王亮. 全过程工程咨询在项目投资中的价值体现[J]. 中国有色金属,2021(5):66-68.
[88] 陈啸,李钰. 轨道交通项目全过程工程咨询中存在的问题探讨[J]. 建设监理,2020(11):45-47.
[89] 张明. 泸溪芙蓉学校全过程工程咨询项目实践[J]. 住宅与房地产,2020(26):94-95.
[90] 刘冬梅. 全过程工程咨询在××综合楼建设项目决策及设计阶段中的应用[D]. 长春:长春工业大学,2020.
[91] 周东凯. 全过程工程咨询助推海水养殖园区高质量发展[J]. 环境保护与循环经济,2020,40(4):1-4.
[92] 季高阳. 开展全过程工程咨询的现实意义[J]. 智能城市,2019,5(16):112-113.
[93] 傅峻. 关于国内外全过程工程咨询异同的探讨[J]. 决策探索(中),2019(6):48-49.
[94] 孙琪,余永清,丁嘉林. 浅谈新时期政策环境下企业发展全过程工程咨询的思路[J]. 浙江水利科技,2019,47(3):48-50.
[95] 李洁. GY 公司全过程咨询服务的体系构建及对策研究[D]. 天津:天津大学,2019.
[96] 吴杰春,方中原. 城际铁路项目全过程造价咨询控制要点浅析[J]. 铁路工程技术与经济,2023,38(5):49-52.
[97] 敖永杰,沈翔,杨卫东. 全过程工程咨询数字化转型思考[J]. 中国工程咨询,2023(5):73-78.
[98] 陆凯凤,丁皓磊,韩笑梅,等. 电力建设数字化智能评价系统[J]. 电脑知识与技术,2021,17(36):20-24,27.
[99] 陆敏敏. 全过程工程咨询项目数字化管理的实践与探索[J]. 建筑经济,2020,41(增刊1):17-19.
[100] 周煊清. 铁路工程全过程造价控制管理[J]. 智能城市,2020,6(8):96-97.
[101] 柏永春. 基于建设项目实践的全过程工程咨询研究[D]. 合肥:合肥工业大学,2020.
[102] 王宏海. "有机式"全过程工程咨询案例比较研究[J]. 中国勘察设计,2019(5):56-61.
[103] 定静. 浅析执行建筑师和设计总承包管理模式的异同[J]. 建筑科技,2018,2(6):97-99.
[104] 张桦. 实行建筑师负责制不只是为了工程质量[J]. 中华建设,2018 (7):16-17.
[105] 王光强. 建筑设计院主导的 EPC 发展新模式研究[J]. 江西建材,2018(6):51-52.
[106] 孙晨. 以设计为主导的全过程造价控制模式探讨[J]. 城市道桥与防洪,2014(7):405-408,29-30.
[107] 丁旋. 建设工程项目设计管理中的造价控制[J]. 中国工程咨询,2013(6):56-58.
[108] 于靖涵. 浅谈土木工程管理与工程造价的有效控制[J]. 中国科技信息,2012(10):72.
[109] 王君萍. 运用技术与经济相融合的理念做好设计造价咨询与管理[J]. 中国工程咨询,2011(9):13-14.
[110] 申红平. 水利建设项目业主如何开展"小业主、大监理"造价管理浅议[J]. 水利建设与管理,2009,29(6):1-3.
[111] 皮德江. 一读就懂的各类全过程工程咨询模式[J]. 中国招标,2023(11):65-68.
[112] 谢文贤. 全过程工程咨询联合体成员选择及合作策略研究[D]. 北京:北方工业大学,2023.
[113] 建筑技术开发编辑. 海南推进全过程工程咨询服务[J]. 建筑技术开发,2023,50(2):60.
[114] 和平,蒋琳,孔德昌. 云南省草原生态修复工程全过程建设管理体系研究与实践[J]. 林业调查规划,2022,47(4):155-159.
[115] 高雄映. 推进工程建设全过程工程咨询服务发展的探讨[J]. 福建建设科技,2022(1):107-

109,116.

[116] 任振洋,吴龙梁,王帅,等. 政府投资项目推行全过程工程咨询面临的问题及建议[J]. 工程经济,2021,31(10):56-60.

[117] 任兵杰. 国家政策对都市圈轨道交通发展的影响研究[J]. 城市轨道交通,2021(9):50-52.

[118] 孙骏伟. 基于牵头单位视角全过程工程咨询联合体成员选择问题研究[D]. 北京:北京建筑大学,2021.

[119] 陈亮,郭洋洋,赵泽乾,等. 基于微服务架构的铁路科研协作平台研究与设计[J]. 铁路计算机应用,2020,29(4):13-17.

[120] 王文雅. 基于领域驱动与微服务的 OA 系统研究与实现[D]. 北京:中国矿业大学,2020.

[121] 余文彬. 工程咨询单位全过程咨询服务能力建设与提升途径探讨[J]. 今日财富,2020(11):210-211.

[122] 李金升. 从招标人的角度看 PPP 模式中社会资本采取联合体投标的法律风险控制[J]. 招标与投标,2015(12):19-23.

[123] 金俏俏,张扬军,赵昕. 关于推进浙江省水利水电项目全过程工程咨询服务的对策建议[J]. 浙江水利科技,2023,51(4):76-80,84.

[124] 刘博锦,钟明琳,魏冰洋. 铁路全过程工程咨询模式下咨询管理服务内容与计费方式探讨[J]. 铁路工程技术与经济,2023,38(4):1-5,13.

[125] 赵振宇,高磊. 推行全过程工程咨询面临的问题与对策[J]. 建筑经济,2019,40(12):5-10.

[126] 严玲,张思睿. 基于交易特征的全过程工程咨询合同研究[J]. 建筑经济,2019,40(8):48-53.

[127] 丁士昭. 全过程工程咨询的概念和核心理念[J]. 中国勘察设计,2018(9):31-33.

[128] 刘银琪. 浅谈全过程咨询在实际应用中发展与其优缺间的必然联系[J]. 绿色环保建材,2020(10):145-146.

[129] 陈元浩. 全过程工程咨询项目管理平台在建设工程中的应用研究[D]. 长春:长春工程学院,2020.

[130] 曾晓妍. 工程咨询单位设计施工阶段业务协同影响因素及路径研究[D]. 长沙:中南大学,2022.

[131] 张友葩,李丹凤. 造价咨询企业开展全过程工程咨询服务的探讨[J]. 工程经济,2020,30(9):10-13.

[132] 侯丽娟. 全过程工程咨询的研究现状及试点实践[J]. 中国勘察设计,2019(5):45-49.

[133] 国家发展改革委. 住房城乡建设部. 关于推进全过程工程咨询服务发展的指导意见(发改投资规〔2019〕515 号). 2019.

[134] 杨绍举. 吉林铁路建设的人力资源管理研究[D]. 成都:西南交通大学,2009.

[135] 孙宁,曹泽芳,张娜,等. 全过程工程咨询组织模式及取费模式研究[J]. 建筑经济,2020,41(3):5-10.

[136] 孙继德,傅家雯,刘姝宏. 工程总承包和全过程工程咨询的结合探讨[J]. 建筑经济,2018,39(12):5-9.

[137] 樊森. 全过程工程咨询管理平台研究与应用[J]. 建设监理,2023(4):58-60,82.

[138] 陈洁. 政府投资项目开展全过程工程咨询服务的 SWOT 分析[J]. 经济研究导刊,2021(32):31-33.

[139] 刘俊武. 全过程工程咨询模式应用研究[D]. 成都:西南交通大学,2019.

[140] 田立平. 全过程工程咨询组织管理研究[D]. 哈尔滨:哈尔滨工业大学,2019.

[141] 顾峰豪. 大型水利项目全过程工程咨询多主体协同治理因素研究[D]. 南昌:南昌大学,2023.

[142] 王鹏. 全过程工程咨询服务在重大水利建设项目中的运用与探索[J]. 甘肃科技,2022,38(10):22-24,28.

[143] 李涛. 工程项目代建管理中协作型一体化项目管理团队模式实践研究[J]. 建设监理,2022(5):7-10,23.

[144] 琚娟. 基于 VETS 的全过程工程咨询价值评估体系研究[J]. 建筑经济,2019,40(6):24-29.

[145] 江海国. 新时代工程监理服务转型发展模式研究[D]. 重庆:重庆大学,2019.

[146] 隋怡君. 组织生态学视角下全过程工程咨询业动态演化研究[D]. 南京:东南大学,2021.

[147] 朱智鹏. 东南国际航运中心总部大厦桩基及基坑支护工程冲孔灌注桩监理控制要点[J]. 福建建材,2016(12):71-72.

[148] 孙鹏昌,卢文波,杨招伟,等. 白鹤滩坝肩边坡开挖爆破损伤预测研究[J]. 水力发电学报,2022,41(10):30-41.

[149] 杨建华,代金豪,姚池,等. 岩石高边坡爆破开挖损伤区岩体力学参数弱化规律研究[J]. 岩土工程学报,2020,42(5):968-975.

[150] 中国地方铁路协会. 中国地方铁路“十四五”发展战略要点[R]. 北京:中国地方铁路协会,2022.